改革开放40周年丛书

温州人经济研究中心

温州模式与温州区域法治文明研究（修订本）

方益权　肖　磊　等著

Research on Wenzhou Pattern and Wenzhou Regional Civilization in Rule of Law（Revised Edition）

浙江工商大学出版社
ZHEJIANG GONGSHANG UNIVERSITY PRESS

U0750122

图书在版编目(CIP)数据

温州模式与温州区域法治文明研究 / 方益权等著.
—修订本. —杭州 : 浙江工商大学出版社, 2018.10
　ISBN 978-7-5178-2981-2

　Ⅰ. ①温… Ⅱ. ①方… Ⅲ. ①社会主义法制－建设－
研究－温州 Ⅳ. ①D927.553

中国版本图书馆CIP数据核字(2018)第231631号

温州模式与温州区域法治文明研究（修订本）

方益权　肖　磊　等著

策划编辑	郑　建
责任编辑	徐　凌　谭娟娟
封面设计	林朦朦
责任印制	包建辉
出版发行	浙江工商大学出版社
	（杭州市教工路198号　邮政编码310012）
	（E-mail：zjgsupress@163.com）
	（网址：http://www.zjgsupress.com）
	电话：0571-88904980，88831806（传真）
排　　版	杭州彩地电脑图文有限公司
印　　刷	虎彩印艺股份有限公司
开　　本	710mm×1000mm　1/16
印　　张	15
字　　数	236.6千
版 印 次	2018年10月第1版　2018年10月第1次印刷
书　　号	ISBN 978-7-5178-2981-2
定　　价	49.00元

C 目 录
ONTENTS >>>>>

第一章
绪论：在区域法治文明框架下的温州模式研究

当社会中某些领域的制度或规则先于法律制度变革时，就将陷入"守法"与"违法"之争。温州模式所面临和经历的"违法转型"质疑即集中呈现了"转型期法治理论"所要完成的现实课题。本书以温州模式作为基本的研究素材和分析框架，探究社会转型、制度变迁中的法治理论，并努力通过挖掘和分析温州模式中的法治道路、法治资源等基本要素，从法治文化层面分析并论证包括温州在内的我国各广大区域在改革开放以来所做的创新探索是符合法理合法性要求的——温州区域法治文明是温州模式的法治土壤，温州模式是20世纪80年代以来温州区域需求诱致型制度变革创新的产物，它不是一成不变的，而是随着经济社会发展状况的变化，不断地变化、发展、丰富；这种研究可以为区域法治理论建构初步的分析模型，并可以勾勒出从温州模式到温州法治模式的理想蓝图，为包括温州在内的我国各广大区域继续寻找通过创新探索实现经济社会发展的合法路径提供启示——回应型法治理念是温州模式不断改革创新的观念基石，温州经济社会的新发展需要区域法治文明框架下回应型制度变革创新的引领和保障。

第一节 温州模式中区域法治论题的提出

在区域主义研究的视野中，"温州模式"已成为一个指称特定经济社会发展模式的固定词语，然对其内涵的概括或描述，学界众说纷纭、莫衷一是。①作为一

---

① 薛澜、李宇环：《走向国家治理现代化的政府职能转变：系统思维与改革取向》，《政治学研究》2014年第5期。

种制度变迁模式，"温州模式是指在中国的经济体制改革和经济发展进程中，通过需求诱致型和大胆超前的局部经济体制改革所形成的一种区域经济社会发展模式"[①]。1985年5月12日，《解放日报》头版头条刊发了桑晋泉撰写的《乡镇工业看苏南，家庭工业看浙南——温州三十三万人从事家庭工业》的长篇报道，首次公开提出"温州模式"的概念。而对温州模式的学术研究，则始于1987年袁恩祯主编的《温州模式与富裕之路》。自这一论著始，对温州模式的研究几乎由经济学者所主导，其研究成果已成为区域经济理论和制度经济理论中的重要内容。[②]随着研究的继续深入，到了20世纪90年代，学者们从人文、历史等不同视角考察研究温州模式，使得温州模式理论更为丰富。

但是，在这些丰硕的理论成果中，缺失了法学的研究视角和法学家们的研究旨趣，可谓是一个理论缺憾！诚然，温州模式是对温州经济制度变迁的概括性表述，但是，马克思主义法学关于法与经济的一般理论已经揭示，经济制度变迁伴生着法制的变革[③]，法制的变革反作用于经济制度的变迁。因此，我们认为，温州模式不是一维的区域经济发展模式，而是包括区域经济、区域政治、区域民主、区域文化等多维的时空连续体。

我国是一个多法域国家，研究不同地区法治的区域性已成为现实的必然。[④]近年来，随着法治国家建设的不断深化和推进，学界对地方法治或者区域法治给予

---

① 史晋川、朱康对：《温州模式研究：回顾与展望》，《浙江社会科学》2002年第3期。

② 相关研究成果主要有，费孝通：《温州行》，《瞭望》1986年第20—22期；张仁寿、李红：《温州模式研究》，中国社会科学出版社1990年版；史晋川：《制度变迁与经济发展：温州模式研究》，浙江大学出版社2002年版。

③ 关于法与经济的法理论述，详见张文显：《法理学》（第三版），法律出版社2007年版。

④ 尽管法治往往是在一个国家层面讨论的问题，但这并不意味着地方法治的命题不能成立。只要法治以限制国家权力、保障与体现人权为核心，以法律对社会的统治为表现，以正义、自由为基本价值，地方的政治、经济与社会生活均需纳入法律的调整领域，则地方也必然存在着法治的问题，只是这一问题处于与国家法治不同的层面而已。详见李友根：《法治的创新与创新的法治》，《江海学刊》2005年第5期。

了越来越多的关注和探讨。①从学科分类上讲，冠以地名的学科，应该是"区域学"中分支学科的整合。因此，"温州区域法治研究"应该包含在"温州学"②之内，作为"温州学"研究的一个分支。另外，作为学术术语的"温州区域法治"，在研究过程中应逐步淡化其地域特征，提升其理论品位，使其逐步符号化。而区域法治作为国家法治建设的重要组成部分，在坚持法制统一的原则下，应以区域不同的文化传统、自然环境、人文环境、经济特点等为基础，采取不同的规则和制度安排，形成各具特色的法治运行模式，并以协调区域经济建设、政治建设、文化建设、社会建设和生态文明建设中存在的各种社会关系，解决区域经济社会发展中的相关问题，促进区域和谐可持续发展。

我们认为，作为制度变迁模式的温州模式，从其内涵、特征和丰富的实践中都可以挖掘出深刻的法治论题。

一、"需求诱致型"体制改革模式与区域法治道路选择之关系

经济制度变迁有两种基本模式：诱致型制度变迁和强制型制度变迁。经过经济学家对温州经济体制改革模式的研究，其主流观点认为，温州模式是"需求诱

①学界关于地方法治或者区域法治的研究方兴未艾，重要的代表性文献有，黄文艺：《认真对待地方法治》，《法学研究》2012年第6期；周尚君：《地方法治试验的动力机制与制度前景》，《中国法学》2014年第2期；付子堂、张善根：《地方法治建设及其评估机制探析》，《中国社会科学》2014年第11期；公丕祥：《法治中国进程中的区域法治发展》，《法学》2015年第1期；付子堂、张善根：《地方法治实践的动力机制及其反思》，《浙江大学学报》（人文社会科学版）2016年第4期；等等。

②温州学，又名"温州研究学"，具体指以温州为中心，所形成的人文自然错综复杂的综合地域学科。其概念是个综合载体，涉及政治、经济、法律、历史、人文、地理、文化等领域。温州学的核心内容既包括温州当代的经济社会发展模式——温州模式，又囊括自20世纪80年代改革开放后温州经济社会发展所形成的"温州现象"，还包括历史维度中更久远的温州和未来维度中的将来的温州。因此，温州学是个鲜活的、现在进行时的、运动的、发展的、典型化的、综合的、受海洋文化影响的、特殊的区域地理人文文化文明。

致的局部制度变革"的典型。①诱致型变迁，是指现行制度安排的变更或替代，或者是新制度安排的创造，它由个人或个人组成的群体，在响应获利机会时自发倡导、组织和实行。基于这一理论前提，在此变迁模式下，其法律制度层面、法治建设层面又会发生哪些变化，如何发生变化呢？依据法理学研究成果，在法治道路选择上主要有政府推进型法治模式和自然演进型法治模式。那么，温州区域的法治道路是如何选择的呢？在温州模式下，对于法治道路的一般性研究成果有多少说明和解释的可能性呢？这些问题都亟待我们经过深刻研究做出科学回答。②对这些问题的回答，在小的层面上是对温州改革开放中所创造的经济社会发展模式即温州模式的"守法性"或"违法性"做出的分析，在大的层面上也可以说是对我国改革开放以来各区域经济社会发展探索的"守法性"或"违法性"做出的分析。

二、温州社会转型中内生的"守法"与"违法"的悖论

当社会中某些领域的制度或规则先于法律制度变革时，就将陷入"守法"与"违法"之争。温州模式所面临和经历的"违法转型"的质疑即集中呈现了"转型期法治理论"所要完成的现实课题。当前，中国特色社会主义进入了新时代，社会发生了深刻的变革，正处于由传统社会向现代社会的急剧转型之中。在这个新的时代背景下，虽然我国的法治建设水平已经今非昔比，但仍然会出现与改革开放初期相类似的现象——社会中某些领域的制度或规则先于法律制度发生变革。如何看待这种现象，就成了包括法学界在内的社会各界极为关注和认真思考的问题。而对该现象的主流态度，将在很大程度上影响我国各广大区域继续通过

---

① 关于两种制度变迁模式的研究，参见林毅夫：《关于制度变迁的经济学理论：诱致性变迁与强制性变迁》，[美]R.科斯、A.阿尔钦、D.诺斯等：《财产权利与制度变迁——产权学派与新制度经济学派译文集》，生活·读书·新知三联书店1991年版，第379—382页。
② 方益权：《从温州模式到温州法治模式：温州模式与区域法治文明论纲》，《探索与争鸣》2010年第12期。

创新探索实现经济社会新发展的方向。

如何分析和评价这种因制度变迁而引致的"违法"现象？"违法"与"守法"的悖论是法学理论中的经典理论。历来，自然法学派、实证分析法学派、社会法学派和现实主义法学派对此聚讼纷争。比如，自然法学派认为，合乎理性是立法内容即人定法的正当性诉求。自古罗马法学家西塞罗明确将法分为自然法与人定法以降，自然法便被视为判断人定法对与错的终极标准。正如托马斯·阿奎那所言，"如果一种人定法在任何一点与自然法相矛盾，它就不再是合法的，而宁可说是法律的一种污损了"，而"理性的第一个法则就是自然法"。[1]同时，如前所述，理性是自然法的永恒主题和不变灵魂。因此，将理性作为判断人定法善或恶、正义或非正义自是题中应有之义。对此，斯多葛派学者在几千年前便已宣布，"理性是法律和正义的基础"[2]。而对于不符合理性的法律，阿奎那认为，"不能称为法律，而是对法律的歪曲"，其直接后果不仅是法律无效，更是将"抵制的权利变成不服从义务"[3]。人定法必须符合理性，则作为人定法之源的立法活动也并无二致。[4]

按照这个观点，温州模式发轫之初对法律所采取的态度和行为，应该就因其理性主题和灵魂而成为"抵制的权利变成不服从义务"的享有或履行——这是指温州模式发轫之初的某些制度创新的确违背了当时一些已经被后来的历史发展所证明是陈旧、落后、僵化的甚至是错误的法律规定，后米国家以修正等完善相关法律的方式对此做出了积极的回应，温州的那些制度创新大多被以法律确认的方式予以肯定，这也从另一个视角证明了温州模式下的这些制度创新是具有法理合法性并符合法治发展规律的。而温州模式发轫之初的绝大多数制度创新，其实并

---

① 阿奎那：《阿奎那政治著作选》，马清槐译，商务印书馆1963年版，第116页。

② [美]E.博登海默：《法理学——法哲学及其方法》，邓正来、姬敬武译，华夏出版社1987年版，第14，25—27页。

③ [美]E.博登海默：《法理学——法哲学及其方法》，邓正来、姬敬武译，华夏出版社1987年版，第25—27页。

④ 施向峰：《理性·人权·民意——西方限制立法的自然法哲学之维》，《学海》2003年第5期。

未违背当时的法律规定，而只是在当时太不健全的法律制度体系中找不到明确的依循而已——对属于非行政机关的各类其他社会主体而言，法无禁止即可为，何况温州模式下的率先"可为"，后来也大多通过国家相关法律制定的方式予以确认并在全国范围内适用，这不也从另一个视角证明温州模式下的这些制度创新是具有法理合法性的吗？

从人类文明发展的视野审视，判断一种制度创新是否具有法理型合法性，根本的判断应该是看这种制度创新是否符合人类文明的发展方向，是否符合人们对美好生活的合理追求。法律不是死的一成不变的规则，而是符合人类文明发展方向的不断变化更新的精神。温州模式或许不符合曾经有过的被社会实践发展历程证明是错误的一些"法律规范"，却符合法治文明的基本精神和规则理念，符合法治文明的民本思想，符合"良法善治"的基本理念，同样符合现代文明社会的基本发展态势。我们知道，一切合法形式的财富创造行为都应该得到法治的保障，法治文明的核心应该是如何保障广大人民合法的基本权利，这其中也应该包含宪法意义上的基本经济发展权益。从这个视角看，温州模式蕴含了一种法治文明的精神，是经得起法治文明的理论和现实考验的。在这一发展过程中，那些违法的和偏离法治轨道的民营经济发展形态和做法，必将并已经遭到社会和制度的抛弃，在温州模式中也仅仅是偶然现象。温州模式的发展历程，折射出社会主义法治文明发展的基本进程。可见，在温州模式这种群众自行发动、组织和实施的"诱致性"制度变迁的过程中，改革开放之初温州的有些做法——违背当时的制定法或者当时的制定法无规定，违反的是应该被否定的落后的制定法规定，首创的是应该被确认的先进的制定法先河，因此具有法理型合法性。**这是否可以说，人们长期以来对温州模式下制度创新的"守法"与"违法"的争论或纠结，要么是不了解温州模式下制度创新的前世今生和内容实质，要么是对"法无禁止即可为"的法理规则缺乏真正的理解或认同，要么是对人们对美好生活的合理追求存在某种漠视或无视？**

当然，这并非是一个可以称为结论的判断，各种争议和分歧的存在，有利于加深对温州模式和温州区域法治文明的研究，可以为转型期的区域法治理论提供更加丰富的实证经验和更具参照价值的理论。

三、温州模式下区域法治发展的地方资源之挖掘

随着法治理论研究和全面依法治国战略的深入，近年来区域法治理论逐渐兴起。其中，关于地方法治实践的动力机制研究已出现两种值得关注的研究进路：一是国家"试错"策略理论，或者称为"法治先行化"理论。[1]如以孙笑侠教授为代表的法理学者提出了"先发地区的先行法治化"理论，以及一些学者关于"国家综合配套改革实验区"政策下对地方法治"先行先试权"的反思性研究。[2]二是地方竞争理论。如骆天纬博士以"地方政府竞争为中心"对区域法治发展的理论逻辑的分析[3]，以及付子堂教授等提出的"地方法治的逻辑就是国家策略下的地方竞争"等观点[4]。

区域法治是国家法治在一定区域内的展开，是根据区域不同的自然环境、经济基础、历史传统、民族习惯等因素实施法治治理，形成具有区域特色的法治运行模式。因之，对区域内法治资源的挖掘是探讨区域法治的基本前提，[5]正如孙笑

---

① 相关研究详见孙笑侠：《先行法治化："法治浙江"三十年回顾与未来展望》，浙江大学出版社2009年版；孙笑侠：《"先发"地区的先行法治化——以浙江省法治发展实践为例》，《学习与探索》2010年第1期；李燕霞：《地方法治评价体系论纲——以"法治浙江"建设为例》，《浙江社会科学》2006年第2期。

② 相关研究详见王诚：《改革中的先行先试权研究》，法律出版社2009年版；肖明：《"先行先试"应符合法治原则——从某些行政区域的"促进改革条例"说起》，《法学》2009年第10期。

③ 骆天纬：《区域法治发展的理论逻辑——以地方政府竞争为中心的分析》，法律出版社2017年版。

④ 付子堂、张善根：《地方法治实践的动力机制及其反思》，《浙江大学学报》（人文社会科学版）2016年第4期。

⑤ 张文显：《变革时代区域法治发展的基本共识》，公丕祥主编：《变革时代的区域法治发展》，法律出版社2014年版。

侠教授在研究中提出"法律地理学"①的命题，②研究区域法治的优势资源和稀缺资源，有助于地方法治路径的选择。

温州模式这种经济社会发展方式为何在温州滋生，而不在其他区域萌发？ 温州"七山二水一分田"的资源供给、人口众多的生存压力、三面环山一面临海的闭塞环境等，似乎都不能揭示温州模式这种经济社会发展方式为何在这里滋生，而不在其他区域萌发的最本质原因。一方水土养一方人，永嘉学派和浙东学派"经世致用"等思想，作为"法学家之乡"，温州所滋养的如《大明律》的主要制定者刘基、被誉为"中国民法三杰"之一的梅仲协，著名法学家陈光中、高铭暄、孙笑侠、徐崇利等，是否可以为我们找到答案，提供启示？至少，我们认识到，在区域法治理论研究中探索另一进路，即挖掘地方法治资源，对于温州乃至中国所有地区的区域法治化发展，都是极为重要的——深入研究温州的区域文化，我们或许可以得出这样的结论：**温州模式不是草根模式，而是有其丰厚的文化底蕴，温州模式的文化原动力就在于永嘉学派的事功价值观和富民论；没有以区域法治文化为本质内涵的新的制度创新，也就不会有推进温州区域经济社会和谐发展的新温州模式或温州模式的新发展。**

四、温州人的法治人格与温州模式的关系分析

人的本性是人的"生命活动的性质"——自由。自由的目的在于摆脱外在必然性的束缚，为人的创造发展提供最大的可能性空间，是人的自我实现。③温州人开创温州模式的过程，也是温州人自我实现的过程。在这一过程中，现代法治观念作为现代化的人应当具有的重要观念，作为现代人格的重要素质要求，发挥了重要作用。并且，在区域经济社会发展和法治建设中，温州人的现代法治观念对

---

① 即探索法律、空间与社会之间相互复杂关系的研究。
② 孙笑侠：《转型期"先行法治化"现象解读》，《"转型期法治"全国研讨会论文集》，浙江大学法学院2009年12月。
③ 张玉霞：《自由的法哲学透视》，《学习与探索》2007年第4期。

其人格现代化具有重要的促进意义，这是我们在研究温州区域经济社会发展和法治建设与温州人的人格现代化问题时应当予以高度重视却又被长期忽视的。实际上，温州区域经济社会发展和法治建设与温州人的人格现代化是温州区域现代化建设中的两个基本目标，二者相辅相成。只有加强温州区域经济社会发展和区域法治建设对温州人的人格现代化的影响问题上的研究，我们才能真正把握两者的内在关系，实现温州区域经济社会发展和区域法治建设与温州人现代人格培育的双向互动和同步协调融合发展，避免走上"一先一后""谁先谁后"等错误发展道路[1]，更好地理顺在温州区域法治建设驱动问题上政府推进与自然演进的互动关系；才能促进"尊重人的原则"在温州区域法治建设中的深入贯彻，真正实现立法为民、执法为民、司法为民的法治目标；才能通过促进温州人现代人格的培育，进而推进温州区域法治建设的步伐。[2]

因此，可以说，**包括温州区域法治文明在内的温州特有的区域文化以及温州人的特有秉性，是温州模式的法治土壤和文化土壤，温州模式是20世纪80年代以来温州人民群众基于温州区域需求诱致型制度变革创新的产物；回应型法治理念是温州模式不断改革创新的观念基石，温州经济社会的新发展需要温州区域法治文明框架下回应型制度变革创新的引领和保障，也需要温州人民群众继续丰富、发展、提升温州区域特有的创新创业文化，并以此润养温州区域经济社会发展的新动能。**

五、温州区域法治进程中的阶段性法治类型分析

法治的发展被认为具有一种内在逻辑：变化不仅是旧对新的适应，而且也是一种变化形式的一部分。这种变化受到某种规律的支配，我们至少可以在今天认识到，这种变化和先行的实践过程反映了一种法治精神的内在需要。这对温州法治进程中阶段性法治类型的分析，对于解读以温州为代表的中国先发地区的法治

---

[1]我们经常可以发现这样的争论：先有现代法治国家，而后才有公民的现代法治人格；抑或是先有公民的现代法治人格，而后才有现代法治国家。这实际上也可以认为是中国法治驱动问题上自然演进论和政府推进论的另一种表达。

[2]方益权：《法治国家建设与公民人格现代化》，《社会科学战线》2004年第6期。

进程，进而科学定位其法治发展路径和前景，寻找区域法治的推动力，实现区域经济社会和法治发展的和谐发展，是非常有价值的。——实际上，没有以法治为本质内涵的制度创新，就没有改革开放以来的中国特色社会主义建设成就；没有以法治为本质内涵的新型制度创新，也就不会有推进中国经济社会和谐发展的中国特色社会主义建设新成就。

　　实际上，区域经济社会发展需由若干要素共同作用以推动其发展，影响区域经济社会发展的因素也是复杂、动态的，制度是其中重要的组成部分，法治作为制度中的正式约束及其实施机制，是土地、劳动力和资本等生产要素发挥功能的一个决定性因素，为区域经济社会发展提供了有效的制度基础。[1]经济发展是一维的，社会发展至少是三维的（经济、政治和文化），可持续发展则是多维的时空连续体。[2]区域法治本身蕴含着强化理论认识和促进现实问题解决之双重价值。何况，研究温州模式与温州区域法治文明的关系，不仅具有经济、社会、文化的意义，更具有法治的意义。区域法治、国家法治、社会法治构成了法治的三个层面。"一个良好的社会制度，实际上是由许许多多细微的甚至是琐碎的'小制度'合力构成，仿佛滚滚长江本是由无数支江细流汇聚而成。离开了具体的法治，那种宏大而高扬的法治只不过是引起空气振动的口号而已。"[3]因此，推进区域法治发展是探索法治发展的中国道路的必然要求，区域法治发展是国家法治发展在一定空间区域范围内的具体的历史性展开，是在遵循国家法治发展的总体方向的前提下，适应区域发展的现实需求，建构区域法治秩序、推动区域发展的法治进程，因而是治国理政的区域性依法治理模式。[4]

第二节　温州模式下区域法治道路的特征分析

　　法治道路，即通向、实现法治目标的方式和路径。对温州法治道路特征的描

---

①齐朝阳：《构建社会主义和谐社会中的东北地区法治环境建设问题——法治环境建设与区域经济发展问题的研究》，《法学与实践》2007年第5期。
②张玉霞：《人的全面发展与科学发展观》，《理论探讨》2006年第1期。
③贺卫方：《具体法治》，法律出版社2002年版，"自序"第4页。
④公丕祥：《法治中国进程中的区域法治发展》，《法学》2015年第1期。

述与分析，不得不在温州模式的语境下、在改革开放的全国性背景下展开。根据马克思主义关于经济与法律的基本观点，根据市场和法治的关系理论，温州法治道路的特征恰与温州模式的基本特征具有某些共通性。

学界对温州模式特征的研究著述颇丰，但观点不一。笔者抽取其中可能影响温州法治道路特征形成的若干方面予以阐释①。第一，自生自发的诱致型制度变迁，是温州体制改革模式的总体特征。"诱致性制度变迁必须由某种在原有制度安排下无法得到的获利机会引起。"②这句话深刻地指出了温州经济制度变迁的根源，学界所言的"温州模式是被'逼'出来的"则是对这一理论的生动表述。若我们以历史的眼光考察温州最初的改革历程，确实能更清晰地看到当时的制度变迁没有先验的理论指导，也没有党和国家的政策规划。③**温州模式的核心在于：充分尊重和发挥民众的首创精神，将经济体制改革与区域经济发展有机地融为一体，使改革和发展在区域经济与社会变革中形成一个相互促进的动态变化过程。**第二，温州人民是温州模式的创造者。著名经济学家高尚全用"五个千万"来形容温州模式："千辛万苦来创业，千方百计搞经营，千家万户搞生产，千山万水找市场，千方百计抓根本。"温州地方的"人力资源"是温州模式生生不息的动力。第三，温州模式运行中伴随着来自法律乃至意识形态的风险，为规避这些风险承受着持续的"摩擦成本"。在自生自发的诱致型变革中，相对于经济领域的变革，意识形态和思想政治、法律制度的滞后是各个社会的共性。为规避这些风险所做出的种种对策性制度和措施却具有温州模式的特色，我们可以将其称为"规避风险的技艺"。第四，市场经济是温州模式的推动力。费孝通先生在他的文章中首次形象地把温州农村经济发展的基本特点概括为"以商带工的'小商品，大市场'"④。市场引导机制是温州模式发展的内生力量，同时影响着其他社

---

① 相关研究详见史晋川、朱康对：《温州模式研究：回顾与展望》，《浙江社会科学》2002年第3期；方立明、奚从清：《温州模式：内涵、特征与价值》，《浙江大学学报》（人文社会科学版）2005年第3期。

② 林毅夫：《关于制度变迁的经济学理论：诱致性变迁与强制性变迁》，[美]R.科斯、A.阿尔钦、D.诺斯等：《财产权利与制度变迁——产权学派与新制度经济学派译文集》，生活·读书·新知三联书店1994年版，第379页以下。

③ 费孝通教授对温州模式有过细致的经验性分析，详见费孝通：《温州行》，《瞭望》1986年第20—22期。

④ 费孝通：《温州行》，《瞭望》1986年第20—22期。

会机制和体制的变迁。因此，**温州模式的制度原动力，在于正确处理了市场与政府的关系、法治与政府的关系的基础上的制度创新和制度变迁。**

经过对温州模式本身特征的提炼与梳理，笔者认为与之相生的温州法治道路具有如下特征：

一、以诱致型法治发展为动力，辅之以政府推进的区域法治道路模式

肇始于20世纪90年代，学界关注到我国法治发展道路问题，并基于各自立场提出不同的理论。[1]蒋立山教授较早提出了"政府推进型的法治道路与自然演进型的法治道路"[2]二分理论。他研究认为，中国走上"政府推进型的法治道路"的主要原因，"可能也是唯一现实的原因，是中国社会面临的外部压力与内部危机。"[3]而苏力教授在《变法，法治建设及其本土资源》中，以法治本土资源理论批判建构性的法治模式。[4]季卫东教授在《法治秩序的建构》一书中，提出了渐进式的法治建构理论。[5]近年来，一些学者专门围绕中国特色社会主义法治发展道路理论展开了深入的探讨。[6]

考察蒋立山教授法治道路的二分理论，不难发现，"政府推进型法治道路"是自上而下型的法治发展道路，"自然演进型的法治道路"是自下而上型的法治

---

① 马长山：《探索"共建共享型"的中国法治道路》，《江海学刊》2017年第2期。
② "政府推进型"法治道路，又称为"上层建筑推进型"法治道路，是相对于"自然演进型"法治道路而言的一种法治化道路模式，它是指一国的法治化运动是在"政府"的推动下启动和推进的，法治目标主要是在政府的目标指导下设计形成的，是"人为"建构的，法治化进程及其目标任务主要是借助和利用政府所掌握的本土政治资源完成的。"自然演进型"法治道路，又称"社会自然演进型"法治道路，是指一国的法治化主要是在社会生活（特别是商品经济和历史生活）中自然形成和演变而来的，是社会自发形成的产物。
③ 蒋立山：《中国法治道路问题讨论》（上、下），《中外法学》1998年第3、4期。
④ 苏力：《变法，法治建设及其本土资源》，《中外法学》1995年第5期。
⑤ 季卫东：《法律编纂的试行——在事实与规范之间的反思机制》，《法律秩序的建构》，中国政法大学出版社1997年版，第146页。
⑥ 张文显：《论中国特色社会主义法治道路》，《中国法学》2009年第6期；李林：《中国的法治道路》，中国社会科学出版社2016年版；冯玉军：《中国法治的道路与特色》，中国社会科学出版社2017年版。

发展道路。而根据温州模式的区域特点，温州作为我国经济制度的先发地区，在法治发展的路径上，更可能趋向诱致型、渐进型的法治道路，也即以自然演进型以主导，辅之以政府推进型的区域法治道路，政府在这一法治过程中仅仅只是推动法治发展的辅助力量。理由有二：其一，诱致型、先发性的制度变迁，使其法治秩序的发生缺乏足够可供参照、模仿的途径、方法等，理性建构的可能性不足；其二，由于经济的先发性，对法治（"规则之治"）产生了内在需求，法治往往通过渐进型方式回应这种需要。

回应型法的一个独特特征是探求规则和政策内含的价值，从而使法律不拘泥于形式主义，通过理论和实践相结合、特别是强调目的的支配地位和普遍化，来探讨法律在政策中的价值；不断探求能够说明法是怎样适应社会需求、解决现实问题的，试图在法律的稳定与发展变革之间保持一种平衡；认为法律社会学必须有其对政策的建议价值，应该整合法律学和政策分析，主张法律社会学应该具有改革精神，有益于更好的制度设计以改造世界；①将自然法哲学引入法律社会学研究中，力图将经验研究与价值追求相结合，并试图改变法学方法论上自然法与法律实证主义二元对立的局面；同时在社会变革与法治之间构建起分析框架和相应的理论模型，从而赋予国家制度以自我修正精神并保证法治的弹性以适应社会需求。

当然，即使以回应型法的理论看，在自发的制度安排——尤其是正式的制度安排变迁中，往往也需要用政府的行动来促进变迁过程。政府推进法治建设主要有三种类型：

第一种类型，也是最主要的类型，社会自发的诱致性法治创新经过国家认可和接受，向国家的强制性法律制度转换与扩展。如温州农村民营经济的发生及其法律地位的确立便属于这一类型。又如20世纪80年代以来，温州金融改革（如温州苍南县的利率改革）步子从未停滞不前。一直以来，温州为地方的金融改革起到了真正的探路者的作用。通过不懈努力，2014年3月1日，温州制定实施了中国首部金融地方性法规《温州市民间融资管理条例》及《实施细则》。不难看出，温州金融改革的过程是由自发到自觉，再到被承认和规范，直至被全国法律政策

---

① [美]EVAN W M主编：《法律社会学》，郑哲民译，巨流图书公司1996年版，第64，71页。

同化。再如温州的股份合作制理论创新于1987年，于1989年遭受质疑后，该理论于1997年在十五大报告中得到全面的肯定。1993年11月14日十四届三中全会通过的《中共中央关于建立社会主义市场经济体制若干问题的决定》（以下简称《决定》）全面肯定了股份合作制。《决定》指出，要发展股份合作制，一般小型国有企业，有的可以改造为股份合作制，现有城镇集体企业也要理顺产权关系，区别不同情况可改组为股份合作制企业或合伙企业。

第二种类型，在国家政策概括性授权下，进行社会自发的诱致性法治变革。如1986年国务院批示成立"温州试验区"，为温州经济体制变革提供政策性支撑。[①]又如2012年3月28日，时任国务院总理温家宝主持召开国务院常务会议，决定设立温州市金融综合改革试验区，即是基于温州市民营经济发达、民间资金充裕、民间金融活跃的现实。温州市金融综合改革前夕，温州部分中小企业出现资金链断裂和企业主出走的现象，对经济社会稳定造成一定影响。温州市开展金融综合改革，切实解决了温州经济发展存在的突出问题。引导民间融资规范发展，提升金融服务实体经济的能力，不仅对温州的健康发展至关重要，而且对全国的金融改革和经济发展具有十分重要的探索意义。该次会议批准实施了《浙江省温州市金融综合改革试验区总体方案》，要求通过体制机制创新，构建与经济社会发展相匹配的多元化金融体系，使金融服务明显改进，防范和化解金融风险能力明显增强，金融环境明显优化，为全国金融改革提供了经验。这样，温州再次在金融改革方面先行先试，这不仅对温州地区本身具有里程碑式的意义，亦是中国金融改革的风向标，并取得了引领全国金融改革的机会。

第三种类型，中央政府只负责制定制度和政策的大致框架，允许地方根据自己的实际情况制定实施细则和具体操作办法，从而实现制度创新。我国在推进现代化进程中，最突出的问题是城市化和城乡一体化进程滞后，特别是城乡二元结构带来的深层次矛盾问题尤为突出，导致基层农村土地、资产等制度和经济社会管理体制运转不畅，各要素不能在城乡之间自由流动，严重阻碍了农村发展，也

---

①详见万里等：《在新华社"国内动态清样"〈温州模式力量讨论会建议成立"温州实验区"〉一文上批示》，《温州民营经济发展30年》文献资料卷，浙江人民出版社2008年版，第66页。

影响了我国现代化进程。对此，党的十八大报告提出："要加大统筹城乡发展力度，增强农村发展活力，逐步缩小城乡差距，促进城乡共同繁荣。"党的十九大报告提出乡村振兴战略，并提出："建立健全城乡融合发展体制机制和政策体系，加快推进农业农村现代化。巩固和完善农村基本经营制度，深化农村土地制度改革，完善承包地'三权'分置制度。"

温州主动站在我国农村改革的前线，积极推进改革。2011年年底，温州正式被批准成为全国农村改革试验区，承担"农村产权制度改革"试验项目。温州连续5年出台了市委1号文件，推出了一系列促进农村产权制度改革的政策和措施，改革的范围也逐渐从局部试验转向了全域推进。[1]党的十八大以来，温州坚持以"确权赋权活权"为主线，以农民基本权益保障为出发点，结合实际制定城乡统筹综合改革的实施细则和具体操作办法，实现了城乡统筹综合改革和融合发展的制度创新，构建起清晰的现代农村产权制度体系和产权价值体系。"温州探索"契合中央改革思路，取得了显著的成果。

二、法律渊源的多样性，政策成为法律渊源的重要形式，法律运行模式的双轨制

在诱致型制度变迁和社会转型的背景下，国家主义的立法模式显得捉襟见肘，制度和规范为了回应社会变迁，必然出现多元化的法律秩序结构。法律渊源形式再度丰富，从国家法延伸到民间法[2]，从人大法律到政府的"红头文

---

[1]沙默：《中央一号文件"取经"温州经验》，《温州日报》2017年1月8日。
[2]民间法是由风俗习惯长期演变而来的逐渐制度化的规则。这些逐渐制度化的规则通常可以在不同程度上被视为法律，但又不同于正式的国家法，它们甚至不是通过"国家"正式或非正式"授权"产生的，在某种意义上，人们称之为"民间法"。民间法不仅包括个人方面，也包括社会方面；不仅包括善恶美丑、是非曲直的认知，也包括对合理性、正当性的价值评估，因而它绝非单纯、狭隘的日用伦常，而是人们处理相互关系时应遵循的行为准则，是在长期社会生活中形成的关于人类行为，合于理、利于人的起码价值标准。国家法与民间法价值取向基本吻合，它们的发展方向是相同的，都是在法治现代化中不断趋向文明，都是为了建立和谐共荣的秩序。因此，国家法与民间法将在互动的现代化进程中逐渐融合，就像具有不同民族文化的民族大融合的发展，人类文明的天性和趋向是一致的。

件"①，层级多，数量大，甚至不具有法律规范性格的国家政策充当了重要法律渊源。在1979年至1997年期间，国家制定了大量的带有明显计划经济痕迹的法律，包括1982年修订的宪法。"从1979年到1997年，全国人大及其常务委员会制定了约130件法律，其中民法、经济法方面的法律有32件，但是有17件需要修改。"②这些法律法规多是特定历史条件下的产物，随着温州经济体制改革进程的加深，许多已形同虚设，不得不仰赖政策治理或行政治理来获得生产和交易秩序。学者张建伟先生将这种法律运行特征称为"双轨制"模式，并指出这一模式能减少制度变迁带来的风险和不稳定性，但也造成了"经济行政法规泛化"和"司法裁决困难""有法不依"等阶段性的代价。③

三、"变法"与"违法"的紧张关系凸显，现实主义法治观成主流理念

温州法治道路中充斥着"变法"与"违法"的紧张关系，经济制度的变革经常伴随着"违法改革"的质疑，这构成了一幅温州法治道路中的特征性风景画。法理学对"转型法治"的研究已注意到"变法"与"法治"间的紧张关系，并认为，"从短期看，这两者甚至是不可兼容的。即使变法对中国的现代化是必须的选择，从长远来看是唯一的选择，但是从制度建设的层面上看，至少在一段时间内，是不利于秩序的形成的，因此也就不利于法治的形成。"④我国宪法学界曾出现的关于转型期社会"良性违宪"之争，与此则有相似的理论旨趣。作为诱致型

---

① 广义的"红头文件"，就是从字面理解的带红头和红色印章的，既包括行政机关直接针对特定公民和组织而制发的文件，也包括行政机关不直接针对特定公民和组织而制发的文件，以及行政机关内部因明确一些工作事项而制发的文件。狭义的"红头文件"，专指行政机关针对不特定的公民和组织而制发的文件，这类文件对公众有约束力，涉及他们的权利和义务，也就是法律用语所称的行政法规、规章以外的其他具有普遍约束力的规范性文件。公众所关心关注的，应该是指狭义上的"红头文件"。

②蔡定剑：《历史与变革》，中国政法大学出版社1999年版，第321页。

③张建伟：《"变法"模式与政治稳定性——中国经验及其法律经济学含义》，《中国社会科学》2003年第1期。

④苏力：《二十世纪中国的现代化和法治》，《法学研究》1998年第1期。

制度变迁的温州模式，其"变法"自然难以找到直接的规范依据，而上述多元法律形式、"双轨制"法律运行模式等解说也难以为其提供充分的合法性证明。

20世纪80年代初，温州出现的"八大王事件"正是这种紧张关系的典型演示。当时，乐清柳市8名个体户率先从事商品经济，赚钱后盖起楼房，骑上摩托车，安装电话，被政法机关以"投机倒把罪"逮捕入狱。①

在温州商品经济发展过程中，出现了一些私营企业，由于1982年宪法仅承认非公经济中个体经济的合法地位，这些私营企业不得不面对严峻的法律风险和政策障碍。在这种环境下出现的"挂户""红帽子"等现象，即是人们在博弈中创造性地规避法律的手段。

此外，温州民间金融制度的变迁最初同样面临合法性的质疑。在国家统一固定利率的20世纪80年代，温州民间借贷发展，并自发开始利率浮动。

在温州，诸如此类的事件层出不穷。面对这些出现在制度变迁中的"合法"与"违法"之争，基于不同的法治观就会做出甚至完全相反的评价。形式主义法治观会主张："如果说，经济转轨的最终目标是法治的话，至少在中国，转轨的路径恰恰是以非法治的方式——或者甚至可以说以违法的形式——进行的。"②

在温州模式下，国家和政府秉持的现实主义法治观为制度的顺利转型提供了重要的政策保障。现实主义法治观是与形式主义法治观相对立的各种法律思想的总和，"其基本特征在于反对将法律制度当作一个封闭的逻辑体系，反对从抽象的原则或规则简单演绎法律制度，强调一切从实际出发。"③1984年4月，温州市乐清县人民法院按照实事求是的原则，进行重新审理，宣告"八大王"无罪。对于私营企业的法律性质，"挂户"和"红帽子"本身即体现了政府默认其合法存在的现实主义法律观的姿态。

实际上，法治主义遵循的法律究竟是什么，这已不仅是理论的问题，而且是现实的问题。从现实主义法律观的理论起点出发，依循中国法治化发展的逻辑思

---

① 朱未央、公木：《乐清实事求是纠正"目录大王"错案》，《浙南日报》1984年4月8日。
② 钟瑞庆：《渐进式改革与私权的发展——中国式道路的法律角度的考察》，《中外法学》2006年第6期。
③ 周汉华：《中国法制改革论纲：从西方现实主义法律运动谈起》，中国社科院法学所博士学位论文，2000年。

路，我们认为：合法性包括合乎现有法律规范和合乎法治精神两个层面，也即存在形式合法性和实质合法性两个层面。自由主义法学家哈耶克也认为，"法治本身是一种绝不同于立法者所制定之法律那种意义上的法"，[①]而是一种"应当"意义上的法律规则，哈耶克当时称为"元法律规则"（a meta-legal doctrine），实际上，此即他后来重点论述的正当行为规则。哈耶克认为，法治只有在立法之法受到后一种法的约束时才是有效的。哈耶克所谓法的统治之法，并非实证法学派所说的源于国家立法机关的强制与命令的法，而是保障个人权利与自由的法律规则体系。哈耶克写道："法治的理想最早也是在德国被抽离掉了实质内容变成了一个空洞之词。实质性的法治国观念为一种纯粹形式的观念所替代，前者要求法律的规则具有一些明显的特性，而后者只要求所有的国家行动得到立法机构的授权即可。简而言之，所谓'法律'，就只是表明了这样一点，即不论当权机构做什么，只要是立法机构的授权行为，它在形式上就都应当是合法的。因此，这里的问题就变成了一个仅仅是形式合法性（Legality）的问题。"[②]

因此，衡量是否符合法律规范（可谓之形式合法性），以现有法律规范的范围为限；衡量是否符合法治精神（可谓之实质合法性），根本的标准则是合乎人类的善良理性、合乎社会文明发展的规律和方向。合乎现有法律规范的，也就是合乎现有制定法层面的法律的，也可能合乎了法治精神；但合乎法治精神的，却经常超越了现有制定法层面的法律规范，甚至以违反制定法层面的法律规范的形式出现。我们所说的合法性，应当首先在前提上区分这两个不同的合法性层面，并以此判断其所谓的违法性——违反的是法律规范，还是法治精神？

在温州模式下，出现过很多法治创新，涌现了很多在中国法治史上的第一：1980年，温州颁发了中国第一张"个体工商户营业执照"；1980年，苍南县金乡镇信用社在全国率先实行利率改革；1984年，26个农民自愿入股创办了全国最早的股份合作制企业——瓯海登山鞋厂；1986年，温州在全国最早创办由集体、个人集资入股的股份制城市信用社——鹿城城市信用社和东风城市信用社；1987年，温州

---

①[英]弗里德利希·冯·哈耶克：《自由秩序原理》（上），邓正来译，生活·读书·新知三联书店1997年版，第299页。
②同上。

颁布了第一个民营企业的地方性规范文件《温州私人企业管理暂行办法》；1987年，温州颁布了第一个关于股份合作制的地方性规范文件《温州市关于农村股份合作企业若干问题的暂行规定》；1988年，温州起草了中国第一份股份合作制企业章程《桥墩门啤酒厂章程》……正是有了这么多开全国之先河的法治层面上的制度创新，才有了温州模式的崛起和温州社会经济的全面发展进步。这些制度创新之所以能成为"创新"，正因其产生之时并无已有制定法层面的法律规范作为支撑；这些制度创新甚或是违背了20世纪80年代温州模式发轫之时中国已有的法律规范，进而才经常被认定为"违法"——那些当时已有的法律规范是建立在被历史证明并不符合中国当时国情的计划经济体制的基础之上的，它的主要价值就应在于被打破进而创造新的符合中国国情的法律规范。温州区域需求诱致型制度变革创新就是打破旧制度、创建新制度的过程。正是在这一推动制度变革创新的过程中，温州区域经济社会的发展创造了举世瞩目的温州模式；正是这些法律制度的创新，唤醒了人们的创造力和敬业精神，极大地满足了人们对物质文明进步的强烈追求，强劲地推动了经济社会发展；何况，这些法律制度的创新，后来都从国家制定法层面被确认为法律，在全国范围内施行，并取得了很好的社会经济发展成效，被实践证明是合乎人类的善良理性、合乎社会文明发展的规律和方向的法律制度创新。如果时至今日，我们仍然以压制型法、自治型法的思维去给温州模式下的制度创新下一个"违法"的结论，就必然会产生"退回压制型法的危险"。[1]而这显然不是明智的人所乐见的。

---

① ［美］P.诺内特、P.塞尔兹尼克：《转变中的法律与社会——迈向回应型法》，张志铭译，中国政法大学出版社2004年版，第29页。诺内特和塞尔兹尼克从法律社会学的角度入手，按照历史的顺序将法律制度的发展分为三个阶段：压制型法、自治型法和回应型法。压制型法属于前现代的法律范式，自治型法和回应型法则是人类社会步入现代社会以后的法律范式。他们认为，压制型法的两个主要特征是：法律与政治紧密结合以及官方自由裁量权蔓延。尽管这两个特征有力地维护了统治秩序和特权，但同时也有法律的正统性程度低、国家权力行使无节制以及不能形成独立的法律机构等缺陷，阻碍了法律发展。因而，为了控制压制、探求法律的正统性、维护法律的稳定以弥补压制型法的缺陷，作为形式法治的自治型法取代了压制型法。但这种取代并非彻底否定压制型法的重要性和功能，相反，它是自治型法的前提和基础，即是"在肯定中理解否定"，是扬弃。自治型法的特点是政法分离、以规则为中心维护程序正义、法律机构以实体服从换得程序自治。这种法治模式为政府权力的约束和个人权利的追求提供了一种稳定机制，但是它仍然与致力于秩序和控制的国家密切一致，对权力的限制也可能支持某种压制型政权，因此产生了"退回压制型法的危险"；同时自治型法也忽略了社会多种目标的实现。侯瑞雪：《整合进路中的发展策略：伯克利学派的理论纲领——兼评〈转变中的法律与社会：迈向回应型法〉》，《河北法学》2006年第10期。

四、统一性与差异性的辩证关系彰显，创新成为区域法治发展的不竭动力

尽管建设法治国家、建设法治社会是人类文明社会的共同追求，尽管法治有着基本的要求与内核，但是各国的法治模式并不存在统一的样本，而是根据本国的具体实践与国情做出的理性选择。西方并非是一个整体，也没有统一的法治模式，例如，美国的法治不同于英国的法治，法国的法治也区别于德国的法治。之于区域法治建设，亦是如此，同样存在着创新的问题。法治的创新不仅有必要，而且也是必须的。[①]

实践的创新是区域法治发展的不竭动力。"就总体来看，法治是一种实践的事业，而不是一种冥想的事业。它所要回应和关注的是社会的需要（当然，这并不排除法律在某些情况下可以以推动变革的方式来回应社会的需要）。"[②]这是对"法治建设是一个渐进过程"的极好阐释。法治的这种基于人类社会实践的"渐进"，其动力就是创新意识。这种渐进性，既是区域法治发展的需要，也是区域法治不断创新的体现。从宏观的视角看，不论是从奴隶社会的法制形态发展到封建社会的法制形态，还是从封建社会的法制形态发展到资本主义社会的法治形态，以及中国从法治的较低层次发展到法治的更高层次，法治的每一次发展进步，都是鼓励和推动当时所认可和支持的社会经济、政治、文化等领域的创新的结果。从微观的视角看，诚如前述，温州模式的制度原动力，在于正确处理了市场与政府的关系、法治与政府的关系基础上的制度创新和制度变迁，而市场与政府的关系、法治与政府的关系的不断因时而异，也决定了在其基础上的制度创新和制度变迁的不断渐进。

我们知道，区域法治的创新过程，就是通过区域法治的发展来推动区域经济社会发展，它也是区域法治价值不断彰显的过程。比如，法治国家建设所需要的完备的法律体系，绝对不可能是一成不变的，其本身就是一个开放性的不断追求变动发展的系统，总是处于从不完备走向完备、从完备走向更加完备的发展历程

---

①李友根：《法治的创新与创新的法治》，《江海学刊》2005年第5期。
②苏力：《二十世纪中国的现代化和法治》，《法学研究》1998年第1期。

之中，总是处于不断地进步和创新之中。①在历史上，每个时期的法律规定，都"与立法时的价值取向、社会条件及时代背景有关，随着社会的进步，类似的规定将逐步被合乎理论规律的司法最终审查制度所替代"②。为了推动人类社会不断发展进步，我们总是不断地去发现需要法律引导、规范和保护的领域，然后通过法治的不断创新，进而，促进人们创新意识的形成，鼓励创新、创造的形式，保护创新、创造所取得的成果。在很大程度上，法律正是通过对创新、创造的鼓励和对创新、创造成果的保障来推动人类社会的不断发展进步，并不断彰显法律的价值。人类的社会实践活动以及由此所致的观念创新，就这样不断推进着法律体系的发展完善，不断推进着法律运转模式的发展进步；相反，法律体系和法律运转模式的不断发展进步，也极大地推进了人类创新观念的发展成熟和创新实践的不断深入。区域法治建设亦是如此。

法律本身不能创造社会财富，但却能有效地刺激和激励人们创造社会财富。③促进区域经济社会的全面进步，是区域法治建设的重要目标，也是区域法治建设的重要价值。区域法治建设对于经济社会发展的作用，在很大程度上是通过法之下的生产力的发展水平来体现的。商品经济社会的法律规则不仅承认实现自我利益是人类最一般、最基本的心理特征和行为动机这一铁的事实，赋予人们逐利的权利，而且还相应地承认优胜劣败，准许、鼓励和保护社会流动——资源及财产权利从低效益利用向高效益利用流动，以便最大限度地创造价值；贫困和富裕之间的双向流动，使富有者不敢安于现状，因循守旧，使贫困者有望可寄，"有机可乘"；社会职位、权力、荣誉的流动，使职位、权力和荣誉对所有的人开放。④温州区域经济社会的发展及其创造的温州模式，正是这种法治价值的彰显。

---

①法律的不断发展进步，既离不开立法者的理性设计，也离不开市民社会（Civil Society）的经验性变革，是两者不断整合的结果。伯尔曼指出："法律既是从整个社会的结构和习惯自而上发展而来，又是从社会中的统治者们的政策和价值中自上而下移动。法律有助于对这两者的整合。"参见[美]伯尔曼：《法律与革命——西方法律传统的形成》，贺卫方等译，中国大百科全书出版社1993年版，第665页。

②陈卫东：《我国检察权的反思与重构——以公诉权为核心的分析》，《法学研究》2002年第2期。

③王利明：《侵权行为法归责原则研究》（导论），中国政法大学出版社1992年版，第10页。

④张文显：《马克思主义法理学——理论、方法和前沿》，高等教育出版社2003年版，第365页。

法对创新精神的激励，一般是通过新的法律制度的创设或对原有不良法律制度的废止或修正实现的。这也是法律自身创新性的一个重要体现。生产力会受到良好的法律及其完善的执行机制的鼓励和推动，也会受到不符合生产力发展进步的法律及其执行机制的阻碍。我们记忆犹新的是，在我国以通过宪法修正案的方式确认土地使用权可以依法转让之后，不但国家从国有土地使用权的转让中获得了大量的收益，使其转化为社会经济、政治、文化等全面发展进步所需要的社会发展资金；而且，这极大地提高了土地的利用率，推进了城市化进程，带动了房地产业及相关产业的繁荣，取得了很好的社会效益和经济效益。在法律以确认私营经济合法地位的方式结束了"姓资""姓社"的争议之后，温州张灯结彩、炮仗高鸣，挺直了腰板，温州经济全面发展，开创了具有世界影响力的温州模式。[①]这样的例子不胜枚举。当然，如果出现立法失误，由于法律的普适性，其对社会发展进步所产生的消极影响也是显而易见的，我们有过这方面的很多教训，这一问题也已引起普遍的重视。[②]

法对创新精神的激励，经常以通过法律保护财产权进而促进生产者提升生产创造积极性的方式来体现。马克思主义认为，"每一既定社会的经济关系首先表现为利益"。[③]"人民奋斗所争取的一切，都同他们的利益有关。"[④]边沁则认为，法律一般的和最终的目的，不过是整个社会的最大利益而已。利益是人们企求满足的一种要求和渴望。因此，在世界各国的法治化进程中，必然涉及一个重要的领域，即私有财产的法律保护问题。[⑤]现代国家各项法律制度的创建和完善，一个重要的目的就是通过对私有财产的法律保护及相关法律制度（如知识产权等）的强化，鼓励生产、鼓励交易、鼓励创造和积累财富。只有这样，社会的财富总量才能不断增长，才能实现社会稳定和国富民强。通过对私有财产的法律保

---

① 实际上，更确切地说，是温州模式终于可以堂而皇之地被总结和学习。当然，私营经济主体合法地位的确认，对温州社会经济全面发展所产生的巨大推动作用，仅仅是该项法律制度推动全国社会经济全面发展的一个缩影和代表。

②如我国因金融监管失当曾经导致的"温州炒房团"问题、温州民间借贷问题等等，对温州经济社会发展产生了极为消极的影响。

③《马克思恩格斯选集》第3卷，人民出版社1995年版，第209页。

④《马克思恩格斯全集》第1卷，人民出版社1956年版，第82页。

⑤当然也包括一个不可忽视的方面：知识产权的法律保护。虽然它也涉及人身权的内容，但主要仍是财产权性质的。

护，可以极大地激发人们创造财富的欲望，进而激发人们对美好生活的向往。这在具有明显"经世致用"文化传统的温州区域的法治化进程中，显得尤其重要。

第三节 一个理论抱负：从温州模式到温州区域法治模式

经过前面的纲要性研究，我们试图挖掘温州模式中的法治论题，并进行初步的论证；我们努力勾勒出温州法治路径的基本特征，并对温州模式中的法治资源进行探索。至此，我们似乎可以提出一个学界尚未触及的理论抱负，即提出并证明存在一种与"温州模式"并行相生的"温州区域法治模式"，同时，将我们的研究视角和关注点从"温州模式"延伸至"温州区域法治模式"。

如前所述，温州模式自其发生、被关注、被研究之时，总是首先作为一种经济体制模式被描述，偶尔在社会学上被论及；其作为经济体制模式的内涵、特征、价值等方面已被学者深入研究，其对社会变迁的影响也被有所探究。然而，在法治模式理论层面上，尚未有独立的"温州法治模式"之类型。实际上，我国法学界多引介西方法治理论中关于法治的类型或模式的研究成果，并对这些理论形成共识，这对于我们研究"温州法治模式"之类型是非常有意义的。M.韦伯开法治类型研究的先河，在其巨著《经济与社会》中提出了三种统治类型，即传统合法性、个人魅力型的合法性和法理型合法性[1]，并提出了形式合法性和实质合法性的理论模型。昂格尔则在其著述《现代社会中的法律》中提出了"习惯的或相互作用的法、官僚的或管理的法、法秩序或法体系"等类型论的概念框架[2]，其理论又为后现代之于法学思考提供了支撑点。美国的诺内特和塞尔兹尼克在《转变中的法律与社会》中构建了"压制型法、自治型法和回应型法"的法治类型理论。[3]德国图依布纳在法系统论的基础上创造了复杂的"实质合理性法、形式合理性法和反思合理性法"的类型理论。[4]这些理论著述为研究我国法治道路和模

---

[1]WEB M, 1978. Economy and Society, Vol. 1, University of California Press, 80.

[2][美]昂格尔：《现代社会的法律》，吴玉章、周叶谦译，中国政法大学出版社1994年版。

[3][美]P.诺内特、P.塞尔兹尼克：《转变中的法律与社会——迈向回应型法》，张志铭译，中国政法大学出版社2004年版，第35，60，87页。

[4][德]图依布纳：《现代法中的实质要素和反思要素》，矫波译，《北大法律评论》第二卷·第二辑，法律出版社1999年版，第620页。

式提供了丰富的理论资源，却缺乏将理论运用于实践的细致的经验分析，或用经验检验理论。这样看来，温州不正是一个很好的标本吗？

我们很清醒地意识到，没有以法治政府建设为核心内容的区域法治文明的进一步发展，就没有温州模式的后续活力。展望温州模式的未来发展，首先是要摆脱温州传统家族式熟人社会的政务、经济事务、社会事务的治理模式对温州经济社会发展的严重制约，保证社会各项工作都依法进行，逐步实现社会管理基于民主前提的制度化和法律化。同时，要让温州模式真正成为一种"扩展秩序"模式，就不能仅仅把温州模式看作是其自身的演变过程。温州模式的未来发展也应该被看作是这样一个过程：从一个统制一切的经济发展观念转变为一种法治文明的发展观念。在这种法治文明指引下的温州模式的发展观念是寻求法治和社会经济全面和谐发展的新型科学的发展观念，符合科学发展观的基本精神。只有朝着法治文明的方向前进，才能摆脱温州模式发展中所面临的困境和危机，创造一个举世瞩目的新的温州发展模式。

我们希望能用相关理论论证作为中国区域法治模式之一的温州法治模式存在之可能性，并借此抛砖引玉，引导更多学者在先发地区的区域法治模式问题上展开深入研究，为先发地区的进一步发展输入法治动力，为后发地区的发展提供法治引领。

第二章
合法性之辩：温州模式是依法变革抑或违法转型

当社会中某些领域的制度或规则先于法律制度变革时，就将陷入"守法"与"违法"之争。温州模式所面临和经历的"违法转型"的质疑即集中呈现了"转型期法治理论"所要完成的现实课题。如何分析和评价这种因制度变迁而引致的法律冲突？温州模式自20世纪80年代被提及、被关注、被研究之始，总是作为一种经济体制模式被诸学者探讨其内涵、特征、价值等各个方面。然而，温州模式究竟是应对现实情势的依法变革，还是冒天下之大不韪的违法转型？温州地区的制度创新能否被归纳为一种独立的法治类型？学者们对于上述问题几乎不曾展开探讨，更没有在学术界形成共识。借助西方法治理论中关于法治的类型或模式的研究成果，对发生在温州地区的诸多现象进行深入的分析，尝试论证温州模式，此举不仅具有经济学上的意义，作为一种新的探索理念和路径，或许更能为过去和今后的中国法治道路和模式提供丰富的实践经验，因而具有法学上的重要意义。

第一节 理想和现实之间：法治理论的梳理

"法治"理论具有十分丰富的内涵。概括说来，主要可以分为以下几种观点：①作为最基本也是最重要的含义，法治即"依法治国"，是一种理性的治国方略。②作为民主化法制的模式，当法制与民主相结合，才是法治；当法制与专制相结合，则不是法治，所以说法治是法制模式中的一种。③作为普遍办事原则的"依法办事"，即形式主义法治。④作为法律内在精神，即实质主义法治。法治理念包括法律至上、权利本位、程序正当、权力制约等一系列原则和精神。

⑤法律人之治，即职业化的法官、检察官和律师从事专门化的法律活动。[①]可以说，法治是一个综合性概念，涉及法学、政治学和伦理学等多学科的理论问题。这是由于法治的生成和发展涉及公众日常生活的各个方面和社会活动的各个领域，是由众多的点、线和面所构成的一个有机体系。[②]因此，要正确把握"法治"理论必须从历史角度出发，整理分析"法治"理论发展演变轨迹。

一、自然法学派的法治思想

自然法是指宇宙秩序本身中一切作为制定法制基础的关于正义的基本和终极的原则的集合。自然法学派是指以昭示着宇宙和谐秩序的自然法为正义的标准，坚持正义的绝对性，相信真正体现正义的是在人类制定的协议、国家制定的法律之外的、存在于人的内心中的自然法，而非由人们的协议产生的规则本身的法学学派。自然法学派又可分为古典自然法学派和新自然法学派，它们的产生和发展都是适应当时社会发展需要的，并产生了各自的代表人物。在西方，每次社会大变革时期，自然法学总是作为一面旗帜，主导着西方社会法律发展的大方向。例如，私有财产不可侵犯、法无明文不为罪、人身自由不可侵犯、人民主权、权力分立等思想，都发端于自然法学的理念。

自然法学派充分论证了法治的必要性及其原则。该理论中的"法治"负载着许多的价值，特别重视法律存在的客观基础和价值目标，即人性、理性、正义、自由、平等、秩序，重视对法律的终极价值目标和客观基础的探索。需要说明的是，由于思想家们所处的历史背景、政治经济文化不同，因而在不同国家或同一国家的不同时期，法治所倡导的价值重点是不同的。例如在专制因素较多、等级压迫比较明显的法国，思想家们论述较多的是平等；而在英国，由于工业经济发展较快，思想家对自由的要求则更加明显。当一个社会处于混乱状态时，思想家们则强调稳定与秩序。

---

①潘佳铭：《法治概念的性质探析》，《西南师范大学学报》（哲学社会科学版）2005年第1期。

②姚建宗：《法治的生态环境》，山东人民出版社2003年版，第14页。

自然法学派主张有一个实质的法的价值存在着，这个法的价值乃独立于实定法之外，且作为检定此实定法是否有正当性的标准。自然法学说认为，在自然，特别是在人的自然本性中，存在着一个理性的秩序，这个秩序提供一个独立于人（国家立法者）意志之外的客观价值立场，并以此立场去对法律及政治的结构做批判性的评价。自然法的权利，从某种意义上讲就是意味着自然——也就是说，人的本性、社会的本性甚至物的本性——可演绎出某些法则，这些法则可供给一个整体而言对人类行为举止适切的规定。自然法学派起初的权利观念更多带有"天赋"权利的色彩，人生于自然，人的权利也来自自然。

自然法学派以各种形式的自然法为参照系，为人类行为指明应该向何处去。这里面隐含着人类思想的许多理想成分，在法学研究中表现为一种激进的理想主义情怀，以诸如正义、平等、自由等抽象价值来构建自己的批判武器，在破解传统法律理念、重塑时代法律神圣性的历程中功勋卓著。因而从本质上看，自然法学派属于一种批判现实的理论，在启蒙时代它甚至可以说是一种革命的理论，其所倡导的法治内容虽然是针对现实的，但不可避免地包含着许多理想成分。例如，自然法学派一方面认为法律是应然法在现实生活中的反映，指出"法是由事物的性质产生出来的必然关系"；[①]另一方面，自然法学派更强调法律的道德性和正义性。美国著名法学家富勒就坚信法律制度必须符合一定的内在道德和外在道德，即法律制度不仅要遵循有关法律的制定、解释和适用等程序上的原则，还要遵循法的实体目的或思想，如人类交往和合作应当遵循的基本原则、抽象的正义等。[②]也就是说，自然法学派认为，依法办事必须要依赖于明确的行为规范，但是，当明确的法律规范与自然原则（正义）相冲突时，则应以正义的标准来修订实在法。然而，问题在于自然原则（正义）只是个原则，具有强烈的模糊性和不确定性，而自然法学派在解决理想和现实的冲突问题上转移了重点，混同了法律与道德的边界。可见，从某种程度上看，自然法的方法论如天边之流云，绮丽却缥缈，它宣言法的未来，但无力构筑通达未来现实的路径。更令人忧虑的是，自然法的自大与泛滥还有可能使法学笼罩于空泛与虚幻之中，难以成长与成熟。

---

①[法]孟德斯鸠：《论法的精神》，严复译，上海三联书店2009年版，第115页。
②[美]富勒：《法律的道德性》，郑戈译，商务印书馆2005年版，第156—183页。

温州地处浙江东南沿海，人多地少，地理位置远离政治中心，自然资源匮乏，工业基础薄弱。为了生存，一代又一代温州人养成了强烈的商业意识和强大的商业头脑。早在南宋时期，温州即形成了以叶适为代表的"永嘉学派"。"永嘉学派"讲究实效，主张义利并举；自始至终追求一种价值取向：知之则必用，用之则必尽。①这种讲究实效、注重功利的思想及其价值取向，导致"永嘉学派"在对待法律等规范的问题上，表现出了一种类似于自然法学派"依法办事必须要依赖于明确的行为规范，但是当明确的规范与自然原则（正义）相冲突时，则应以正义的标准来修订实在法"的观念。这种观念和西方商品经济意识形态的冲撞与融合，经过温州人的历史实践，塑造和强化了温州这一地区的地域文化传统，构成了温州经济社会发展不可缺少的"遗传因子"，并渗透在温州人的骨髓里，使其在境遇艰难时总是期待并在实践上更乐于选择应对现实情势依法变革，而非坐等国家法等规范的完善之后再选择对应的行动策略。

二、实证分析法学派的法治思想

当自然法学派沉溺在"法律实质正义"的泥淖中无法自拔时，实证分析法学派则试图从形式上确立法律的权威。实证分析法学派主张，法律是主权者的命令，只不过是一套规则系统。因此，除了国家立法机关创立的实在法之外，不能有另外的法律源泉。一般地说，实证分析法学派的基本思想是：严格分开"实际上是这样的法律"和"应当是这样的法律"；强调对法律概念的分析；依靠逻辑推理来确定可适用的法律；否认法律和道德之间的必然联系。早期坚持这一原则的人甚至认为，法官不能解释法律，更不能创制法律，这就给立法者提出了相当高的要求。首先，严格地"依法办事"意味着法律中必须含有办理各种事情和解决各种纠纷的方案，而事实上成文法律不可能包罗万象，也不可能细致入微地规定各种行为模式。其次，为了尽可能地满足"依法办事"之要求，法律规范必然日趋细致繁杂，并导致国家的法律框架庞大无章。再次，社会的快速发展变化致使纯粹的法律规范根本无法满足现实需求，特别在行政执法领域，"依法办事"

①易元芝、徐剑锋：《地域文化：温州模式的支撑与革新》，《浙江经济》2008年第13期。

早已被理解为一个大原则，具体行政行为中大幅度的自由裁量权使"依法办事"退化为纯粹的理想。于是，多元的法律渊源自然而然地就产生了。

实证分析法学派的主要代表人物边沁在其功利主义法学中极力反对古典的自然法学，强调必须用现实的功利主义眼光来重新分析考虑问题。在法学研究方法论方面，他认为，实际的法和应当的法必须进行分离，法学分为"注释的"法学（涉及法是什么）和"评论的"法学（涉及法应当如何），并坚持把二者分开。他着力分析真正的法或"严格意义的法"，即国家制定的法律"国家法"，而不是什么自然法，由于这种法律能为经验所感知并真实存在着，因而也叫实在法或实证法。至于其他所谓的"法"，如自然规律、自然法、荣誉法则，只具有比喻意义，不值得研究。在立法和法律认识方面，他指出，立法的基础不是理性而是功利，即根据"避苦求乐"的原则，为最大多数人谋取最大幸福。据此，衡量一个国家的法律制度好与坏的标准只有一个，那就是看它是否能够增进大多数人最大的快乐。如果说，一条法律，一项制度对人们来说痛苦胜于快乐，那就是不利和无益的；反之，如果快乐胜于痛苦，那就是有利和有益的。简言之，"最大快乐至最大量"的原则，是法律的目的和立法的标准，立法者的任务就是计算苦乐，以增进最大多数人的最大幸福为目的。法律应有四项目的：生存、富裕、平等和安全。政府和法律要倡导生存、达到富裕、促进平等、维持安全。在《立法论》一书中，他提出了七项具体要求：（1）法律必须符合人民的愿望；（2）法律必须使人人知道；（3）法律必须贯彻一致；（4）法律必须符合功利原则；（5）法律的结构、布局必须合理；（6）法律必须确实施行；（7）法律字句必须明确，不得模棱两可。

J.奥斯丁继承和发展了边沁的功利主义思想，在其分析法学中，他认为在不同的法律体系中，无论是不开化的社会中的行为规则，还是文明政治社会中的人类法规范，都存在着普遍的共通原则，这些共通原则就是功利。他认为，功利的一般原则在所有的地方和所有的时间都是完全一样的，功利的原则是绝对的、普遍的。因此指导人们分析问题的基点应是它被人们普遍采用和认可。但他进一步指出，功利的原则或应当的法则是立法学研究的对象，法理学与立法学是有严格区分的，法理学的任务是对一般法律的概念和特点进行整理与分析，澄清和阐述现有法的概念和结构，其主要的方法是分析，而不是评论和批判，也即"法理学研究实在或严格称谓的法，而不考虑其好坏"。"法律的存在是一回事，它的优缺点是另一回事。"这就是著名的"恶法亦法论"。在立法和法律认识方面，J.奥斯丁认为，在宇宙中存在两种法则，一是自然界中的自然规律，如四季的循环、动物的生死、地心的引力等，这些规律与人的意志是无关的；另一种是人为的法则，可以称为规则。自然法则根本不是法律，如果人们非要称为法律的话，只能是在比喻的意义上使用。法律是人为的法则，但人类行为的法则并不都是法律。如道德或习惯就不是法律。那么到底什么是法律呢？他说"法律一词或所谓严格意义上的法律，是命令。如果法律不是命令，则不称其为法律，或不能算作严格意义上的法律"。

凯尔森系统阐述了一种被称为"纯粹法学"的实证主义理论。他将法当作"纯粹"的、独立自在的规范体系，认为法律体系最基本的东西是被社会大多数人所接受的某种假定(基本规范)。他否定传统学说中将法律和国家当作两种不同现象的二元论观点，代之以国家和法律同一的一元论，认为国家是由国内法律秩序所创立的法人团体，法律秩序是由基本规范和从基本规范中获得效力的所有规范组成的法律规范体系，国家即法律秩序。一群人之所以构成国家这个共同体，就在于他们的行为是由一个法律规范体系调整的。他把纯粹法学理论等同于纯粹的国家理论，反对传统的"三权分立"学说，认为国家的基本职能不是立法、行政和司法三种，而是法律的创立和适用两种，这两种职能既不平等，其界限也不是绝对的。他主张按公民同法律秩序的关系把国家划分为民主和专制两种。民主意味着国家的法律秩序中所代表的"意志"符合国民的意志。专制指国民被排除在法律秩序的创立之外，法律秩序和人民意志毫无协调的保证。他反对绝对主权理论，认为国家主权原则具有相对性，一国的法律秩序不应该违反国际的法律秩序，只有服从国际法的国家政权，才是唯一有主权的政权。①

H.L.A.哈特是在战后"复兴自然法"的条件下提出自己的新实证分析法学的，因此，他的学说中具有向自然法学靠近的特征。他不仅接受了J.奥斯丁的基本观点，而且吸收了现代西方哲学的一个重要派别——逻辑实证主义的概念和语言分析法（通称牛津哲学），作为其学说的一个思想基础。他认为，应放弃分析

---

① [奥]凯尔森：《法与国家的一般理论》，沈宗灵译，中国大百科全书出版社1996年版，第3，105，141，406页。

法学派用以分析法律概念的传统方法，即为词典下定义式的方法。他对在社会中分配负担与利益之法律的正义或不正义做出了评价。他批判那些维持种族歧视的法律，是以这些法律未能做到"同等情况同等对待"为基础的。但是，这条原则可以用来解释"正义的"与"不正义的"这两个术语对那些为损害提供或者没有提供赔偿的法律进行评价时的用法吗？哈特的答案是肯定的，尽管他承认，该原则与补偿性正义之间的关系是"间接的"。他论辩说，比如，当道德法典禁止以伤害他人为目的去使用优越力量之时，弱者便被置于和强者平等的地位之上。该道德法典由此便"在个人之间"创造了"一种道德的并且在某种意义上人为的平等，以平衡自然的不平等"。一旦强者损害到了弱者，就破坏了这一道德上的平衡，"由此正义要求尽可能由做错事的人去恢复道德上的平衡状态""法律在正义要求补救的地方提供补救时，这些法律间接地承认了'同等情况同等对待'的原则。……此处的道德秩序是一种受害者和施害者被区别对待的不平等的秩序。就这种道德秩序观而言，法律只有反映这种差别并且有区别地对待不同情况才是公正的，尽管对我们来说它是令人讨厌的。"[1]

温州人开创的"永嘉学派"，被时人及后人称为"事功学派""功利学派"或称为"经制之学"，法学思想是其重要内容，并逐渐在温州形成了重视法学研究和法制探索的浓郁氛围，使在地域上偏于一隅的温州竟也成为法学家荟萃的区域，从明代制定《大明律》的刘基，到被誉为民国"中国民法三杰"之一的著名民法学家梅仲协，再到当今法学家陈光中、高铭暄、孙笑侠、徐崇利等，法学人才辈出。温州传统文化中对法律存在极为明显的矛盾性，在改革开放前后显得尤为突出：一方面，既想极力冲破已经被认定成为发家致富束缚的"实际的法"，[2]并在社会活动中极力构筑各种"关系网"，使温州区域甚至有温州人活动的区域

---

[1][英]哈特：《法律的概念》，中国大百科全书出版社1995年版，第162—163页。
[2]温州模式在发轫之初被严重打压，因而甚至被认为是"从牢狱里冲出的温州模式"，详见《从牢狱里冲出的温州模式》，《南方周末》2008年10月23日。"捡垃圾捡出来的温州模式"，详见周德文：《温州的经济是捡垃圾捡出来的》，2008年5月11日—12日北京大学百年讲堂，由北京大学民营经济研究院、中国企业投资协会和《东方财经》杂志社共同主办的第四届中国民营企业投资与发展论坛，时任中国中小企业协会副会长、温州管理科学研究院院长周德文发表演讲提到："温州人眼里的垃圾是放错了地方的财富，所以改革开放初期温州人捡垃圾，温州很多的产业都是这么捡出来的。"

成为典型的"人情社会"，以力求突破"依法办事"所带来的对追求"功利"的制约；另一方面，又极力抨击"人情社会"所带来的沉重的社会活动成本，强烈渴望"依法办事"秩序对社会经济活动的有力支撑，并渴望符合"避苦求乐"原则的、"正义的"、为谋取最大幸福的致富举措合法化。

当然，如前文所述，正是因为这些法律制度创新，才唤醒了人们的创造力和敬业精神，极大地满足了人们对物质文明进步的强烈追求，强劲地推动了经济社会的发展；何况，这些法律制度创新，后来都从国家制定法层面被确认为法律，在全国范围内施行，并取得了很好的社会经济发展成效，被证明是合乎人类的善良理性、合乎社会文明发展的规律和方向的法律制度创新。

三、社会法学派的法治思想

社会法学派的早期代表英国社会学家H.斯宾塞认为，社会和国家如同自然界生物一样，是一个有机体；人与人之间的关系也是生存竞争和强存弱汰；法的任务只在于维护个人自由；每个人只要不妨害他人同样的自由，就可以从事他所愿意从事的任何活动。奥地利社会学家L.贡普洛维奇认为，社会发展的动力是种族斗争；国家起源于较强的原始民族对较弱的原始民族的征服；法是社会中统治集团通过国家权力对被统治集团进行统治的工具；法的原则不是平等而是不平等。

20世纪社会法学派的主要代表人物奥地利法学家E.埃利希认为，法的发展重心不在于立法、法学或判决，而在于社会本身。他认为，法比国家出现得更早，国家制定和执行的法仅是法中很小的一部分。即使在现代，国家对法所起的作用也是有限的，而大量存在的是"活的法"（Living Law）。这种法不同于国家执行的法，而是社会组织的内在秩序。尽管这种法在法律命令中没有地位，但它却支配着社会生活本身。人们生活在无数复杂的法律关系中，但除少数人外，都自愿履行这些关系所赋予的义务。如履行父亲或丈夫的义务、尊重他人财产、清偿债务等等，其动机并不是出于对国家强制的畏惧。为了研究"活的法"，他认为要注意各种法律文件，并观察社会生活、商业习惯和组织等等，不论它们是否为国家的法律所承认。早在20世纪初，他就提倡"法的自由发现""自由的判决方法"，即主张法官在法律规定含糊不明等情况下，应就案件事实根据正义感加以判决。

法学家H.坎托罗维奇的学说主要思想渊源之一是德国M.韦贝尔（1864—1920）的社会学。他反对当时在法学中占主导地位的概念论法学，提倡自由法学——社会学法学派的一个支派。他认为概念论法学往往否认正义观念，忽视社会现实，以为法律仿佛是"自动售货机"，可以简单地通过抽象的逻辑推理，从现行法律中为任何案件获得答案。他主张法官在审理案件时不应仅仅适用法律，必要时还应当创造法律。除"正式法"（Formal Law）外，"自由法"（Free Law）也是法的渊源，其中包括习惯、判例理由以及法学家的权威论述。但是他仍坚持法官应当遵守法律，认为这是保障个人自由和法律安全的必要条件，法官创造法律的活动，应当只限于在法律出现漏洞等情况下进行。

美国法学家R.庞德在《社会学法学的范围和目的》中曾提出社会学法学派的六点纲领，之后又扩大为下列八方面的内容：（1）研究法律制度、规则和学说的实际社会效果；（2）为立法准备而进行社会学的研究；（3）研究使法律规则发生实效的手段；（4）研究法律方法：对司法、行政和立法等活动进行心理学研究以及对理想进行哲学研究；（5）对法律史进行社会学的研究；（6）重视对法律规则的个别适用，即合理和公平地解决每一个案件；（7）在普通法系国家设立司法部的作用应主要在于研究法律；（8）以上各点宗旨都在于使法律目的更有效地实现。从强调实现法的目的、法的效果这一前提出发，庞德认为法是一种社会工程、一种社会控制的工具。法的目的和任务在于最大限度地满足、调和相互冲突的利益。利益是法律保护的基本因素，权利是法律上被保护的利益。为了实现这些任务，就必须正确地对各种利益进行分类：（1）个人利益，其中又包括人格、家庭关系和物质三方面的利益；（2）公共利益，包括国家作为法人在维护其人格和物质方面以及作为社会利益捍卫者的利益；（3）社会利益，其中包括一般安全、社会组织安全、一般道德、社会资源、一般进步以及个人生活等各方面的社会利益。法的目的和任务在于调和相互冲突的利益，因此法必须对这些利益进行评价，从而也就要有借以评价的价值准则。庞德在20世纪初曾提出文明社会在私法方面的法律前提，主要是关于保护人身财产安全、所有权、履行契约义务和过失行为责任；在20世纪40年代，他又补充了有关劳动和其他社会立法的三个方面的前提；他认为20世纪法的理想图是一方面促进个人主动精神，另一方面实现社会合作。

实际上，诚如霍姆斯所言，"法律的生命不是逻辑而是经验"。①也就是说，当进入"实践中的法"的观察视野，就会发现法律与社会之间存在着频繁的互动。法律角色的转变、法律文化的发展、法律运作的规范和良好的法律实效等法律问题都与社会的发展密切相关。正是从这一角度出发，社会法学派注重的是法律的实际作用而不是抽象规则，关注的是现实的法律目的而不是固定的规则模式。

鉴于观察"法治"的出发点在于社会与规则的互动，因此社会法学派很少将法律看成是单一的制定法。也就是说，在这些学者眼中，"依法办事"中的"法"不仅包含确定意义的法律规则，还包含着多元的法律渊源。依此思维进路，便很容易理解社会法学派的主张，当司法和执法过程遭遇规则不明确或规则存在漏洞的问题时，官员（这里指一批掌握法律知识又熟知法律规则在社会中具体地位的国家代表——包括法官和行政长官）可以根据情势重新阐释法律或用非正式法源来弥补成文法之不足。这正体现了社会法学派对法律规则的怀疑态度，与其盲目相信法律法则，不如相信法官的经验判断。

"法律就是法院事实上将做什么的预言"②，这一提法与传统法治中"法官只是法律的操作者"的理念大相径庭，但在很多情况下似乎更符合社会的现实情况。就现实层面而言，法官的裁判过程确实在一定程度上弥补了法律规则的空缺结构，这种弥补可以视为对具体案件的立法，在普通法系中甚至意味着创立法律规则。然而值得注意的是，允许法官造法在一定层面上意味着规则统治的失败，但是否认规则统治的法治则很有可能使现实的社会秩序陷入混乱。

上述理论学派的争论点主要集中在"法治"究竟是"形式上合法"还是"实质上合法"？当然，一般情况下"形式上合法"往往也等同于"实质上合法"，因为"形式上合法"并不意味着法的僵化和一成不变，而"实质上合法"也不意味着忽略法的形式要件、毫无规则。例如，一方面，神授法和宗教法的确定均须经过一定仪式（即程序），也就是说，需要拥有形式意义上的合法性；另一方面，神授法或宗教法的具体规则也折射出当时社会的主流公平正义理念。就此而言，法治理念的

---

① [美]小奥利弗·温德尔·霍姆斯：《普通法》，冉昊、姚中秋译，中国政法大学出版社2006年版，第3页。
② [美]小奥利弗·温德尔·霍姆斯：《普通法》，冉昊、姚中秋译，中国政法大学出版社2006年版，第233页。

演变过程虽然反映了法的形式会随着历史的发展变化而呈现出不同的面貌，但是法的实质却又根植于特定的社会现实，符合当时社会的主流公正理念。

在对温州模式所面临和经历的"违法转型"的质疑进行理论梳理，并试图对其做出"法理合法性"的正名探索时，社会法学派学者的思想似乎可以指引我们走出迷茫：我们是着重法的作用还是它的抽象内容？是将法当作一种社会制度，认为可以通过人的才智和努力予以改善，并以发现这种改善手段为己任，还是相反？是强调法所要达到的社会目的，还是法的制裁目的？是否认为法律规则是实现社会公正的指针，而不是永恒不变的模型？"法学理论研究和实践经验均已证明，法律自治是建立法治的必要前提。不过，法律自治从来就是一个动态概念；换言之，法治总是体现为法律自治程度由低到高的量变过程。一个国家走向法治的历史，也就是法律自治程度逐步提高的历史。因为我们知道，任何社会（包括国家产生之前的社会）都有某种形式的法律制度，而且，任何形式的法律制度中都包含着一定量的法治因素。然而，在不同形态的法律制度中，法治含量却是大不相同的，有的法律制度中的法治含量多之又多，多到让人们时时、事事、处处都能感受到法律的存在与威严；有的法律制度中的法治含量则少之又少，少到几近于无。"①

因此，我们不能因为在改革开放之初温州模式所蕴含的法治思想和行动的诸多局限性，而否认其已经开始了区域法治化的进程。相反，我们应当对温州区域法治化已经开始了"法律自治程度由低到高的量变过程"的判断予以肯定。

第二节 法治理想和客观现实之间的桥梁

在对法治理论的学术流派进行梳理的基础上，笔者进一步考察在法治文明高度发展的今日，法治理想与社会现实的冲突及其调和。现代社会日益强调法律规范与抽象原则的分离，严格地规定了立法程序，即制定修改法律必须通过特定机关经过复杂的程序才能进行。这一方面保证了法律的稳定性，树立了法治的权威；另一方面，也不可避免地加剧了法律的滞后性，特别在社会结构发生重大变化的时期，法律规范的调整往往跟不上社会的变化，于是"形式上合法"与"实

---

①程汉大：《法治的英国经验》，《中国政法大学学报》2008年第1期。

质上合法"就很可能产生不一致，甚至出现巨大冲突。

就中国现行形势来看，社会结构的变动和政治经济体制的变革都在促使"实质上合法"和"形式上合法"的冲突日益凸显。因此，问题的关键在于，如何稳妥地、有步骤地调和"实质上合法"与"形式上合法"的冲突。在下面的论述中，笔者尝试借助三个较有说服力的理论来分析如何在法治理想与客观现实之间搭建一架桥梁。

一、德沃金的法律解释学

现实的复杂多变与法律的抽象简洁之间存在永恒的冲突，以至于造成了针对同一条文不同人的解释相去甚远的现象，更不用说对同一事实如何寻找法律依据进行裁判的差距。[1]在此层面上，整齐划一的法治在现实中是没有办法实现的，理想的法治没有类推也没有解释，只有依法办事和法律推理。而实际情况是，严格的依法办事在常规的典型形态中还能发挥指导作用，但在疑难或复杂情形以及新生事物面前则束手无策。法律并不是解决所有问题的现成方案，法律体系中既存在明确的规则，也存在着空缺结构、漏洞和不确定性。

为了解决这个难题，德沃金将法律分为"明确法律"和"隐含法律"，其中"明确法律"是在司法实践中没有争议、无须解释的法律规则，而"隐含法律"则是存在于法律体系之中，但含义不明确、需要法律解释的法律规则。值得注意的是，隐含法律虽然含义不明确，但并不意味着不确定，隐含法律与明确法律一样，都是以法律体系中所蕴含的原则、政策、道德、普遍接受的信仰、学说及观念等作为背景依据的。因此，基于相同的文化背景，公众可以知道或者大致知道隐含法律，并从中推出权利和义务。按此思维进路，如果认定存在隐含法律并对此进行法律解释，那么就完全有可能获得在法律问题上唯一正确的答案。

为了进一步完善隐含法律的概念，德沃金指出，真正的法治允许政治道德，特别是法律原则在法律推论中发挥作用，允许这些"根据"和通常的明确法律彼此共存。只有当政治道德理由尤其是法律原则被看作法律推论时，法治才是切实

---

① 王利明：《法律解释学导论：以民法为视角》2版，法律出版社2017年版。

可行的。所以，法治不可能仅是明确规则的统治，它还包含着法官在内的法律解释学者的共识。就这样，德沃金通过运用哲学解释学以避开法律解释对严格法治所带来的理论冲击，利用解释性法律（即创造性的构建法律）为法治的理想与现实相统一提供了理论基础，从而在一定程度上将政策和原则作为构建司法推理大前提的渊源。这也是一种实质推理思维在司法中的引入，不过这种实质合理性需要用法律方法加以规范，以力求司法推理大前提的合理性与合法性。就此而言，法律解释其实是一种对于法的客观性重构，法律并不是单由一堆规则构成的，它是"封闭完美的体系"，解释就是对此体系中某问题的"重构"而已。

法律的价值和寓义是赋予人们平等关注和尊敬的权利。作为这些基本权利的承受者，德沃金的主体概念实际上就是康德哲学中的主体：个体化和理性化的自治主体。自治主体的解放就成了同时代法律与政治制度的首要目的，它也使法律原则有了连贯性、统一性和合法性。德沃金还想构建一种方法来区分正确与错误的法律命题。判断的标准就是最佳的政治理论。它应能为法律实践提供最佳的辩护，并借助最终的权威使规则和原则井然有序，把部分命题视为恰当连贯的，部分则视为错误的，否则它们将乱作一团。"正确答案"这一命题就是为了从混乱中产生合理的秩序。德沃金把其视作司法过程的目标和成就。在论述法律的整体性时，他的路径正好与阐释理论相对：在真理和正义的名义下，把多样性变成单一性，分散性变成集中性，异质归于同一。政治理论在解释中的作用也就变为统一法律发展史中的基本要素。法律实践又被解释为朝着单一目标不断增长理性的连续过程，而不是充满断裂和歧义的过程。

德沃金的法律解释理论，充满了一定的理想主义色彩，但这种理想的实现是以法律的确定性、规定性和高素质的法官为基础和保证的；也就是说，法官对法律的解释并不能随心所欲、率性而为，相反，他们是在"整体性"法律既定的框架下和范围内，对法律进行"建设性的诠释"。换句话说，德沃金的目的就是根据既有的法律素材和框架，使法律解释"变成最好"。

二、让·加尔博利埃的"虚设法理论"

对于法律，"虚设法理论"持一种谨慎收敛的态度。"虚设法理论"的倡导者、法国的法学家让·加尔博利埃是一位温和的法律怀疑论者，他既不十分相信实证分析学派主张的法只来源于法典式制定法的观点，也不满意社会学的社会规则至上主义，他关注的始终是事实与法的关系，法社会学与法的互补共存。让·加尔博利埃认为，法本身是个善和恶不可分割的集合体。因此，法学家应当审慎地对待使用"法"，即符合宪法学家所称的"自我限度说"。法的场域远比人们之间的关系总和要小得多，而在工业社会和后工业社会出现的法相对于实际需要的法实在太多，使得法变得脱离大众，变得深不可测，变成法律人谋生的专利。这最终演变成Tropdeloituelaloi（法语词，意为法太多必杀法）。为此，"法"有必要在本该集中显示作用的、人类关系的某些领域和范畴（Domains）里出现空缺（Absent）。

正是在"自我限度"的影响下，让·加尔博利埃提出了"虚设法理论"。该理论认为，后工业社会中，国家法的立法者应当相信个体的民事行为能力，相信个体能在无法律（硬法）约束下的自我规范生成能力，"法"应当通过自动撤退机制（Non-droit）从曾经占据过的位置或有权限占据的位置中主动撤退，而"法"腾出的空间将会由集体规范、媒介以及学校的规则和宗教的组织来填补。①由此可见，"虚设法理论"的核心点在于"法（Droit）"到"虚设法（Non-droit）"的运动，即"法"从曾占据过的位置（或"法"有权占据的位置）主动放弃（Abandon）或撤退（Retrait）。"虚设法理论"试图解决现代社会法律规范过度膨胀的困境，为后工业社会法律体系的结构性转变提供了理论依据。

三、软法理论

与德沃金借助法律解释不同，软法理论直接扩展了法律的范围，将大量制定法的边缘规则都纳入法律的范畴。被称为"Soft Law"的"软法"，在法学界至今仍存在着对其不同的观察和界定。有学者对国内外学者的各种观点进行概括，将"软法"分为十二类：（1）国际法；（2）国际法中那些将要形成但尚未形成的不确定的规则和原则；（3）法律的半成品，即正起草但尚未公布的法律、法规；

---

① 程春明：《让·加尔博利埃和他的法律社会学思想》，《法哲学与法社会学论丛》第三辑，中国政法大学出版社2000年版，第296页。

（4）法律意识与法律文化；（5）道德规范；（6）民间机构制定的法律，如高等学校、国有企业制定的规范、规则；（7）我国"两办（即中共中央办公厅和国务院办公厅）"的联合文件；（8）程序法；（9）法律责任缺失的法条或法律，即只规定了应该怎么做，但没有规定如果不这样做该怎么追究相应法律责任的法条或法律；（10）仅有实体性权利宣言而无相应程序保障的法条或法律，如没有相应程序性保障的宪法序言；（11）法律责任难以追究的法律；（12）执政党的政策等柔性规范。[①]这说明，软法内涵本身就具有一定的模糊性。其中一个比较经典的表述是，软法是行政主体发布的"非法律性的指导原则、规则和行政政策，包括诸如非正式的指导方针、信函、操作备忘录、指令、守则和口头指示等形式"。正如埃里克森所认为的，"软法指的是一套没有中央的权威加以创设、解释和执行的规则"[②]。当然，这种社会规范和法律并非对立或完全不相干。

软法研究者认为，法作为一种社会关系的调节器，应当区分各种社会关系秩序化的难易程度，选择强弱有别的规范去调整，滥用国家强制不但会浪费法治资源，还会损及法律之治的正当性。建设法治国家，特别是法治社会，要倚重软法之治，现代法治应当寻求更多协商、可以运用更少强制、能够实现更高自由。事实上，伴随着公共治理的崛起，软法与硬法正在发展成为现代法的两种基本表现形式，法正在从传统的单一的硬法结构朝着软硬并重、刚柔相济的混合法模式转变。

实质上，软法的兴起得益于传统统治模式向现代治理模式的调整。统治体系中的权威表现形式是传统的命令和控制方式，而治理中赖以实现秩序的权威则具有多重性，这些权威并不必然是公共主体，也并非为一家所垄断。因此，统治形式下的法律是硬的，治理形式下的法律则是软的。[③]与此同时，软法的发展又反

[①]梁剑兵、张新华：《软法的一般原理》，法律出版社2012年版。也有学者概括，软法规范主要有四类形态：一是国家立法中的指导性、号召性、激励性、宣示性等非强制性规范，在中国现行法律体系中，此类规范约占1/5；二是国家机关制定的规范性文件中的法规范，它们通常属于不能运用国家强制力保证实施的非强制性规范；三是政治组织创制的各种自律规范；四是社会共同体创制的各类自治规范。详见罗豪才、宋功德：《软法亦法：公共治理呼唤软法之治》，法律出版社2009年版。

[②][美]罗伯特·C.埃里克森：《无需法律的秩序——邻人是如何解决纠纷》，苏力译，中国政法大学出版社2003年版，第63页。

[③]罗豪才：《通过软法的治理》，《法学家》2006年第1期。

过来推动公共治理模式的形成，软法的兴起将会建构并巩固公共治理的基础。首先，软法关注多元利益诉求，倚重协商民主，推崇认同和共识，更易于体现社会公共性，与公共治理的价值取向和功能定位具有异曲同工之处。其次，相对于公共管理特别是国家管理，公共治理的崛起促使"公域"范围显著拓展，复苏并增强了社会权力。与此同时，为了避免滥用社会权力形成社会专制，就必须借助相匹配的软法以规范社会权力，防止留下法治真空地带。最后，由于软法是经由多元主体博弈而成，不仅行为方式多样化，而且操作实施也未必依赖国家强制力。因而，它全面回应了公共治理模式所推崇的主体多元化与行为方式多样化的内在需要，在创制公共治理的多元行动结构与推动善治目标的实现方面具有重要意义。

可以说，软法与公共治理模式之间存在着相互依赖、相互强化的密切关系。一方面，软法的兴起不仅从理念与意识上，更是从制度上直接推动了公共治理模式的确立，从而为公共治理提供了部分法律依据；另一方面，公共治理的兴起对法律调整提出了全新的要求，尤其是在规范和保障公众参与公共治理的规范需求方面更是空前高涨，这就为软法功能的充分展现提供了平台，刺激着软法的发展。

四、理想与现实间的桥梁

德沃金的法律解释学、让·加尔博利埃的"虚设法理论"和软法理论看似大相径庭，但基本上都属于现实主义法治的范畴，学者们尝试在理想与现实之间搭建一座连通的桥梁。正是纷繁复杂的现实促使越来越多的学者深刻认识到，法治并非一成不变，法治形式会随着时代的发展在不同区域呈现出不同特点。马克斯·韦伯曾说过，没有任何一种统治仅仅以价值合乎理性的动机作为其继续存在的机会，任何统治都企图唤起并维持对它的合法性的信仰。[1]民众信任某种统治并依其命令行事可能是出于传统、情感、某种价值信念或是对某些成文规定的认可，这些不同的合法性基础都会导致正当统治，而"合法性"的基础是与特定社会、政治、经济的条件相联系的，具有独特性。

---

[1]某一统治系统的合法性就是指人们愿意服从该统治并根据该统治系统的相应命令来行动的可能性。详见[德]马克斯·韦伯：《经济与社会》（上），阎克文译，商务印书馆2004年版，第239页。

在社会转型期间，政治系统的合法性尤为重要，只有促使民众产生和坚持现存政治制度是社会的最适宜制度之信仰，才能为制度的顺利转型提供重要的保障。[1]为了实现该目的，德沃金利用法律解释填补法律体系中的空缺和漏洞，减少法律体系在面对疑难或复杂情形以及新生事物时刻的不确定性；"虚设法理论"提出由集体规范、媒介以及学校的规则和宗教的组织来填补"法"主动撤退的位置来缓解现代社会法律规范过度膨胀的困境；软法理论通过相匹配的软法以规范社会权力全面回应了日益明显的多样化需要，实现现代法治。从这一层面来理解，强调"反对将法律制度当作一个封闭的逻辑体系，反对从抽象的原则或规则简单演绎法律制度，强调一切从实际出发"[2]，这有利于提高民众对制度转型的认可度，在法治理想和现实需求之间构建可以通行的桥梁。

改革开放之初的温州，温州人民对社会转型的强烈渴望已经不是时下已成为严重束缚的成规陋习所能阻滞得了的，那些带有严重滞后性的、并不符合社会发展方向和人民对美好生活渴求的现实法律条文已经被对理想法治状态的憧憬所击溃。"温州是依靠民营企业求发展的典型城市，民营企业的发展对于温州经济的发展而言至关重要。"[3]在以民营经济发展为典型代表的"大胆而超前"的改革中，温州模式周旋于守法与变法的两难境遇，作为经济制度变迁类型的温州模式是否也具有某些法律制度方面的典型化内涵呢？如果从文明发展的视野审视，我们也可以发现，法律不是一成不变的规则，而是符合人类文明发展方向的不断变化更新的精神。温州模式不存在所谓的"打法治擦边球"的问题，温州模式或许不符合曾经有过的被社会实践发展历程证明是错误的一些"法律规范"，却符合法治文明的基本精神和规则理念，符合法治的民本思想，符合"法上之法"的基本理念，同样符合现代文明社会的基本发展态势。

我们知道，一切合法形式的财富创造行为都应得到法治的保障，法治文明的

---

①[美]西摩·马丁·李普塞特：《政治人：政治的社会基础》，张绍宗译，上海人民出版社1997年版，第55页。

②周汉华：《中国法制改革论纲：从西方现实主义法律运动谈起》，中国社科院法学所博士学位论文，2000年。

③刘芳雄、薛剑：《论中小企业的社会责任——温州模式的启示》，《江汉论坛》2009年第11期。

核心应该是如何保障广大人民合法的基本权利，这其中也应该包含宪政意义上的基本经济发展权益。因此，温州模式蕴含了一种法治文明的精神，是经得起法治文明的理论和现实考验的。在这一发展过程中，那些违法的和偏离法治轨道的民营经济发展形态和做法，必将并已经遭到社会和制度的抛弃，这在温州模式中也仅仅是偶然现象。温州模式的发展历程，折射出社会主义法治文明发展的基本进程。在温州模式这种群众自发发动、组织和实施的"诱致性"制度变迁的过程中，政府一直在法治框架下予以必要的制度引导和规范。

第三节 区域法治与温州区域法治模式

一、转型时期的中国法治

在中国的法治现代化进程中，如何维持法律稳定性、确立法律的权威、实现法律的统治仍在进一步摸索中，其主要表现为探索性的改革活动与确立法律权威之间的冲突。中国改革开放是一项伟大的历史实践，促使了中国社会经济、政治、文化以及公众思维方式发生巨变。一方面，改革开放虽然提高了社会对法律的需求，国家也在短时间内进行了大规模的立法，为树立法律的权威性创造了十分有利的条件。另一方面，改革往往是对新问题、新情况的尝试和探索，往往缺乏现成的经验可以借鉴，更缺乏完备的法律依据作为前提条件。因此，在改革开放初期，惯常的做法是把政策指导下的改革作为一个实验阶段，先搞试点，在改革中逐步积累经验。成功的就坚持，然后以法律推广，不成功的就再修正。

中国改革开放的初期阶段正是在法律缺失的情况下进行的，其主要的推动力是党和政府的政策，制定法并没有成为调节社会关系的主要手段。邓小平曾经说过，中国的改革开放是摸着石头过河，这句话也同样适用于中国的法治建设。因此，中国改革开放的整个过程中法律的渊源十分丰富，从国家法到民间法，从人大法律到政府的"红头文件"，层级多，数量大，很多不具有法律规范性格的国家政策充当了重要法律渊源。

造成这种现象的原因是多方面的。其一，我国法律制度本身存在一定的缺陷。国家在1979年至1997年期间制定了大量带有明显计划经济痕迹的法律，包括

1982年修订的宪法。如前所述，有学者统计，"从1979年到1997年，全国人大及其常务委员会制定了约130件法律，其中民法、经济法方面的法律有32件，但是有17件需要修改。"[①]由于这些法律法规多是特定历史条件下的产物，随着改革进程的加深，许多已形同虚设，不得不仰赖政策治理或行政治理来获得生产和交易秩序。其二，改革过程中的社会关系变化不定且远未成熟。法律善于调整稳定社会关系，对不稳定瞬间变换的社会关系往往无能为力。改革初始，政府职能定位还不够科学清晰，政府管制行为存在不当制约，政府对于市场的管制力度和范围也对我国经济社会发展产生了一定的消极影响。[②]改革所具有的明显的探索性和尝试性致使在改革的过程中对于法律的需求与法律的稳定性之间存在冲突，法律的滞后性尤为明显，"合理不合法"成为一种普遍现象。"知识社会中社会范式的转变是人们行为方式变化的结果；同时，这也使得作为对人们行为进行规范与控制的法律，在近年来也发生了变化。因为脑力劳动及其成果（信息和知识）在过去并不构成人们的主要生活内容，传统法律行为的设计是建立在体力及对有形的物的控制上的。而全球化和虚拟空间的扩大又再一次加重了传统法律的制度负担，使之面临着'难以承受之重'。于是，经过人类千百年磨合而形成的稳定的法律制度，受到了前所未有的冲击。"[③]其三，实质正义与法律权威性的冲突。社会需要发展就必须改革，而改革往往与现行的法律法规相违背。于是为了追求实质正义而牺牲了法律的权威。"当代社会瞬息万变，而国家对经济的干预导致了法制在规模和功能上的扩张，从而给守法与变法的两难境遇更渲染了一层紧张的气氛"。[④]其四，在改革的过程中新的事物、新的情况大量涌出，立法机关不可能即刻就制定出完备的法律来调整新的社会关系。由于政策的灵活性和便捷性，为了便宜从事，政府往往通过大量政策来解决改革中急需解决的问题。这种政策模式在减少制度变迁带来的风险和不稳定性的同时，也不可避免地在无形中影响了法律的权威性。

正是由于上述因素的影响，"法律危机"一直伴随在我国改革开放过程之中，民众的法律信仰迟迟未能形成。表现在法治模式上，即中国现阶段并没有形

①蔡定剑：《历史与变革》，中国政法大学出版社1999年版，第321页。

②刘芳雄、梁三利：《关于企业社会责任与竞争力的思考》，《探索与争鸣》2009年第7期。

③易继明：《知识社会中法律的的回应性特征》，《法商研究》2001年第4期。

④季卫东：《社会变革的法律模式》，《法治秩序的建构》，中国政法大学出版社1999年版，第295页。

成一个统一的整体法治，现行法治存在混合式、过渡式的特点，不同区域的法治建设往往呈现出不同甚至完全相异的面貌，各类不同阶段的法治发展现象在这一时段的中国同时存在。

二、区域法治理论和实践

针对中国法治发展不平衡的现状，有学者提出"先发地区的先行法治化"理论，认为地区发展不平衡导致中国转型时期的法治不平衡发展。因此，不能在全国范围里实行一种统一的法治评估标准。应根据局部区域自身发展的特点，通过研究区域法治的优势资源和稀缺资源，以促进中国整体法治化的发展。[①]事实上，我国一些经济比较发达的省、市、区、县已在近几年开展区域法治建设的尝试。也就是说，先行法治化的现象已然现出萌芽。

例如，2004年2月上海徐汇区提出为推进法治政府建设，支持司法机关依法独立公正行使职权，营造良好的区域法治环境。同年7月，被称为"全国第一部区域法治建设《纲要》"的《法治江苏建设纲要》提出，要在2006年至2015年基本实现以中心城市为核心的区域法治化目标，2016年至2020年全面提高江苏区域的法治化水平。更大范围的区域法治尝试还有，2005年5月，福建、江西、湖南、广东、广西、海南、四川、贵州、云南九省（区）地方税务局通过协商制定了《泛珠三角区域地方税务合作协议》，提出了"坚持依法治税，强化税收征管，优化纳税服务，营造泛珠三角区域法治公平、文明的税收环境"等有关跨行政区划的区域法治概念。另外，随着区域法治实践的推行，区域法治论坛在许多地方如火如荼地开展，2004年10月22日在上海，2005年11月21日在杭州，2006年10月9日在镇江分别举办了第一、二、三届"长三角法学论坛"；2005年11月9日在广州、2006年12月2日在南宁分别举办了第一、二届"泛珠三角合作与发展法治论坛"；2006年12月20日在天津举办了首届"环渤海法治论坛"；2006年6月7日在大连、2007年6月28日在哈尔滨分别举办了第一、二届"东北法治论坛"；2006年9月19

[①]相关研究详见孙笑侠：《先行法治化："法治浙江"三十年回顾与未来展望》，浙江大学出版社2009年版；孙笑侠：《"先发"地区的先行法治化——以浙江省法治发展实践为例》，《学习与探索》2010年第1期；李燕霞：《地方法治评价体系论纲——以"法治浙江"建设为例》，《浙江社会科学》2006年第2期。

日在西安、2007年8月25日在昆明分别举办了第一、二届"西部法治论坛"；2007年5月10日在武汉举办了首届"中部崛起法治论坛"等。上述论坛主要围绕各地区经济社会协调发展的法律机制、区域法治环境建设的对策、区域崛起的司法保障、城市圈建设中的法治问题、新农村建设中的民主与法治、地区社会治安综合治理的合作机制、综合交通运输枢纽的法律问题、保护区域生态环境的法律问题等课题进行展开，加强区域内法学界、法律界的联系与交流，为区域法治的协调发展提供理论支持。

对于区域法治的理论和实践快速发展，有一部分学者持谨慎态度。他们指出，法律规范在一定时期和范围内会落后于社会现实，这是法理学永恒的难题。实体法落后于现实生活并不一定表明程序法亦落后于社会现实，改革的紧迫性也不表明以逾越法律程序正义、直接违反实体法规则的方式来推动改革的做法具有正当性。[1]"在构建和谐社会和建设法治国家的今天和明天，各级各类公共机关、公共团体及以它们名义行使职权的官员应该尽快学会用合宪合法的方式实现改革目标……必须坚守形式合宪的底线和有必要用合宪合法的方式实现改革目标，应该成为我们社会的集体认识，至少应该是其中的精英阶层的集体认识。"[2]

针对上述学术争论，笔者认为，"一个良好的社会制度实际上是由许许多多细微的甚至是琐碎的'小制度'合力构成的，仿佛滚滚长江本是由无数支江细流汇聚而成。离开了具体的法治，那种宏大而高扬的法治只不过是引起空气振动的口号而已。"[3]从这一层面来看，区域法治有利于促进区域经济社会的和谐发展，这不仅不会影响全国统一法治体系的形成和运行，还将有利于保持、发展和健全全国统一的法治体系，促进并深化全面依法治国战略的落实和贯彻实施。[4]有关这一点，笔者将在下文展开详细论证。

---

① 相关研究详见工诚：《改革中的先行先试权研究》，法律出版社2009年版；肖明：《"先行先试"应符合法治原则——从某些行政区域的"促进改革条例"说起》，《法学》2009年第10期；周佑勇：《行政法中的法律优先原则研究》，《中国法学》2005年第3期。

② 童之伟：《重提"违宪改革合理说"宜审慎——以过去数年之乡镇直选"试点"为事证》，《法学家》2007年第4期。

③ 贺卫方：《具体法治》，法律出版社2002年版，第268页。

④ 李爱平、冯煊：《我国区域法治的价值及其理论架构》，《云南农业大学学报》2008年第4期。

三、温州模式的新解读——温州区域法治模式

在公众的普遍观念里，"温州模式"是一个指称特定经济社会发展模式的固定语词，指在温州特定经济社会背景下形成的，以体制外民营经济超前普遍发展为主要特征的，中国最具民营化特色的区域性经济发展模式的典型。温州模式的核心在于：充分尊重和发挥民众的首创精神，将经济体制改革与经济发展有机地融为一体，使改革和发展在区域经济与社会变革中成为一个相互促进的动态变化过程。

这种观点虽然深入人心，但仅仅将温州模式鉴定为一种经济发展模式，还是将温州地区快速发展的现象解读得过于简单了。事实上，温州区域的经济发展是在多种要素共同作用下进行的，这些因素对温州经济的影响是复杂的、动态的。影响温州经济发展的一个很重要的因素就是法律制度，法治作为制度中的正式约束及其实施机制，是土地、劳动力和资本等生产要素发挥功能的一个决定性因素，为区域社会的持续发展提供了有效的制度基础。[1]就此而言，温州模式中的法治建设本身蕴含着强化理论认识和促进现实问题解决之双重价值，没有以法治为本质内涵的制度创新，就不会有推进区域社会持续发展的经济模式。以此视角切入便可认识到经济发展具有一种内在的逻辑，发展不仅是旧对新的适应，而且也是变化形式的一部分，是变化发展受到某种规律的支配。从温州地区的发展轨迹至少可以认识到经济的发展和先行的实践过程反映了一种法治精神的内在需要。

鉴于此，分析温州经济发展进程中阶段性法治类型，解读以温州为代表的中国经济先发地区的法治进程，对科学定位法治发展的路径和前景，寻找区域法治的推动力，实现区域经济社会和法治发展的和谐发展，具有非常现实的意义和价值。实际上，正如前述，没有以法治为本质内涵的制度创新，就没有改革开放以来的中国特色社会主义建设成就；没有以法治为本质内涵的新的制度创新，也就不会有推进中国经济社会和谐发展的中国特色社会主义建设新成就。

与此同时，笔者也清醒地意识到，温州模式后续发展动力在于以法治政府建

---

① 齐朝阳：《构建社会主义和谐社会中的东北地区法治环境建设问题——法治环境建设与区域经济发展问题的研究》，《法学与实践》2007年第5期。

设为核心内容的区域法治文明的进一步发展。展望温州模式的未来发展，不仅要摆脱温州传统家族式熟人社会的政务、经济事务、社会事务的治理模式对温州经济社会发展的严重制约，而且不能仅仅把温州模式看作是其自身的演变过程。"在治理理论框架下，传统的国家权威受到了挑战，国家不再是唯一的权力中心，随着现实社会中不同利益集团之间的斗争和妥协，必然会出现排斥某一组织独占垄断的局面，并要求弘扬民主、宽容和自由等理性精神。事实上，治理理论的出现使得权威，包括国家的合法性，都在一种积极的基础上得以重构。"①也就是说，在区域法治文明的语境下，温州模式要真正成为一种"扩展秩序"模式，必须保证社会各项工作都能依法进行，逐步实现社会管理基于民主前提的制度化和法律化；更为重要的是，要从一个统制一切的经济发展观念转变为一种法治文明的发展观念。这种法治文明下的温州模式是寻求法治和社会经济全面和谐发展的新型科学的发展观念，符合科学发展观的基本精神。只有朝着法治文明的方向前进，才能摆脱当前温州模式发展中所面临的困境和危机。②

---

① 吴之欧：《企业参与犯罪治理的实践经验和理论思考——以温州鹿城法院推行的企业帮教活动为视角》，《社会科学家》2011年第4期。
② 近年来，围绕温州模式与温州经济发展等问题，理论界和实务界众说纷纭、莫衷一是，一些观点或客观或主观，或积极正面，或消极负面。为此，2017年9月4日，浙江新闻客户端特约吕淼撰写专题文章《为什么说"温州危机"正说明"温州模式"生命力？》。笔者经研究认为，该文对温州模式与温州发展等问题做出了较为客观的研究分析。该文提到，2004年是温州经济的分化点，从这一年起，温州经济增速从领跑全省一路下行，年均增速跌至全省末位，温州模式逐渐式微。文章分析原因指出，长期低层次的路径依赖，导致温州深陷"粗放增长缺资源、集约增长缺激励"困局，产业转型滞后、创新增长弱化、企业空心化严重、社会发展弱化等问题日益凸显，建立在血缘、亲缘、族缘和地缘基础上的领先地位仿佛不再了，呈现出制造失意、创新失意和精神失意等"三大失意"。但是，文章最后通过相关数据和调研分析，客观指出，从2013年至今，温州经济回归稳定健康增长的格局基本形成，温州模式地位在经历动荡之后，又将进入新一轮的活力迸发阶段。

第三章

选择论之辩：温州模式是政府推进抑或自然演进

　　法治发展模式注定是个聚讼纷纭的话题，区域法治发展模式亦是如此。纵观世界各国的实践活动，几乎找不出完全相同的发展模式，即便在同一国家也不存在一个整齐划一的法治发展态势。在一定层面上，这是由于法治模式是各种制度要素合理组合的定型化，出于国情条件、政治习惯和文化传统的不同影响，各种制度要素在不同国家中的组合方式及其实现的程度不完全一样；甚至在同一国家的不同区域或不同时期，各种制度要素所发挥的作用也不尽相同。因此，法治的发展便呈现出千姿百态的样式。对一些国家和区域的法治发展模式做比较研究，结合温州特定区域的历史文化传统、区域经济社会发展状况、区域法治发展进程等，深入研究温州区域经济社会发展中温州区域法治的发展模式和路径等问题，我们可以发现："所有对温州模式的解读都忽视了一个历史细节，那就是温州模式发轫之初的一场同样来自政府的变革。"①这场来自政府的变革，实际上就是正确处理了市场、政府、法治关系的变革。反射到温州区域法治发展模式问题，可以说其中既有政府推进的积极有为（包括给予滋长空间的极大担当）②，也有自然演进的奋发图强。

第一节　法治发展模式比较研究

　　虽然每个国家的法治发展进程都不尽相同，但是通过比较归纳，还是可以大致划分出几种特定的类型。例如，根据法治的发展过程推动力的不同，法治发展

---

①袁华明：《温州模式被误读？》，《观察与思考》2006年第11期。

②温州模式的亲历者袁芳烈说："我把'乌纱帽'挂在裤腰带上顶风做事，这是最大的有为。"参见袁华明：《温州模式被误读？》，《观察与思考》2006年第11期。

模式可以分为"自然演进型"和"政府推进型"两种。持"法治发展是社会自然演化的"观点的学者认为，人类理性认识和判断能力的局限性决定了人类不可能按预先设定的计划去构建完备的法治秩序，法治和整个社会进程一样在相当程度上是一个自发演进的过程。而持"法治发展是政府推进的"观点的学者认为，法治的进程并非是一个自然演化的过程，国家是法治运动的领导者和主要推动者，法治主要是在党和国家的目标指导下设计形成的，它主要借助和利用国家所掌握的本土政治资源完成，是人为设计和建构出来的。

一、自然演进型

自然演进型的主要代表是英国和美国。

（一）英国的法治实践

英国法治发展模式是英国历史长期演进的产物。英国既不曾发生由罗马法复兴所引起的法的观念更新，也不曾经历过自然法学说倡导的法典化而引起的法制革命。英国的法治实践主要分为以下几个阶段[①]：

第一阶段：起步阶段。英国的法治进程始于建国之时，源于古代日耳曼人的原始习俗。公元5世纪中叶，盎格鲁-撒克逊人入侵不列颠，把古日耳曼人的"严格法的精神"和不成文习惯带入英伦并奉为治理国家、维护社会秩序的主要手段，于是形成了英国早期的习惯法。习惯法不是由某个权势人物或机构刻意制定、然后"自上而下""由外及里"强加于社会的"国家法""制定法"，而是人民大众约定俗成的产物，是自生自发的"社会法""大众法"。它们"既不是铭刻在大理石上，也不是铭刻在铜表上，而是铭刻在公民们的内心里"。卢梭认为，习惯法是所有法律中最重要的一种，其他一切法律成功与否都仰赖于它，因为其他法律"都只不过是穹窿顶上的拱梁，而唯有慢慢诞生的风尚才最后构成那个穹窿顶上的不可动摇的拱心石"。相对于国家制定法来说，习惯法天生具有两大优越性：一是它们通常都体现了社会公意和公益的良法，因为从习惯到习惯法的演化过程，亦即社会大众对良莠杂陈的习惯进行"去恶存良"的选择过程；二

①详见程汉大：《法治的英国经验》，《中国政法大学学报》2008年第1期。

是它们通常都能得到社会成员的普遍信仰和服从，即使贵为国王，也不能置身其外，更不能凌驾其上。总之，良善性和实效性是习惯法与生俱来的本质属性，而这两点恰恰是亚里士多德所说的法治之法的基本要求。由于立法权和司法权从来就没有集中于国王政府手中，而是保留在社会大众手中，故而建国伊始英国就形成了"王在法下"的法治传统。爱德华一世时的一位法学家大胆断言，国王"根据法律而不是个人意志来引导他的人民，并且和他的人民一样服从于法律"。托克维尔曾指出，一个人的性格特征和人生道路往往决定于可塑性最强的婴儿时期，亦即取决于第一时间接触外部世界时的最初感受。"一个民族，也与此有些类似。每个民族都留有他们起源的痕迹。他们兴起时期所处的有助于他们发展的环境，影响着他们以后的一切。"早期习惯法划定了英国未来发展的法治走向。从此，英国就沿着这个方向义无反顾地一路走了下去。

第二阶段：成长阶段。1066年诺曼征服后建立起来的诺曼王朝，全盘继承了盎格鲁-撒克逊时代的习惯法和大众化司法传统。征服者威廉一世即位之初就广告天下："保持爱德华国王有关土地及所有其他事项的全部法律。"另一方面，诺曼征服加速了英国封建制度的确立，并把臻于成熟的大陆封建法引入英国。封建法的引进进一步促进了英国法治传统的成长。作为领主的国王所承担的封建义务，亦即作为封臣的贵族所享有的封建权利，实际上构成了一套约束国家最高权力的公法（宪法）规范。在这套规范下，"每一个君主都是一个权力有限的君主"。因此，封建法意外地充当了"历史的不自觉工具"，成为限制王权、推动英国法治传统成长的积极力量。

第三阶段：稳固阶段。1154年继位的亨利二世推行司法改革，从而成功地将各地分散的习惯法和封建法统一起来，缔造出了欧洲历史上第一套具有近代特征的法律体系——普通法。1215年《自由大宪章》开创了英国法律约束王权的先河。普通法的诞生为英国的法治进程注入了新的更强劲的动力。何以如此？其根本原因在于哈耶克所说的普通法是一套"自生自发秩序"，它是王室法官在司法实践过程中通过判例的日积月累逐步形成的，而且是通过法官对既有判例的重新解释和不断开创新判例而实现自身发展的。在此过程中，王权的实际作用只是充当法官的后盾，为其造法活动提供必要的舞台和权威，而没有直接参与到法律的创制与适用中。因此，普通法是"法官造的法"，是"法律人的法"，它不是专断意志的产物，更不是权力的附庸，相反，它自始就具有独立于权力之外的自治性。对此，哈耶克写道："（普通法）法官所旨在服务或努力维护并改进的乃是一种并非任何人设计的不断展开的秩序；这种秩序是在权力机构并不知道的情况下且往往与该机构的意志相悖的情形下自我形成的；它的扩展会超出任何人以刻意的方式加以组织的范围；它也不是以服务于任何人之意志的个人为基础的，而是以这些个人彼此调适的预期为依凭的。"

第四阶段：最终确立阶段。尽管在都铎王朝时期，一套带有专制主义倾向的政治体制建成了，王权的触角从横向说扩及社会生活的方方面面，从纵向说伸展到最基层的普通居民。在立法和决策上，都铎诸王基本上遵循"正当法律程序"行事，对普通法法官的独立司法要求也算尊重，法官因政治原因而被蛮横罢免的事例屈指可数。"光荣革命"是一次决战，法治彻底战胜了专制。1689年议会颁布了《权利法案》，以正式法律的形式宣布取消国王经常用以干涉法官独立司法的法律豁免权和中止权，明确规定国王不得中止法律的实施，未经议会同意，也不得行使法律豁免权，确立君主立宪制并实现了以国王为代表的封建主与以议会下院为代表的新生资产阶级之间的分权与制约。1701年，议会又制定《王位继承法》，宣布法官只要"品行端正"即可一直任职；法官只有在议会两院的请求下才可罢免；法官的基本薪俸应予以保障，从公共财政中支付。第一个现代法治国家由此诞生。

英国的法治实践显示，程序对英国法治的推动起了重大的作用。普通法是以诉讼为中心的法律，当事人如何通过法律途径获得救济是法律的核心问题。法律职业共同体在权利救济中扮演了重要角色。程序先于权利是普通法区别于大陆法的最显著特征，普通法上的程序集中体现为对权利的救济，程序的保障是实体权利得以实现的关键。换言之，实体权利的有无取决于是否有救济方法，实体权利完全依赖于相应的诉讼程序。

时至今日，英国人仍然喜欢强调其法治发展的历史特征，并以普通法能成为法治发展的存在形式而感到自豪。英国的法治传统为今天的多数国家所公认和推崇，在很大程度上已经成为各国纷纷效仿的对象。

（二）美国的法治实践

与英国这样一个拥有悠久历史的国家相比，美国是一个年轻的国家。从1620

年"五月花号"船在普利茅斯登陆或者1607年英格兰移民在詹姆斯敦建立第一个殖民区算起，不过短短四百年左右。自1776年北美十三个殖民地宣布独立至今，美国才走过两百多年的历程。然而，美国已然成为当今全球最大的发达国家，在政治、经济、科技等诸多方面独领风骚，这不能不归功于其独特的法治模式。

由于没有沉重的历史包袱，美国只用了短短几十年时间就走完其他国家必须用几百年甚至上千年才能走完的法治发展路程。从1787年美国宪法继承了英国的法治传统开始，美国在短时间内根据自身社会的现实条件创设了一个举世瞩目的法治模式。曹全来先生认为，关于美国法治的发展阶段，目前还没有统一的认识。例如，美国著名的法律史学家伯纳德·施瓦茨所著的《美国法律史》，将美国法律的发展分为独立时期、形成时期、重建和镀金时期、福利国家时期和当代五个时期。中国学者何勤华主编的《美国法律发达史》，则将美国法制的历史分为殖民地时期、从独立战争到南北战争时期、从南北战争到"新政"时期、"新政"时期和第二次世界大战以后等。一般地说，"法治"与"法制"的含义是不同的。因此，法治的发展史应与法制的发展史有所区别。曹全来先生主要根据美国公法，尤其是宪法的发展及其特点、一些重大历史事件及美国法治的结构性变化等，将美国法治的历史演进分为独立与建国时期、工业国家时期、福利国家时期等三个时期①。

第一时期：美国独立与建国时期（从独立战争到南北战争的爆发）。在美国独立战争（1775—1783）以前，法律制度在北美已经存在并开始发展。②但是，这时候美国尚未作为一个独立的国家存在，美国也尚未开启法治国家的历程。独立战争以后，产生了美利坚合众国这个独立的民主国家，以《联邦宪法》及《权利法案》的颁布实施为象征，美国也迈上了法治的道路。

第二时期：美国工业国家时期（从南北战争爆发到"新政"时期）。内战结束以后，首先根据林肯总统签署的《解放黑奴宣言》（1863年1月1日起实施），通过了美国宪法第13条修正案，宣告废除奴隶制。随后通过的第14条修正案是对第13条修正案的补充和发展。它将公民权赋予全体公民，使公民权联邦化，并为

---

①曹全来：《论美国法治的形成》，《淮北煤师院学报》（哲学社会科学版）2002年第6期。
②[美]丹尼尔·布尔斯廷：《美国人建国历程》，中国对外翻译出版公司译，三联书店1993年版，第39页。

充分保障公民权利平等，限制着美国政府的行为，提供明确的宪法保障。"第14条修正案成了实现甚至在今天仍在美国社会中继续着的平等主义革命的主要法律手段。"①这条修正案还规定了合众国公民的特权和特免权、正当法律程序和平等法律保护问题。时隔不久，关于投票权的第15条宪法修正案也获得通过，这是对第14条修正案的承续。美国内战后通过的上述以第14条宪法修正案为核心的宪法条款，开辟了美国法治的一个新时代。

第三时期：美国福利国家时期（从实行"新政"到目前）。随着时代的推移与时事的变化，法治观念也在不断更新。但法治的原则与制度，基本上是在联邦宪法及人权法案的既有框架内有所改进，变化不大。一方面，在福利国家时期，美国法律从注重保护财产转向保护人身，其法治也从对个人自由的重视转向对社会平等的重视。另一方面，随着福利国家或所谓"行政国家"的出现，以及战争的影响等，以总统为代表的行政机关的权力也日益加强与膨胀。这不仅威胁到传统的三权分立体制，而且发生了许多破坏法治、侵犯公民权利的事件。

美国法治的形成与其历史经历及社会条件密不可分。在美国独立前的殖民地时期，作为宗主国的英国只能派遣一些军队和高高在上的总督对基层村镇征收税收，除此之外没有其他的影响力。在这种特定的历史条件下，清教徒及其他欧洲移民形成了乡镇民主自治的传统；民众普遍养成了遵守作为社会契约的法律、信守诺言和讲求信誉的习惯；发达的市民社会对于政府权力构成了强有力的制约与平衡；人们较为普遍地接受了权利平等观念，特别是在法律面前平等的观念；法律职业作为社会中举足轻重的中坚阶层，以其独特的精神在维护法治秩序、维护公民权利、制约行政权力方面起了重要的作用。可以说，美国法治是在社区法治的基础上，扩展到州法治，再发展到国家法治。社区法治是美国社会崭新而又坚固的法治基础。

美国法治的基本原则和精神主要体现在：

第一，美国法治的一个基本原则就是以宪法和法律约束国家权力。这在很大程度上源于对人性阴暗面的深刻洞察。"如果人都是天使，就不需要任何政府

---

① ［美］伯纳德·施瓦茨：《美国法律史》，王军等译，中国政法大学出版社1990年版，第102页。

了。如果是天使统治人，就不需要对政府有任何外来的或内在的控制了。毫无疑问，依靠人民是对政府的主要控制；但是经验教导人们，必须有辅助性的预防措施。"①基于对人性弱点的认识，美国力图通过一种能有效约束权力的制度安排，建立一道阻止权力滥用、权力腐败、权力侵犯公民权利的屏障。这种制度安排和屏障就是以宪法和法制约束权力，以宪限政。也就是说，政府的权力是有限的，即政府的权力只限于宪法和法律明确赋予的范围，宪法和法律无明确规定的权力，政府绝对不可以行使。

第二，美国社会中的法治价值目标是多元的，包括自由、人权、正义、秩序等，但是其最高价值目标是确保人的尊严、实现人的自由人权。美国宪法前10条修正案（又称权利法案）和第14条修正案详细地规定了公民权利和自由。宪法第14条修正案规定："任何一州都不得制定或实施限制合众国公民的特权或豁免权的任何法律；非经正当法律程序，不得剥夺任何人的生命、自由或财产；在州管辖范围内，也不得拒绝给予人以平等的法律保护。"

第三，美国法治建立在"三权分立"和"相互制约与平衡"的基础上，即任何一种权力不得凌驾于其他权力之上，无论何种权力必得受其他权力制约。即使在一个时期，某种权力可能比其他权力强大，但是三种权力制约的机能将不断发生作用，使三者基本达到动态平衡。

第四，以司法审查为保障。美国人认为，如果没有独立的、拥有司法审查权的司法机关，那么，包括平等权在内的基本权利保障就只是一堆空洞的浮辞丽句。为此，美国采用了普通法院裁决宪法争讼的模式，来履行违宪审查的职能，使宪法与法律赋予的人权和人的自由得到切实保障。另外，在美国，只要公民、组织认为国会、政府的行为（不论是具体行政行为还是抽象行政行为）不符合宪法与法律都可以向法院起诉，由法院对行政行为和国会行为进行司法审查。而且，法院在大多数情况下，都将其作为一般的民事案件处理。所以，美国的司法审查是一项普遍审查制度，没有范围与类别的限制。②

---

①[美]汉密尔顿、杰伊、麦迪逊：《联邦党人文集》，程逢如译，商务印书馆1982年版，第264页。
②齐延安：《宪政立国之路：美国的法治经验及其启示》，山东大学出版社2006年版。

二、政府推进型

政府推进型是国家及其权力高于法律，政府依法治理国家、管理社会。这一模式的代表有法国、德国等国家。

（一）法国的法治实践

与英美法治发展的渐进性及经验性形成鲜明对比，法国法治是伴随着中世纪法律文化革命并在近现代一次次政治革命巨变中形成的。首先，罗马法复兴引发的法文化方面的革命虽然只是部分地改变了个人间的法律关系，确立了以罗马法为理性的"私法"制度，但是在观念层上恢复了自古希腊、古罗马以来的法权威观念，唤醒了公众的法律意识。这种观念和意识连同罗马法的形式化原则都为后来资产阶级法治发展模式的形成提供了充分材料，因而，从罗马法复兴到近代自然法学说的诞生，是以法国为代表的欧洲大陆法治进程的一个重要阶段。在此基础上，17、18世纪的自然法学说才被广泛地接受。到18世纪末，法国的专制君主制已到了极端腐败的地步，国内经济危机和政治危机日益严重，第三等级争取平等地位的斗争与国王采取镇压的企图终于导致1789年法国资产阶级革命的爆发。资产阶级革命的胜利和《人权宣言》的制定，标志着法国资产阶级民主体制和资产阶级法治的初步确立。

正是这种由上而下推动发展的进程，致使法国在宪法、行政法和公共行政体制方面产生了举世瞩目的独特创见。法国强调公法与私法之分，它率先建立了独立的行政法体系，行政法院体制和行政判例体制独树一帜。隶属于行政系统的行政法院、国家行政学院和完善的公务员制度在缓和公共政策与法律、灵活性与制度约束、行政与司法之间的对峙方面发挥了独特的作用。纵观法国法治实践，一条清晰的脉络呈现在我们眼前：行政法治形成的历史既是行政权作用不断扩大的历史，又是公民权救济不断加强的历史；既是行政权行使的强权色彩趋于淡化的历史，又是行政权运行的程序法治化的历史；既是国家主权豁免主义趋于消匿的历史，又是公民权救济制度体系逐步完善的历史。法国行政法治原则的形成折射出法国行政法律文化的鲜明特色，而它又渗透于人们对行政法所持的观念、信仰以及与之相应的行政法律制度、组织体系之中，对法国行政法院在推进行政法治、稳定法国社会中起到了独特而卓越的作用。

美国学者莫里斯·拉朗热对此做了如下评价："行政法院所发挥的卓越作用真正是法国独创的。在这个国家，政府经常变动，宪法也并不持久而来回更改，行政法院却是主要的稳定因素。它所赖以建立的原则，越过成文的宪法，构成一个真实的不成文的宪法。这个宪法，尽管未被意识到，但为法国人所喜爱。虽然新的观念发展了，但它还维持着一定的传统规则。在这个多次发生革命的国家里，行政法院以渐进的方式发挥作用，它做事既谨慎又有效，有时也被急风暴雨所颠覆，但很快又恢复，就这样保持着国家的永久性和民族的连续性。"①

（二）德国的法治实践

德国人首创"法治国"一词，两百多年来，法治国的思想和制度在德国经历了荣辱兴衰。德国人在专制时代创立了法治国思想和制度，但是很快走向了极端形式化；法治国思想和制度在魏玛时期得到发展与充实，到了第三帝国时期，法治国思想和制度遭到滥用并最终被毁灭；此后，波恩政权使之复生并全面施行。东、西德重归统一后使之面临新的挑战。有学者认为，如果将法治国等同于法治，那么，德国是除英国外近代法治国或法治思想与制度的另一发源地。②马克斯·诺道指出："德意志在任何事情上都是强有力的，在好事上如此，在坏事上亦然。"③几经社会震荡、民族劫难的德意志人勇于探索，不断创新，不仅创造了灿烂辉煌的民族文化，更重要的是在汲取日耳曼法和罗马法律文化的基础上，还创造了以《民法典》为核心的近代六法体系，并发展为门类齐全、规范严密，且适合本国国情的现代化法律体系。完善的法律体系的形成折射出德意志民族精神的独特性，而德国法律文化的价值追求倾向为德国法治经济的生成提供了肥沃的理论土壤。近现代的德国变动不居的社会结构、史无前例的经济模式，不仅促成了德意志私法的法典化和伟大的《德国民法典》的横空出世，而且有力地触发了德国经济法律制度的充分发展和德国法治经济秩序的形成。

德国的法治实践启示我们，德国作为经济法治的典型，经济法治催生了德

---

① [美]威廉·韦德：《行政法》，徐炳等译，中国大百科全书出版社1997年版，第29—30页。

② 郑永流：《法治四章——英德渊源，国际标准和中国问题》，中国政法大学出版社2002年版，第81页。

③ [美]科佩尔·S.平森：《德国近现代史：它的历史和文化》（上），范德一等译，商务印书馆1987年版，第7页。

国经济发展的奇迹，成就了德国经济的腾飞，充分体现了法治与经济的良性互动关系：一方面，反映了法治体制对经济的调整、促进、制控的动态过程；另一方面，表达了法治状态下经济运行和发展的模式。就法治体制下经济运行模式而言，经济法治意味着民商事活动及权利得到充分的保护；国家宏观调控与经济管理法律化；经济持续发展。就法治体制与经济的动态关系而言，法治对经济主体的利益均衡、对经济运行秩序的调整、对经济主体经营行为的管理以及对民商事主体合法权益的保护均行之有效，并由此创制经济运行的良好模式，保证经济的良性运行和发展。这说明，比较成熟的经济，必然要求比较完备的法律制度及其实施体系。法治与经济的互动，要求有健全的民商事法律体系和经济行政法律体系，以保证民商事主体的真正独立、平等地位，为法治经济的实现建立良好基础。

三、两种法治模式的异同

"自然演进论"的合理性在于指出了法治具有其产生发展的规律性，它不完全受人的意志支配。然而问题在于，法治（即依法而治）中的"法"并不是自然的创造"物"，而是人类的创造"物"，法治离不开人的创设和推行。可以说，法治规律作为一种社会规律，与人的能动性密切相联，离开了人的主观能动性，法治就无法自然生成。在中国长达几千年的专制王朝中并没有自发形成法治社会，就是一个最好的实证。

"政府推进论"提出政府是推动法治进程主要动力，而且政府作为法治主体应当是理性的，政府不能违背人类社会法治发展的共同规律。然而问题在于，现代法治的核心内涵就是"用法律来限制政府权力"，这中间就存在不可克服的矛盾。在中国法治现代化的进程中，国家公权力与法治目标的矛盾尤为突出。一方面，"政府推进论"法治道路模式内在地要求国家拥有必要的权力，而且要想不断而有效地把社会法治化进程推向前进，还必须不断扩大和保持国家的权力；另一方面，"法治"的目标则要求，如果要建立一个法治社会，国家权力必须法定，必须对公权力进行有效的控制和制约，必须逐步合理地缩小公权力特别是政府的权力，公权力将会受到有效的制约。在这种情况下，国家对社会法治化进程的推进力将有可能减弱并停滞下来。由于在"政府推进论"法治道路模式中，国家是推进社会法治化的主要推动力量，因此，在法治实践进程中，国家拥有相当大的权力，并且进一步要求扩大自身的权力。由于同样原因，公权力不受制约或很少受到制约。这样，在社会法治化的进程中，公权力自身极易产生腐败现象。

比较这两种法治现代化模式，笔者认为，法治在历史的自然演进中获得发展，这固然是客观事实；但是人作为主体在历史面前并不是无所作为、被动的，而是积极主动的，人类在法治的自然演进过程中是有所作为的。建构型法治具有积极、能动的优点，更适宜当代中国，尤其是正值转型关键时期的中国社会。

首先，"自然演进"的观念不符合中国人发愤图强的民族性格。中华民族数千年来，志在图强而无数次地变革、变法。就近百年来的历史来看，也不乏制度变革甚至制度革命的能动性。在当代中国社会主义建设中，中国人也一直有"只争朝夕"的精神。在法治秩序的建构方面，中国已经不能承担因自然演进而付出的时间和发展机会的成本。

其次，自然演进型的法治对法治发生地的文化土壤有一定的要求。中国历史传统中人治理念根深蒂固，而法治的土壤相当匮乏。因此，试图通过自然演进来发展出中国法治，具有相当高的不可预期性。

最后，全球化浪潮为推动中国法治进程提供了有利的客观条件和内、外部机遇。全球化对法治的影响最主要表现在，它带来了各国按照法治的最底线原则来实行法治的必然性。全球化事实上为我国选择政府推进型法治提供了客观条件。

总之，根植于中国几千年传统文化土壤之上的中国法治化模式，在全球化浪潮和区域化发展等内、外因素的影响下，已经显示出中国式法治化进程的特点，显示出中国法治秩序特有的建构方式。这就是在政府主导力、民间原动力和职业建构力的动态合力作用下，中国法治在转型和磨合中一边建构，一边探索，一边前行。三方力量虽有利益矛盾和冲突，但在整体上是一致的、和谐的，是可以被整合的。通过研究这种"三合一"的推动力，是否可能加速推进中国法治？是否可能使中国走出一条后发国家的法治捷径？

第二节 温州区域法治的形成和发展

社会发展和先行实践往往反映了一种法治精神的内在需要，温州法治正是在区域经济先行发展的前提下形成的。因此，解读以温州为代表的中国先发地区法治样本，分析温州法治所处的阶段，对科学定位中国法治发展的路径和前景，寻找区域法治的推动力，实现区域社会和整体法治的和谐发展，具有相当重要的理论价值和实践意义。

就中国的整体现实来看，法治的发展除了政府主导推进之外，还必须辅以社会自然生存的具有现代法治精神的制度、规范和力量。尤其是在社会剧烈变革时期，法治进程必须寻求一条与社会协调发展的路径。温州作为经济制度先发地区，率先实现工业化和城市化进程，这两种进程都是一种去人格化的过程。相应地，社会秩序由对内在规范的强调转向对外在规范的依赖，社会道德由对实质正义的追求转向对形式正义的注重。一言以蔽之，经济的先行发展对法治（"规则之治"）产生了内在需求，法律制度也在此过程中通过渐进型方式回应了这种需要。

一、法治发展的阶段

依照历史的进程，法律制度大致可以分为三个发展阶段：压制型法、自治型法和回应型法。[1]压制型法属于前现代的法律范式，自治型法和回应型法则是人类社会步入现代社会以后的法律范式。

压制型法具有两个主要特征，即法律与政治紧密结合以及政府自由裁量权蔓延，尽管这两个特征有力地维护了统治秩序和特权，但同时也因为法律正统性程度低，致使国家权力行使无节制，以致不能形成独立的法律机构，最终阻碍了法律发展。因而，为了控制压制、探求法律的正统性、维护法律的稳定性，以弥补压制型法的缺陷，作为形式法治的自治型法取代了压制型法。但这种取代并非彻

---

[1] ［美］P.诺内特、P.塞尔兹尼克：《转变中的法律与社会——迈向回应型法》，张志铭译，中国政法大学出版社2004年版，第29页。

底否定压制型法的重要性和功能，而是将其作为自治型法的前提和基础，即是
"在肯定中理解否定"。

自治型法为政府权力的约束和个人权利的追求提供了一种稳定机制，但是它
仍然与致力于秩序和控制的国家密切一致，对权力的限制也可能支持某种压制型
政权，因此，产生了"退回压制型法的危险"；同时自治型法也忽略了社会多种
目标的实现。

回应型法理论有力地解释了软法现象在后现代社会的正当性。回应型法理论
揭示了自治型法律模式在后现代社会的困境：由于过度看重法律的纯洁性而导致
"机械法理学的那些天真的、甚或是虚伪的见解"。法条主义使法律思维和现实
思维相脱离，其代价是"不再充满对目的、需要和结果的注重"，致使人们的公
正期待受挫。

二、温州区域法治的发展阶段

温州区域经济的快速增长与家庭作坊的兴盛是密不可分的。改革开放之初，
以家庭作坊、个体联营为主要内容的生产体制对市场诱发下国民长期积蓄的强大
需求的满足，是温州特色工业化发展之路的发端。这种以家庭及其联营为基础的
工业生产机制的特点就是将社会分工细化到极限，落实到最广大的人群，使每个
人的分工都是最简单的，并且将生产融入日常生活。[1]经过二十多年的发展，温州
的市场经济得到了很大的发展，当年的家庭工厂许多已经成长为现代企业集团。
与此同时，温州地区农村城镇化的速度也十分惊人，从20世纪70年代末至今，温
州市建制镇由18个发展到现在的143个，在短短三十年间，温州地区的小城镇数
量翻了近8番。据初步统计，目前温州地区的小城镇人口数量已经占全市人口的
60%以上。温州个体私营企业的蓬勃发展和农村城镇化的快速推进促使温州很快
建立了市场经济正常运行所要求的产权明晰等制度基础。

温州地区工业化、城市化的快速发展在现实层面孕育着强大的法治需求，由
于工业化和城市化进程是以市场经济为前提的，而市场的良好运行、资源的优化

---

[1]蒋恒熠：《博里村的温州经济学》，《中国经济和信息化》2007年第8期。

配置必然要求尊重法律赋予市场参与者的平等主体地位以及切实保障契约自由精神。因此，普遍认为的"法治经济就是市场经济"包含了两层意思，即"市场经济要求法治并为法治创造了外部物质条件"以及"市场经济所造就的企业家和商人等市场主体成为法治的主要需求者和消费者"。也就是说，法治的实现离不开市场经济，市场经济为法治提供必要的物质条件，市场经济的发展程度制约着法治的发展，市场经济对法治的需求与支持是法治进程的根本动力。从这一角度来看，温州地区市场经济就是法治经济，温州模式也就是温州法治模式。

当然，正如笔者一再重申的，法治模式往往因为所处的区域、时期、阶段不同而存在多种表现形式，从法治的发展阶段来看，温州法治似乎已经跨越了自治型法的阶段，更接近于回应型法。在温州地区，有关法治创新实践层出不穷。例如，温州的原市委书记袁芳烈宣告犯投机倒把罪的乐清"八大王"无罪释放的时候，突破了1979年的刑法。这样的一个变革实际上对国家的法律制度变革产生了很大的影响，这样的作用力是代表官方的，当然还有一些幕后立法者，有中央的立法机关。又如，鹿城法院曾借助青少年犯罪治理的精神，创新出企业帮教这种新型的治理方式。①这些法治实践活动的优点在于能在事实性、实证性和法的规范性、价值合理性之间保持一种有效的张力，从而缓和形式正义与实质正义间的紧张关系。从某种意义上看，温州地区的实践活动强调的是法律权威的扩散和法律参与的扩大，权威不再是一元的（政府），而是多元的、开放的、参与的，鼓励协商，说明决策的理由，把同意作为合理性的一种检验。

第三节 温州区域法治的推动力

法治是各种制度要素合理组合的定型化，从这个角度出发，不同法治模式的形成和发展的推动力不尽相同，正如泰格和维利在《法律与资本主义的兴起》一书中指出的，西方法治是在商品经济中受商人的作用而生成并发展的，而伯尔曼在《法律与革命》一书中则论证了西方法治的生成与发展主要依赖于基督教和教徒。

温州地区作为中国经济先发地区，体制外民营经济超前普遍发展促使该区域

①吴之欧：《企业参与犯罪治理的实践经验和理论思考》，《社会科学家》2011年第4期。

的法治建设呈现出别具一格的形态。通过归纳比较，笔者将影响温州法治的推动力概括为市场推动力、政府推动力、行业协会等其他推动力三大类。

一、市场推动力

从本质上看，法治是在一定社会经济活动中产生的经济关系的必然性要求。在社会发展的每个阶段上经济关系的客观要求始终是法律调整的决定性因素。在温州地区，法治与市场经济的关系主要体现在以下几个方面：

首先，市场经济的平等规则促进了平等精神在法律上的确立。公平或平等是现代市场经济的产物，市场经济得以形成和发展的前提是承认社会主体作为商品生产者和交换者的独立、平等的地位。自改革开放以来，温州地区大量家庭作坊、个体联营以及生产出来的商品之间的自然差别促使了平等关系在交换过程中发生，每一个市场主体都不是用暴力去占有对方的商品，而是在平等交换的过程中实现利润最大化。从这个意义上讲，平等乃是市场主体自由和自主性的基础。市场经济的这种平等性也必然要求在法律中得到体现，获得法律的保障。平等既是一种经济原则，更应是一种法律原则。

其次，个体权利的确立和保障与市场经济直接有关。市场经济是交换经济，而"交换"在法律上就是权利的互相让渡，任何交换都需要以权利的设定为前提。假如权利设定模糊，就会极大地限制交易自由，或者导致盲目交易而蒙受不可预测的损失。总之，市场经济必然是权利经济，没有明晰的个体权利界定和宣示，就不会有商品交换和市场交易；市场经济的运行必须有个体权利先行。虽然温州地区只是个地级市，没有严格意义上的立法权，但是温州市政府还是通过一系列规范性文件对私有产权做出了清晰的界定和严格的保护。例如，1987年，温州市政府颁布了我国第一个有关私营企业的地方行政性规定《温州私人企业管理暂行办法》，这标志着温州私人企业有了合法地位。温州市政府利用"红头文件"的形式为市场经济主体提供了一个追求长期利益的稳定预期和重复博弈规则，为温州民营经济的发展奠定了制度基础，这也是温州经济快速发展的重要原因。从这一层面上讲，市场经济要求解决的明确个人权利正是法治秩序的首要问题。

最后，企业是法治社会最大的消费者。在市场经济体制尚未健全的时期，企业对家族伦理、人际情理的依赖远胜过对法律规则和理性制度的依赖。以温州地区的民营企业家为例，他们对法治并非具有与生俱来的需求，但是他们在发展与改革过程中逐步感受到健全法律制度的必要性，进而也迫切需要法治的真正实行。"一时的经济增长并不必然需要深刻并且广泛的制度变革，但是要获得持续增长却需要非常强大的制度作为支撑。"[1]在民营企业股份合作制、公司制改造过程中，民营企业家切身体会到只有依靠法律形式才能实施企业改革与创新。从近几年制度创新的实践来看，公司制是大部分有限责任公司成为成长性较好的民营中小企业的首选制度安排。产权制度创新的核心就是产权的明晰化与合理配置，而明晰产权、合理配置的关键就是财产权法律制度的保障。另外，民营中小企业在迈向公司制的过程中，做好股权的逐步分散化，也要以股权法律制度为前提，股份越分散，对规则与制度的要求就越高。在这种产权明晰的实践中，家长式的私营企业主脱胎换骨成为现代企业家，同时他们从伦理社会中的农民成长为法治秩序下的市民，成为法律制度的消费者。中国新一代企业家、商人以及中介人员在成为法治消费者的同时，又在他们的经济活动中，把各自经济活动的动力转化成了推动法治的动力。这种推动与其说是演变式的，不如说是构建性的。

总而言之，温州地区市场经济的发展，培育了市场主体地位平等、意志自由、权利本位、信守规则等当代法治理念。随着市场的日趋成熟，市场主体对"法治"的"需求"和"消费"将越来越大，从而促使政府"供给"合理的、公平的市场规则。可以说，规范的法律能够保障市场安全，有利于资本进入；透明的法律能够保障利益的预期，有利于减少交易成本；公正的司法能够有效裁断经济纠纷，有利于平息社会矛盾。

二、政府推动力

自1978年改革开放以来，温州地区就有一批官员用他们的先知先觉（正如韦伯所谓的"法的先知者"）推动着地区的法治建设。从实践活动来看，温州政府

---

[1] DAM K W, 2006. "China As a Test Case: Is the Rule of Law Essential for Economic Growth?", John M. Olin Law & EconomicsWorking Paper, 45, 275.

（这里的"政府"是一个政治国家的范畴，包括执政党和它的政权系统）推动区域法治发展主要通过下列三种方式进行：第一种方式也是最主要的方式，即社会自发的诱致性法治创新经过国家认可和接受，向国家的强制性法律制度转换与扩展。如温州农村民营经济的发生及其法律地位的确立便属于这一方式。再如，温州金融改革即是由自发到自觉再到被承认和规范，最后被全国政策同化的全过程。第二种方式是在国家政策概括性授权下，进行社会自发的诱致性法制变革。如1986年国务院批示成立"温州试验区"，2012年国务院批示成立"温州市金融综合改革试验区"，为温州经济体制变革提供政策性支撑。第三种方式是中央政府只是负责制定出制度和政策的大致框架，允许地方根据自己的实际情况制定实施细则和具体操作办法，从而实现制度创新。

（一）执政党

据统计，在当今世界两百多个国家和地区中，除二十多个国家和地区是严格的君主制或政教合一体制而无政党外，绝大多数国家都存在着政党，实行政党政治。努力实现法治现代化的发展中国家，特别需要有一个强有力的政党。因为，一个国家实现法治的过程，一般来说是与这个国家整个现代化过程分不开的。现代化过程本身就是利益机制的调整过程，而法治的现代化从理念来说是强调一套民主、公正、自由和法的至上性的观念体系，在制度上则是要建构一套对权力进行限制和约束的制度体系。其与中国传统的观念体系和权力格局的矛盾与冲突，要比经济领域的改革来得更加激烈。而且，随着这一进程的推进，原有的社会政治机制逐步丧失了维护政治稳定的功能，需要建立一种新的社会政治机制来维护新的政治秩序。强有力的政党与有效的政党制度，无疑是这种新的社会政治机制的核心内容，同时也是维持变革社会中的政治秩序的中坚力量。

中国法治建设尤其不能没有执政党的政治权威。事实上，党的十一届三中全会召开以来，中国共产党正是凭借自己的执政地位和政治权威，有力地推动了中国的法治化进程。首先，在法治理论上进行拨乱反正，确立了"在法律面前人人平等"等现代法治观念；其次，提出了加强民主法制，实现依法治国的法治现代化任务；再次，面对几乎空白的现代法治建设，制定了法治现代化纲领和宏大的立法规划；最后，领导了大规模的普法教育，有规划有组织地传播法律知识，肃清封建法制观念，培育现代法治意识。在建设中国特色社会主义的伟大实践中，我们党对法治的认识不断深化和拓展。从保障人民民主到发展社会主义市场经济，从改革开放到国家长治久安，从建设政治文明到构建和谐社会，把坚持全面依法治国确立为新时代坚持和发展中国特色社会主义基本方略的重要内容，是全面推进中国特色社会主义事业的必然要求。[①]

以社会治安综合治理活动为例，这也是在执政党率先推动下进行的。[②]1979年，中共中央转发了中宣部等八个单位上报的《关于提请全党重视解决青少年违法犯罪问题的报告》，首次提出用综合的手段去解决当时因青少年犯罪所引发的严重社会治安问题。紧接着，1983年在开展第一次"严打"活动的同时，党中央又提出"严打"和综合治理是一致的观点，指出综合治理包括专政的、行政的手段，也包括教育的、感化的手段。但严格来讲，这段时期的社会治安综合治理政策主要依赖于党委及其领导的各个政法部门共同执行，即主要是国家内部机构之间的分工合作，尚不属于现代意义的综合治理策略。进入20世纪90年代后，随着司法实践经验的丰富和理论认识的深化，政府意识到仅仅依靠国家力量采取严打或仅仅依靠刑事司法部门的分工合作并不能有效控制和治理犯罪，于是，开始态度鲜明地表示要将社会力量整合到犯罪治理进程之中，号召全社会共同构筑社会治安防控体系。例如，1990年的国家政法工作会议就旗帜鲜明地提出社会治安综合治理是新形势下政法工作走群众路线的好形式。而在2001年全国社会治安工作

<hr>

[①]1978年党的十一届三中全会提出，为了保障人民民主，必须加强社会主义法制，使民主制度化、法律化。党的十三大进一步强调，国家的政治生活、经济生活和社会生活的各个方面，民主和专政的各个环节，都应该做到有法可依、有法必依、执法必严、违法必究。法治建设必须贯穿于改革的全过程。党的十四大提出，我国经济体制改革的目标是建立社会主义市场经济体制。与此相适应，要高度重视法治建设，加强立法工作，建立和完善社会主义市场经济法律体系。这是建立社会主义市场经济体制的迫切要求。党的十五大把依法治国确立为党领导人民治国理政的基本方略，强调依法治国是发展社会主义市场经济的客观要求，是国家长治久安的根本保障，是社会文明进步的重要标志。依法治国基本方略的确立，是我们党治国理念和执政方式的重大转变。党的十六大强调，发展社会主义民主政治，最根本的是要把坚持党的领导、人民当家做主和依法治国有机统一起来。党的十六届六中全会提出了构建社会主义和谐社会，必须坚持民主法治原则。党的十八大强调全面依法治国是社会主义民主政治的本质要求。习近平同志所作的党的十九大报告把坚持全面依法治国确立为新时代坚持和发展中国特色社会主义基本方略的重要内容，对深化依法治国实践做出全面部署，为建设社会主义法治国家提供了科学指导。
[②]吴之欧、言国新：《企业参与犯罪治理之思考》，《江汉论坛》2011年第6期。

会议上，国家领导人更是高度评价了群众在犯罪抗制中的巨大作用，指出"群众是真正的铜墙铁壁""不把群众发动起来，仅仅依靠专门机关的力量，要搞好社会治安是很难的"。随后，2003年《全国社会治安综合治理工作要点》进一步强调，要坚持"打防结合，预防为主"的方针，在继续开展"严打"整治斗争的同时，大力加强社会治安防范和管理，构筑社会治安防控体系。

改革开放四十周年以来，我国法治建设取得举世瞩目的成绩，执政的中国共产党除了代表人民利益之外不具有自身独立的利益，作为中国政治最具变革力量的执政党，显示了其承担推动中国法治化使命的不可替代性。在宪法的框架中，既包括了对法治的政治性推动，也包括各级人大的民主立法的推动，以及各级政府的行政执法的推动。当然，从执政党的法治推动力来看，存在着决策与推动的宽与窄、对与错、快与慢的问题。有的事务，执政党并不适合直接干预，比如对个案的司法进行干预就是不合适的老套做法，但是如果涉及普遍的社会问题，则完全不同，不仅要有态度而且应当尽快做出反应，回应社会舆论，反映民意要求。

（二）政府

实现法治国家的关键是建设法治政府。依法行政，就是各级行政机关依据宪法和法律赋予的职责权限，在法律规定的职权范围内，对经济和社会公共事务依法进行有效的管理活动。它要求：行政权力的来源法治化，要于法有据，有章可依；行政权力的行使法治化，必须依照法定权限和程序履行职责；对行政权的监督法治化，各级行政机关都必须自觉接受人大、政协的法律监督和工作监督，自觉接受各方面的社会监督。这是依法行政的必备要件，已经成为社会的共识。

当代发达国家的法治现代化起步于自由资本主义时期，并伴随着市场经济的发展和市民社会的成熟而逐步地、自然而然地实现，是一种自下而上的、由社会生活领域推动的运动过程。在这个过程的开始阶段，政府扮演的仅是一种消极的"守夜人"角色。而当代中国的法治变革发生于20世纪最后二十年，这时的中国社会缺乏商品经济对民主法治意识的启蒙，更面对着政治、经济和法治飞速发展的世界。发达国家的政治影响和经济压力，国内人民对富裕和民主的渴望，决定了我国的法治建设同时担负着民主化以及发展、稳定等多重任务。其任务的艰巨性和操作上的精巧，客观上需要有一个充分行使公共职能的强大政府来推动法治的转型，需要政府自觉地担负起正确引导法治发展的时代责任。因此，中国在被迫的同时也必然要走上一条自上而下的政府推进型的法治道路。本来，限制政府权力是法治的出发点和基本内涵，但我国的法治建设则要将限制政府权力与维护政府权威统一起来，从而增加了制度设计的难度。

根据国务院法制办的数据库统计，自1979年12月至2018年5月，国务院总共制定颁布了1716部行政法规、5369部部门规章，当然其中还包括不可计数的规范性文件等等。[①]这些法规和规章几乎涵盖了改革开放四十年来中国经济社会生活中的方方面面，在这个庞大国家的转型期中发挥了不可替代的作用。尽管在这其中，存在一些缺乏科学性和合理性的规范，但是我们也应当看到，在今天全面推进依法治国的进程中，中央政府也越来越深刻地认清政府工作的定位与目标："全面推进依宪施政、依法行政。严格遵守宪法法律，加快建设法治政府，把政府活动全面纳入法治轨道"以及"全面提高政府效能。优化政府机构设置和职能配置，深化机构改革，形成职责明确、依法行政的政府治理体系，增强政府公信力和执行力"[②]。

各级地方政府充当了法治推动第一线的主导力量。在广泛的经济、政治、文化生活中，各级地方政府总是处在与公民接触与对话的第一线上，给予公民"国家"这一政治概念最直观的印象。能否实现法治国家，与地方各级政府的依法行政水平和程度息息相关，而在中国这样法治后发型的国家里，推动政府法治化的最主要力量正是各级政府自身。但是，值得注意的是，"一个国家要实行法治，总是要牺牲一些原本由国家、政府、官员所拥有的东西，或者是放弃某些希望取得并且可能取得的正当目标，诸如国家的部分权力、阶级利益、政党影响力、官员职权、工作效率，甚至经济效益。"[③]人民政府的政治出发点当然都是为了人民的利益，为人民服务的。各级行政权力在法治的格局中，仍有可能扮演着三重角色：一是法治的主导力量；二是法治的控制对象；三是法治的异己力量。基于各级行政权力这样的三重角色，政府自上而下推进的法治现代化运动也必有其缺憾，这一缺憾就是"法治"观念与生俱来地限制国家、政府公共权力的要求，同政府本身保有的权力或者利益相冲突。

---

① 中国政府法制信息网http://www.chinalaw.gov.cn/（上网时间：2018年5月3日）。
②《2018年国务院政府工作报告》，《国务院公报》2018年第12号。
③孙笑侠：《法的现象与观念》，山东人民出版社2001年版，第359页。

因此，行政机关对法治的需求并不是来自其自身愿望的，而是在执政党的政治动员、人大的监督和人民的权利运动的启发或压力下形成的。

建设法治政府的唯一路径就是积极推动行政权力来源、行使和监督的法治化，全面推进依法行政。然而，现实情况是，我们从国家到地方，各级行政立法对行政机关赋予的职权很多，但是政府该管的仍然没有完全管理到位；对行政机关履行职责义务的要求很多，但真正落实的很少；我们对行政权力的监督资源很多，但仍然监督乏力。对照现实，可以清醒地看到，依法行政的要求还没有真正落实，依法行政工作的现状与建设法治政府的差距仍然很大。因此，我们虽然已经在全社会树立了"法治"的思想观念，但是，我们仍然处在努力建设法治政府的历史发展阶段。

三、其他推动力

正如上文提到的，出于时代发展的限制，中国社会缺乏法治的社会根基，致使法治被异化，法律工具化的现象频频出现。事实上，在这样一个积习严重的社会，寄希望于单独依靠执政党和政府的力量来建设法治国家是难以达到既定目标的，应该培育法治社会的社会根基，在此意义上，民间力量是中国转型时期法治发展的原动力。而事实证明，各种民间的公共组织已经成为温州法治的重要载体和发展渊源。

（一）行业协会

行业协会作为自由结社的体现，在法治根基的培育上显示出独特的价值并且发挥了重要作用，不仅可以促进当前法治建设，也可以避免目前法治建设中的一些异化现象。

一方面，随着市场经济的逐步发展，来自民间的、自发的法治要求也在逐步加强，多元的利益格局和自下而上的力量正在形成。行业协会作为这一特定群体利益代表的社会活动主体，在与国家、个人的互动中产生巨大力量，对法治建设产生了相当重要的影响。"法治的发展历程漫长而复杂，但权力制约、权利保障和规则至上则一直是法治的轴心关怀，它构成了近代以来法治发展的动力和基础"[1]。

①马长山：《法治进程中的"民间治理"——民间社会组织与法治秩序关系的研究》，法律出版社2006年版，第65页。

行业协会从其出现开始，就是为了让个体利益得到最大程度上的保护，诸多弱小的个体相互联合起来，成为维护自身共同利益而联合成为共同体。在一个法治国家中，政府的权力应该受到制约，而公民或其他社会组织却难以对政府进行有效的监督。行业协会作为一个社会组织，能够联合个体的力量，参与到政府运作的一系列行为之中，包括立法和行政。立法过程中，各种行业协会都可以代表本行业向政府反映其行业利益和需求，让立法活动最充分地吸取民意，最大程度地实现利益的协调。在政府行政过程中，行业协会可以监督行政行为的合法性和合理性，可以代表其会员向行政行为提出行政复议和行政诉讼，既监督了行政主体的行政行为，也保障了行政相对人的合法利益。行业协会除了在保障权利和制约权力方面具有积极的作用外，也培养了公民的规则至上的意识。行业协会的章程制定以及其他的重要规定和标准，都是行业协会会员通过民主的方式制定出来的，这些章程和规定在行业协会内部就是人人必须要遵守的"法律"，没有人可以逾越这些规则。而法治社会在形式上就是一个规则至上的社会，规则在一定程度上代表了公平和正义的法治价值。规则的遵守除了依靠强大的国家机器来监督之外，最主要的是靠公民自身的遵守。行业协会可以为法治社会培育大量的遵守规则的公民，这正是法治社会最为重要的根基。

另一方面，由于根深蒂固的"法律工具主义"的传统，以及目前主要依赖自上而下的法治建设方式，打着法律的旗号侵犯公民合法权利的现象十分普遍。事实上，法治社会并非"法律万能主义"社会，具有完善的法律体系和强大的执法队伍也并非法治社会。真正的法治社会应该是一个追求实质正义和程序公正的社会。而行业协会的社会性、自愿性、自治性、多元性等根本特征和内在属性能够自觉或不自觉地消解权力干预、垂直管理和法律万能倾向，强调民主参与和自主管理，强调不同利益群体利益的理性互动和多元诉求的对话协商，注重行规行约、自律章程等民间规则框架的确定和遵守，倡导沟通、信任和合作，从而形成一种自主回应的"民间治理机制"，促进了"自发自生"的民间秩序的形式，从而在一定意义上阻滞了国家权力的滥用和扩展，构成了一道法律工具主义、抵御国家理性规则泛化的重要屏障，从而维护自主自治的理性规则秩序和法治进程。①

————————
① 马长山：《法治进程中的"民间治理"——民间社会组织与法治秩序关系的研究》，法律出版社2006年版，第157页。

从实践来看，作为非政府组织的行业协会，在西方法治国家的形成过程中发挥了不可替代的作用，而且大量活跃且成熟的行业协会组织已经成为法治国家的重要标志之一。在当代中国，尤其是市场经济相对发达的东部地区，行业协会的大量涌现，行业协会自治权的充分行使，已经逐步成为法治社会的重要推动力。

（二）法律职业者

独立的有学识的法律家群体处于国家机构与市民社会的衔接部位，起着法治秩序"安全阀"的作用，"只有职业法律家才能够填补规范与事实的缝隙"。[①]社会学家费孝通就说过："法治的意思并不是说法律本身能统治，能维持社会秩序，而是说社会上人和人的关系是根据法律来维持的。法律还得靠权力来支持，还得靠人来执行，法治其实是'人依法而治'，并非没有人的因素。"[②]法治的基本要求（形式法治）是"法律主治"，而无论是法律实践中的哪一个步骤——起草、普及、解释和运用，法律职业阶层都是法律的实际操作者，因此法律职业者的技能与素养与法治的成功密切相关。在某些当代先进法治国家，甚至整个国家的总统选举都由法官判定——法律职业阶层在法治中所扮演的角色的重要程度由此可见一斑。

法律职业作为法治的推动力主体，可从以下几方面来认识其作用特点：

第一，法律职业通过其职业性和技术性、独立性和自治性的力量来推动法治。[③]法律家知道法律的应然与实然，了解法治的此岸与彼岸，有能力维护权利，也有能力去推动制度的完善。他们处理过不计其数的案件纠纷，对不同法域的相关制度进行过深入比较，因而深谙现行制度之优缺。对他们而言，法治的发展、现状和未来都了然于胸。所以，法律职业对法治的推动是一种内行人的力量，是同行构成的共同体的力量，是技术专家或技术精英的力量。法律职业阶层还可以在其他方面推进法治的建立和完善，他们可以在诉讼、参与立法、主张制度变革等活动中宣扬法治的理念。

---

① 季卫东：《法治秩序的建构》，中国政法大学出版社1999年版，第198页；[德]马克斯·韦伯：《论经济与社会中的法律》，张乃根译，中国大百科全书出版社1998年版，第304页以下。

② 费孝通：《乡土中国·生育制度》，北京大学出版社1998年版，第48页。

③ [美]伯尔曼：《法律与革命——西方法律传统的形成》，贺卫方、高鸿钧等译，中国大百科全书出版社1993年版，第104—105页。

第二，法律职业通过对个人权利的保护来推动法治。作为法律职业阶层中最大的组成部分，律师在法治中有两大作用：一是在律师的帮助下，法官可以更为有效地查清案件事实，厘清法律适用问题，从整体上提高了司法的效率、加强了司法的职能；二是帮助其客户捍卫正当个人权利，对抗公共权力和他人对其权利的损害。比如近十年来，我国众多刑事律师在辩护中维护当事人合法权益，并共同推动了死刑复核权的回收。提高司法效率和职能这一点，其实就是律师的社会功能，借助于律师的专业技能，能够"充分揭露信息"。《世界人权宣言》第8条规定，任何人当宪法或法律所赋予他的基本权利遭受侵害时，有权由合格的国家法庭对这种侵害行为做有效的补救。这就是著名的诉诸司法权利，任何一个法治国家都不能拒绝公民寻求司法救济，而获得律师的帮助又是权利获得救济的必要条件。

第三，从历史上看，法律职业阶层的这种推动力并非是变革性的，而是具有保守性和稳定性。因为他们的职业特点在于"以过去的法律为准绳，以过去的事实为根据"。恰恰是这样的职业特点，才成全了法律职业的独特社会角色和社会功能。

法律家保守的性格，可以避免社会变革所带来的激进的风险，可以避免社会变革与转型所导致的社会关系与社会秩序的紊乱，起到社会发展的"安全阀"和"稳定器"的作用。法律职业阶层往往能在社会变革、法律转型等重要历史时刻起到助力的作用。从历史上看，无论是宗教推动样式中的"教皇""君主"之争，还是工商阶层推动样式中的"商人""领主"之争，法律职业阶层从来就不曾以斗争主体的面貌出现在这些关键历史时刻中，他们所起的作用都是将激化的社会矛盾以法律的方式予以解决。而这种用法律解决社会矛盾的方式恐怕就是"法治"的精髓，正是在这个层面上，我们可以说法治就是"法律人之治"——法律人以其职业技能和知识化解社会矛盾，使社会走上"法律主治"的正途。

第四，当然，律师是法律职业阶层这个保守的共同体中相对活跃的力量。他们活跃在社会的各个领域，特别是在市场经济领域和百姓生活领域，他们积极主动地参与社会经济生活，才使得纸上的法律成为动态的法律。激荡澎湃的民间建言浪潮，迅速崛起的"意见公民"群体，开启了一个崭新的"民意时代""意见时代"。

总之，在现代国家中，公共治理的崛起促使公域范围显著拓展，复苏并增强了社会权力。国家和社会将在越来越多的情况下开展合作，在许多领域它们之间并不存在矛盾冲突，只不过各自起着不同的作用，并相互补充、相互依存，形成一种合作伙伴关系。在一定意义上，这种合作有助于重建国家的基础结构，供给共担将会变成平常的事情。①在此大背景下，法治也逐步呈现出新的面貌，从严格的形式主义转向以回应社会需求为主，这就必须借助相匹配的软法以规范社会权力，在实践操作中不仅表现为行为方式多样化，而且具体实施也未必依赖国家强制性，因而，软法治理全面回应了社会治理中的主体多元化与行为方式多样化的内在需要，在创制多元行动结构与推动善治目标的实现方面，推动社会的发展进步。

由于上述原因，温州地区的渐进式推动型法治发展道路，以期用"分解成本"的策略把改革风险或转型风险相对降低。其具体做法是：把法治发展的总体任务分解为由不同改革阶段分别完成的局部性目标，先完成其中的最基础、当前最突出或成本最小的那一部分，并以此为基础，逐步向前推进。由此，法治建设成为了社会改革发展总体战略中的一部分，要服从和服务于不同时期社会总体改革进程的阶段性目标，实现法治与社会的协调发展。②

①吴之欧：《企业参与犯罪治理的实践经验和理论思考》，《社会科学家》2011年第4期。
②蒋立山：《中国法治发展的目标冲突与前景分析》，《法制与社会发展》2009年第1期。

第四章
法治资源考：温州区域法治资源的综合分析

    建设法治国家或区域法治，其资源的选取必被高度重视。否则，法治将犹如无源之水、无本之木。区域法治资源作为一种资源在区域性社会发展中，尤其是在温州区域建设中的意义或价值却并未受到应有的重视。通过对法治资源的综合分析，进而初步探讨法治资源配置在区域性社会发展中，尤其是在温州区域经济社会发展中的意义及作用，是非常必要的。当然，笔者也无意夸大本土法治资源的特色和温州区域法治的"区情"。因为，法治，本来即为一个普适的理想观念，而非某些所谓特色能解释的。其资源之选取，亦必从一般的法治资源出发。所以，一般的法治资源对法治具有重要意义，中国亦然，温州亦然。鉴于此，文中所说温州民间习惯法亦包括习惯法、规则、民间信仰等，其中，民间信仰也包括宗教信仰等。尽管温州民间信仰表现多样，但把它作为一个整体来论述仍具有正确性和可行性的。无论如何，要解释"温州模式这种经济社会发展方式为何在温州滋生，而不在其他区域萌发"这个命题，从挖掘温州的地方法治资源入手，是很有必要和价值的。

第一节 温州模式中区域法治资源的挖掘

    自苏力教授著文提出"法治本土资源"理论以来，法治资源理论成为研究法治道路论题中的重要分析工具。然而，苏力教授所提出的"本土资源"是相对西方法治经验和传统而言的发生于中国大地的法治传统。实际上，中国各地的法治传统也未必完全相同，相反，显现出了丰富的多样性。因此，我们应当注重挖掘法治资源的"地方性"特点，即地方法治资源。如果要论证温州模式下的法治进程及其内在必然性和规律性，则要挖掘和考察温州区域内对法治发展有积极影响的地方法治资源——温州区域法治文明是温州模式的法治土壤，回应型法治理念是温州模式不断改革创新的观念基石。

一、区域法治资源辨析

区域法治资源，也可理解为"区域本土的法治资源"。十数年来，我国在学界、实务界对法治的"本土资源"有过很多争议。有学者甚至认为，"想在中国社会历史上发掘法治的'本土资源'无异于缘木求鱼。"[1]也有的学者认为："中国没有法治的传统，但是确实有法治的'本土资源'。例如近年来，农民在村民自治活动中发明的海选制度，便是可以利用也应当利用的法治的本土资源。"[2]可谓仁者见仁，智者见智。

所谓"资源"，乃是借用经济学的术语，在本书中意指可供法治现代化利用的法律传统等。从经济学的角度来说，作为资源就存在稀缺性，这也是经济学的第一原则，一切经济学理论皆基于该原则。因为资源的稀缺性，所以人类的经济及一切活动需要面临选择问题，经济学理论则围绕这一问题提出观点和论证。经济学还重点研究了社会稀缺的资源是否得到充分使用的问题。那么法治资源呢，尤其温州的区域法治资源，是否也存在稀缺性？是否也应该和可以在区域法治建设中得到更充分的使用？这就是本章要综合分析和说明的问题。

法治社会是社会经济和民主法治发展到一定阶段的产物，是一种对于社会秩序的理性建构。本章旨在通过对温州区域法治资源的综合分析，阐明在温州这一模式化的区域概念中法治的丰富内涵，展现在社会变革中如何促成守法和变法之间的互动，说明如果将法律理解为一种行为规则，那么人们的行为不仅受国家正式的法律规则的影响，而且也受传统历史法律文化思想和生活中的民间习惯规则的影响。在上述分析的基础上，概括出温州模式中的法治范式。

---

[1]杨昂：《对一个"坐而论道"者的质疑》，《法学评论》2000年第2期。
[2]刘大生：《从"本土资源"到"本土法治"》，《山东大学学报》2001年第3期。

在中国传统社会中，认为法来自道德，如果政府官员受儒家道德思想熏陶，尊奉儒家思想，就会贤明有德，奉公守法。所以，中国传统的所谓"德政"，实质上就是某种限制和惩罚政府的手段，也起到过让政府守法的作用。我国早在先秦时代的法家就悟出了这个道理。韩非子说："闻有吏虽乱而有独善之民，不闻有乱民而有独治之吏。故明主治吏不治民。"①明朝的吕坤说："变民风易，变士风难；变士风易，变仕风难。仕风变，天下治矣。"②另外，尽管"法治"对于中国来说是个舶来品，尽管中国传统人治文化的浩瀚海洋淹没了星星点点的法治思维之舟，但这并不等于说中华文明历史发展过程中就没有丰富优秀的法制传统文化（这些丰富的法制传统文化对于推进我国法治国家建设和区域法治文明建设具有重要意义）。实际上，单就温州区域来讲，温州传统文化和现代法治实践中并不乏"法"的资源，这种"法"的资源首先体现在精神和思想层面，体现在伦理道德上，体现在"礼治"秩序中，它表达的是一种在特定社会经济文化基础之上的公平与正义。其次，此种"法"的资源还体现在经验及制度层面的设计上——温州社会存在着大量的自生秩序和民间规则，它们的有效运作对于解决民间纠纷，维护经济社会稳定起到了极其重要的作用。

二、作为区域法治资源的商品经济和市场经济

市场经济是一种市场对资源配置起基础性作用的经济体制，它是商品经济法治发展到一定程度的产物。商品经济与法律有着某些必然联系。马克思说："先有交易，后来才由交易发展为法治。"③综观全国乡镇企业，大致可以概括为四种类型，即区域型、开放型、配套型、劳务型。"以上四种类型当然不是绝对的，而只是一种大致的划分，实际上是我中有你、你中有我，只不过由于条件不同，各有侧重罢了。温州模式的出现，使我们看到过以上四种模式的人，眼界为之一新。温州模式的基本点是，它依托于市场，按市场运行机制开展经济活动，因此可以把它称作'市场型'。温州农民的实践，远远超过家庭工业的范围，而它所形成的格局，更不是个体经济、家庭工业这类概念所能包容得了的。温州的乡镇

---

① 《韩非子·外储说右下》。
② 吕坤：《呻吟语·治道》。
③ 《马克思恩格斯全集》第19卷，人民出版社1963年版，第423页。

经济，是由以下三个主要部分组成的：（一）十万大军的推销员；（二）依托集镇的专业与综合市场；（三）家庭和联户工业。"①现代市场经济导致法律体系在结构与功能上发生巨大的变革。这些经济体系和要素在温州模式中先发滋生和成长，自然在区域范围内产生了法治发展的需求和动力。这些需求或者通过地方试行改革的方式以较低层级的规范性文件的形式予以实现，或者通过地方的集中需求促使国家立法活动的启动。

三、作为区域法治资源的人民主体

在商品经济和市场经济体制下，对规则、法治、秩序的最大需求者是作为市场主体的个人或企业组织，笔者概括称为人民主体。随着对温州模式研究的深入，学者开始探究作为温州模式主体的人民——"温州人"的特殊性，并已开始形成"温州人学"。在对后者的研究中，学者发现"温州人"具有某些适应市场经济和法治社会的特殊气质。法治需要作为其主体的"人"具有强烈、清晰的主体意识，并在此基础上培养权利意识。学者周晓虹在比较苏南周庄人和温州虹桥人的现代素质状况时指出，温州人的现代素质比苏南人强。他认为，造成超越的一个很重要因素是自然资源尤其是土地资源的差异。他说："远离现代城市文明的温州地区的农民之所以会普遍产生脱离土地、从事小手工业和小商品销售的动机，很大程度上是由于土地匮乏所促成的。"这增加了虹桥人离土和离乡的倾向，也培养了他们的流动和风险意识以及独立从事经营的能力，而在温州模式的发展中，又获得了高度的个人自主性和效能感。②实际上，哈贝马斯一直认为，软法规范具有减少强制性、增加自发性制约的特征，制定方式多采用共同体全体成员参与、共同协商的方式，而且在软法制定过程中形成的决策可以得到参与者的普遍遵守，因为软法是"依据个人意愿和基本利益而按照协商民主方式达成共识的途径所建构起来的"。让·加尔博利也认为，立法者应当相信个体在无法律

---

①罗涵先：《温州农村乡镇经济的面面观——浙南农村小城镇调查》，《社会学研究》1986年第6期。

②周晓虹：《传统与变迁——江浙农民的生活心理及近代以来的嬗变》，生活·读书·新知三联书店1998年版，第68页。

（硬法）约束下的自我规范生成能力，由此自由进出的空间将会由集体规范、媒介以及学校的规则和宗教的组织来填补。可见，软法的正当性正是建立在符合实践理论的基础之上。我们可以这样认为：具有某些适应市场经济和法治社会的特殊气质的温州人民所作的制度创新，具有着哈贝马斯和加尔博利所谓的"软法"的某些特征。

四、作为区域法治资源的传统法治文化

区域因其区域地理、区域文化、区域历史、区域宗教、区域民俗、区域经济结构等差异，加上长期以来尊崇法律文化的传统，形成了具有不同于其他地方的区域法治文明传统。将这一区域法治文明传统融入当地经济社会发展的脉络中，就可能形成具有独特性的区域经济发展模式。温州区域法治文明传统正是温州模式的法治文化渊源。蔡克骄教授研究认为，温州在历史上是一个手工业发达的商贸城市，温州人素有重商观念，重功利，务实际；受永嘉事功学说的影响，温州市民具有较为独立的主体意识，并形成市民阶层。①学者所挖掘的这些功利主义、市民心态等恰恰与法治文化形成内在的精神契合。温州人历来注重对旧的不合时宜的规则的打破和新的更好的规则的创制。温州历史上法学家辈出，全国最早的法治创新且法治事件层出不穷。从《大明律》的制定者刘基，到"中国民法三杰"之梅仲协，再到"中国新刑事诉讼法之父"陈光中……从全国"民告官"第一案的发生地，到全国第一次启动罢免村委会主任程序，再到赢得中国加入WTO以后的第一个技术贸易壁垒案……这些都与温州浓郁的传统法治文化休戚相关。

五、作为区域法治资源的行业组织自发成长

行业组织作为民间组织，其兴起对于市民社会的成长和法治建设的意义，学者多有研究和论述。然而，这些研究主要以西方国家行业组织的发展模式为素材展开。与西方国家的行政组织多为"自下而上"的纯民间组织不同，我国自20世

---

①蔡克骄：《温州人文精神剖析》，《浙江师范大学学报》（社会科学版）1999年第2期。

纪70年代开始出现的民间组织很大程度上是依赖国家"自上而下"形成的半官方的组织。因此，对于西方国家理论研究中形成的行业组织与法治建设之关系理论，在我国并没有足够的解释。发生于温州的行业组织却主要经由"自下而上"的方式产生，具有较强的民间性。然而，具有开全国之先河意义的是，温州商会在整体上呈良性发展态势，其行业管理职能的总体实施情况较好；无论是协会组织还是会员企业对行业组织的评价都较高，未来预期也较高；近年来行业协（商）会的市场化、民间性、独立性、自主性特征表现明显，并不断得到增强；行业会员企业对行业协（商）会的支持率普遍较高。[①]学者研究还发现，温州的行业组织，尤其是温州商会的产生和发展对于温州市民社会的建立和法治发展有着重要的推动作用。[②]

　　鉴于其他内容的分析将在本书中分别进行阐述，本章在以下部分主要分析的内容是"作为地方法治资源的传统法治文化"，其中，主要包括温州区域法治的思想资源和温州区域法治的制度资源。

第二节　温州区域法治的思想资源

　　清代学者龚自珍说："一代之治，即一代之学也。"[③]即把政治与学术联系起来，这也是大多永嘉学者的行为和思想。学术思想的产生同当时的社会现实关系密切，法治思想也不例外。温州传统文化、传统哲学中的那些整体性、模糊性、个体性的思维方式为现代法治的发展提供了丰富的思想资源。不可否认的是，正是因为法所具有的多元性，才使得不同历史时期的法学家对法的诠释出现了百家争鸣的局面。任何社会秩序的构建都不仅仅依靠国家制定法的力量，并且法律也不是万能的，不能穷尽多种社会关系的调整。因而，在温州漫长的历史中，先后出现了许多哲学家、思想家和政治家。他们之中的许多人并不是专门的法学家，但他们在法律思想及政治改革等方面，提出了许多极有价值的观点和主张，丰富

---

①郁建兴：《民间商会的绩效与发展：基于浙江省温州市的研究》，《公共管理学报》2007年第4期。
②周俊、郁建兴：《中国公民社会发展的温州模式》，《浙江社会科学》2008年第6期。
③龚自珍：《龚自珍全集·治学》。

了封建正统的法律思想，或者增益和修正其内容，或者予以有力的批判。尤其是南宋以来形成的"永嘉学派"，在我国思想史上有着很高的地位和深远的影响，宋、元、明、清各代都有不少杰出人才产生，如陈傅良、叶适、陈虬等。

法律思想作为上层建筑，即使在同一个生产方式的社会制度中，也会既陈陈相因，又有自己的时代特征。采取文献研究法，对温州地区历史文献中的重要法治思想进行整理和分析，研究温州法律信仰的发展过程，进而在现代"法治"要素框架下，寻找传统法治资源中的现代法治因素是非常有意义的。

所有的人文社会科学都是社会生活的反映，都必然对社会生活产生影响。法学的类别归属，规定了法学所具有的特质，在于它是经世致用的学问。这也可以从法学的产生和发展看其经世济民的特质。我国著名法学家王利明教授则认为："法学工作者的任务事实上并不仅仅局限于构建法律的概念和体系，以及对概念体系进行理论描述，还应当在此基础上对法律这一社会调整工具的实际运用及其方法给予积极关注和深入思考，从而实现霍尔姆斯所说的将'纸面上的法'（Law in Book）转化为'现实中的法'（Law in Action）。法律的精髓在后者，而不是前者。……法学是在实践中产生，其发展也是为了指导实践，从而使法学成为治国理政、经世济民的学问。"[1]

昌盛于南宋时期的永嘉学派，被时人及后人称为"事功学派""功利学派"，或称为"经制之学"，是南宋浙东学派中的一个重要分支学派。永嘉学派的形成，与南宋时期永嘉地区商品经济的发展有着密切的关系。当时，永嘉地区出现了富工、富商及经营工商业的地主，永嘉学派的成员就是代表这些新兴阶层利益的思想家。他们著书立说，要求抵御外患，维持社会安定，主张减轻捐税，恢复工农生产，强调买卖自由，尊重富人，提倡实事和功利。在这个意义上说，一代之学确实反映了一代之治。永嘉学派的最大特点，就是与当时朱熹的"理学"、陆九渊的"心学"相互对立。永嘉学派强调功利，注重事功，正如明清之际的黄宗羲所指出的："永嘉之学，教人就事上理会，步步着实，言之必使可行，足以开物成务。"[2]

永嘉学派学者众多，学术渊源悠远。特别是王开祖的"经世致用"思想和林

---

①王利明：《法学是一门科学》，《人民法院报》2013年2月8日，第7版。
②沈善洪主编：《黄宗羲全集》第5册，浙江古籍出版社1985年版，第56页。

石的"夷夏有别"思想，使永嘉学派能重视历史，研究历代兴亡，以挽救南宋危亡为己任，造就了一大批有成就的学者。我们可以以陈傅良和叶适为代表，来探究永嘉学派的法律思想。

一、陈傅良的法治思想

陈傅良（1137—1203），字君举，号止斋，谥文节，南宋温州瑞安（今属浙江）人。乾道八年（1172）进士，历仕孝宗、光宗、宁宗三朝，为宦三十年，官至中书舍人、宝谟阁待制，是宋代永嘉学派的主要创始人、杰出的学者和思想家。其主要贡献在于承前启后，继往开来，传承和发展了永嘉学派。清代四库馆臣曾予以很高的评价，"自周行己传程子之学，永嘉遂自为一派，而傅良及叶适尤其巨擘"。事实上，陈傅良的学说和思想产生的影响很大，早在宋末元初马端临修撰政书《文献通考》时就引用了陈傅良经济、官制、军事等方面言论数十条，有的还是成篇大段的引用；而清代黄宗羲在其学术史名著《宋元学案》卷五十三辟有"止斋学案"。陈傅良的学说之所以能够形成学派、影响深远，这与他的思想学术成就和传承是分不开的。他一生著述丰富，仅四库全书收入的就有四部之多。

永嘉的经制之学是以《周礼》为中心的道法或道艺（术）兼尽之学。因为以经制治事功，以经制言治法，莫切于《周礼》。陈傅良对于《周礼》有他独到的看法，认为"王道至于周，备矣"。曾著有《周礼说》三卷，可惜没能流传下来。全祖望说："永嘉诸子，皆在艮斋师友之间，其学从之出，而又各有不同。止斋最称醇恪，观其所得，似较艮斋更平实，占得地步也。"[1]孙诒让认为："永嘉诸儒本以经制为宗，止斋为薛文宪（薛季宣）弟子。于井地、军赋，尤为专门之学，宜其精究治本，非空谈经世者比也。"[2]陈傅良自己也说："要与时务合，不为空言去圣人远。"[3]

陈傅良的法治思想丰富多彩，深入系统，充满睿智，既有永嘉学派总体的事功特色和个性，又有宋代法治思想的典型和代表意义。他的一些经典智慧的法治

---

[1]沈善洪主编：《黄宗羲全集》第5册，浙江古籍出版社1985年版，第73页。
[2]《温州经籍志》卷3：《经部·礼类》。
[3]陈傅良：《止斋集》卷40，《夏休井田谱序》。

思考和语言，尤其追求法治的公正公平，重视司法的求实重人，在今天看来也是很有启发意义的。陈傅良在立足于巩固宋代封建统治的前提下，对宋代各项制度进行深入的研究。孙诒让说，"陈傅良对王安石变法始末，考辨尤悉""王荆公变法，旧派掊击尤力，傅良深致不满"。①说明在永嘉学人中，陈傅良对王安石变法的认识比较正确。他的法律思想比较平铺直叙，贴近生活，没有很高的哲理思考和抽象思辨，容易理解。虽然作者身处封建社会，深受儒家的正统思想和道家的权术思想影响，有不少封建落后的糟粕，但所阐述的治国处世的道理，仍有许多方面值得今人借鉴。

陈傅良的主要法治思想体现在《八面锋》一书中。该书根据历代典籍记载的史实材料，偏重于法治思想研究，将前人的治国方略和自己的政治主张结合起来。以史实为根据，对执政者的思想、施政方针和施政策略，对立法、变法、司法做了许多论述和多方面的探讨，提出自己的见解和对策，对具体的案例展开辨析和论奏，并且在为官行政中，非常重视、宣传和普及法治。该书在写作上博观约取，条分缕析，言简意丰，富有哲理。

1. 大体立则，不恤小弊

陈傅良一生中在地方和朝廷任职多年，对朝廷的政治体制有深刻的了解，这些都反映在他的法律思想上，他比较注重现实，批判切中时弊，而且关注下层人士的疾苦，不畏权贵，直言敢谏。陈傅良认为，治理国家首先必须确定正确的大政方针，这样才能保持政策的连续性和政权的稳定性。而判断大政方针的正确与否，主要看是否符合国情民情，是否有利于国家的长治久安。

他说："合抱之木，不能无数寸之朽；径寸之珠，不能无微颣之嫌。良法之在天下，吾固知其不能无小弊也。惟其大体既正，则小弊有所不足虑矣。是故夏人尊命，商人尊神，周人尊礼，而当时不文之弊，三代卒不以是而废其所尊；夏政尚忠，商政尚质，周政尚文，而当时以野以鬼之弊，三代亦不以是而变其所尚。诚以其大体既正，则微疵小害虽时有之，亦势之所不免也。"②又说："管子曰：四维不张，国乃灭亡。韩子曰：纪纲者，脉也。脉不病。虽瘠不害；脉病而

---

① 《温州经籍志》卷3：《经部·礼类》。
② 永嘉先生：《永嘉先生八面锋》，吉林人民出版社1997年版，第34页。

肥者死矣。左氏之所谓本，管仲之所谓维，韩氏之所谓脉，吾之所谓体也。固其本，张其维，寿其脉，大体立矣。区区之小弊，不足深虑也。"①因此，善于治国者建立法制，首先应着眼于立国的根本原则是否正确。只要根本原则正确，即使在某些具体问题上有一些失误，也不值得忧虑。而判断根本原则正确与否，主要看是否符合实际和有利于国家的长治久安。

另外，陈傅良还认为，制定政策法律一定要注意它的社会效果，切不可急功近利。应着眼于国家和百姓的长远利益。要根据形势的发展变化，不断地修改和完善法律，使之更符合社会实际。他指出："盖君子之于天下，法必虑其所终，行必稽其所弊。事固有利在一时而害在万世者。"②就是说统治者对于整个国家，制订法令一定要考虑它的后果，推行法令一定要考虑它的弊病。有的法令固然对一时有利，却对万世有害。

在注意社会效果的同时，陈傅良还认为，治理国家要想取得令行禁止的效果，关键是以诚待民，取信于民。如果朝令夕改，有法不依，必然是吏民皆惑，而有损于国家大纲，即法令不信则吏民惑。"商君之治秦，所以令行禁止者，惟其信尔。徙木，细事也，必赐之金，是以人之有功者，知其无有不赏；弃灰，微谴也，必置之刑，是以人之有罪者，知其无有不罚。商君赏罚未必当于理，而卒以强秦者，在是也。"③

2. 法律公平，先贵后贱

陈傅良所处的南宋时期，封建统治者偏安江南，对人民加强搜刮，社会矛盾激化。陈傅良从永嘉学派事功的角度出发，主张法律制度必须服务于国计民生，以"宽民"作为衡量法律价值的一个准则。其法律思想反映了南宋社会中下阶层的思想状态，并与当时的理学形成某种差异和对立，在相对意义上形成务实而不务虚、注重事功的特色。陈傅良认为，"法"是维系民心的工具，用"法"公平则民无怨，社会就会安定。统治者要想取得令行禁止的效果，首先自己要守法，以身作则，方能取信于民。

---

① 永嘉先生：《永嘉先生八面锋》，吉林人民出版社1997年版，第35—36页。
② 永嘉先生：《永嘉先生八面锋》，吉林人民出版社1997年版，第278页。
③ 永嘉先生：《永嘉先生八面锋》，吉林人民出版社1997年版，第381页。

宋代是我国古代法律发展的高峰，但由于古代法律有其历史和阶级的局限性，不平等、不公正的问题在立法、司法中普遍存在。从法律及其文化产生来说，法律、法制一开始就具有公平、公正的本然诉求。因此，陈傅良认为用法公平则人无怨。法律是用在不得不用的时候，刑罚是加在那些自行犯罪者的头上。只有这样，才能使全国上下服从朝廷的统治。他指出："昔管仲夺伯氏骈邑三百，没齿无怨言。圣人以为难。诸葛亮废廖立为民，徙之汶山。及亮卒而立垂泣。夫水至平而邪者取法，鉴至明而丑者忘怒。水、鉴之所以能穷物而无怨者，以其无私也。水、鉴无私，犹以免谤，况大人君子怀乐生之心，流衿恕之德。法行于不可不用，刑加乎自犯之罪，天下其有不服乎？"①法律要公平，则必须"法令之行当自近始"。陈傅良在此借用苏轼的厉法禁之说，曰："圣人之制刑，知天下之畏乎刑也。是故施其所畏者。自上而下，公卿大臣有毫发之罪，不终朝而罢随之。是以天下之为不善者，知其无有不罚也。"至哉斯言！"夫天下之所谓权豪贵显而难令者，此乃自古圣人之所借以徇天下也。舜诛四凶而天下服，何也？此四族者，天下之大族也。夫惟圣人能击天下之大族，以服小民之心。故其刑至于措而不用。周之衰也，商鞅、韩非崄刑酷法以督责天下。然其所为得者，用法始于贵戚大臣，而后及于疏贱。故能以其国霸。由此观之，商鞅、韩非之刑，非舜之刑；而所以用刑者，亦舜之术也。"②陈傅良认为实施法令应先上后下、先贵后贱。只有这样，法令才能真正贯彻实施，被处罚者才不至于怨天尤人。

陈傅良这种法治思想有着重要的现实意义。法律在起点上很大程度是"为保护富人的利益而存在的"，法律在制定时就是为了防止处于有利地位的人的利益受到侵害，这种歧视是法律与生俱来的。因此，布莱克指出："在各个国家里，法律的普遍精神是有利于强者而不利于弱者，法律帮助那些拥有财产的人反对没有财产的人。这种烦扰人的现象是无法避免的，也是毫无例外的。"③在现实生活中，穷人与富人、社会地位低的人与社会地位高的人权利不对等，缺乏话语权，讲话"无力"，这种情况通过各种不易为人所觉察的方式进入了法律的程序。虽

---

① 永嘉先生：《永嘉先生八面锋》，吉林人民出版社1997年版，第109页。
② 永嘉先生：《永嘉先生八面锋》，吉林人民出版社1997年版，第28页。
③［美］唐纳德·J.布莱克：《法律的运作行为》，唐越译，中国政法大学出版社2004年版，第13页。

然，我们在理论上追求法律面前人人平等，在制度设计上尽量保障人们在权利上的平等。但是，在法律实践中，这种法律上的平等是难以实现的，在富人与穷人、强者与弱者之间要达到一种人们希冀的、普遍的平等几乎是不可能的。"每种诉讼——过失、诽谤、继承或任何其他类型的诉讼——在处于社会边缘的人们中都较少可能发生。而且处于社会边缘的人们胜诉的可能性也较小。"[①]因此，其法治思想中已体现出现代法治的思想光辉，即在法律面前要人人平等。

陈傅良又云："古之天下无冗官，亦无穷人，无幸法，亦无怨吏。夫官不滥，则人无滞叹；法不屈，则吏无满心，势亦然也。而官若是，其甚简也。敷奏宾兴，又若彼，其众也。法若是，其严也。黜陟用废，又若彼，其果也。以甚简之官，待人才之众；以甚严之法，行赏罚之果，而人无滞叹，吏无不满之心，何也？上之人无愧，则下之人无憾也，用者必公，则未获者不敢议也。"[②]这是说，任用官员必须秉公，杜绝私情、后门，不能让一些不称职的人滥竽充数。其中所谓的"无幸法，亦无怨吏""法不屈，则吏无满心"，强调的是法治公正，严格司法，赏罚恰当，人们也就没有慨叹怨言，没有理由妄加议论。这就是"用法公平，则人无怨"。

在法律公平的主张下，陈傅良说，公私两便则为良法，即"法之在天下，惟公私两便者，良法也。便于公而不便于私，非法也；便于私而不便于公，亦非法也。桑弘羊固尝行均输之法矣，然于公则便之，于私则未便也。故七福求退，贾谊所以言其非"。陈傅良指出，制定一部法律，既要考虑到国家的利益，又要考虑到百姓个人的利益。公私兼顾，才称得上一部完美的法律。

3. 德主刑辅，德治仁政

陈傅良的法律思想有其鲜明的个性，一方面强调以法严惩不法行为，非常重视法律的执行。他批驳了某些不达世情的儒生空谈以仁义治国，认为对百姓过于宽大仁慈，反而使社会增加犯罪，从而导致对百姓频繁用刑。因此他主张严肃法纪，使百姓不敢轻易以身试法，从而达到以刑去刑的目的。另一方面，又主张慎

---

①[美]唐纳德·J.布莱克：《法律的运作行为》，唐越译，中国政法大学出版社2004年版，第58页。

②陈傅良：《止斋集》，《文渊阁影印四库全书》卷52，台北商务印书馆1986年版；永嘉先生：《永嘉先生八面锋》，吉林人民出版社1997年版，第345页。

刑少用。因为法律的本身不只是为了惩罚，而是通过惩罚实现预防犯罪，实现法制公平公正和社会秩序稳定的目的。"刑所以残民，亦所以厚民；刑所以虐民，亦所以安民。今之天下，惟严于用刑，而后可以言省刑；惟公于明刑，而后可以言恤刑。汉文帝宽仁之君也，而后世之论则曰'以严致平'。汉宣帝持刑之君也，而当时之诏则曰'务行宽大'。故文帝之于黎民醇厚，正自其以严致之；而宣帝之吏称民安，亦自其持刑得之。"①"古之立法，不惟惩天下之已犯，亦所以折天下之未犯。盖已犯之必惩，未犯所以必折也。今夫民之情，固喜温而恶寒，欲凉而恶热。然冬不寒、夏不热则民病而死矣。是故，爱极者，恩之所从消；宽甚者，猛之所自起；求用刑之疏者，必至于用刑之数；求天下之喜者，必反以得天下之怨。理固然也。"②由此可见，陈傅良积极主张用法，只是更多地倾向于德主刑辅，并以此体现德治仁政，这既是难能可贵的，也代表其一家之所见。

4. 良法不得其人则弊

陈傅良在法律适用的态度上也有其特点。他认为，制定一部好的法律固然重要，但选定一个好的执法人更为重要。得其人，则法以人而良，不得其人，则法以人而弊。

"木之朽，虫实蠹之；水之浊，土实浑之；法之弊，人实坏之。贤良取人，未尝有弊也，自唐散骑以李郃登科，而其法始弊矣；孝廉取人，未始有弊也，自汉广陵以徐淑应选，而其法始弊矣；词赋取人，未始有弊也，自崔郾私一杜牧置异等，而其法始弊矣；铨选取人，未始有弊也，自苗晋卿私一张奭为第一，而其法始弊矣。"③这里涉及法史上一个争论已久的问题，重法还是重人。永康学派的杰出代表陈亮在《人法》一文中也写道："法当以人而行，不当使法之自行。""天下不可以无法也，法必待人而后行者也。""然尝思之，法故不可无，而人亦不可少。闻以人行法矣，未闻使法之自行也。立法于此，而非人不行，此天下之正法也。"④在"重人"与"重法"之争中，陈傅良既非简单地主张"重人"而反对"重法"，亦非简单地主张"重法"而反对"重人"，而是兼

①永嘉先生：《永嘉先生八面锋》，吉林人民出版社1997年版，第131页。
②永嘉先生：《永嘉先生八面锋》，吉林人民出版社1997年版，第136页。
③永嘉先生：《永嘉先生八面锋》，吉林人民出版社1997年版，第363页。
④陈亮：《陈亮集》，中华书局1987年版，第124—125页。

而吸收"重人""重法"思想的长处，将"重人"与"重法"有机地结合起来。这是陈傅良对于重人与重法的辩证观，代表了他关于法的根本观念。陈傅良作为南宋杰出的思想家，对"重人"与"重法"的辩证关系，对治理国家及立法方面都有更深层次的思考。陈傅良认为，法律是靠人来实行的，即使有"良法"，还得靠人掌握和贯彻。如果没有人来操作，就只能是一纸空文。而恶的法律如果没有贤人加以矫正，便只能造成恶果。因为"法当以人而行"，不能让法自行。可见陈傅良在总结历史经验并结合当时的实际情况后，态度较为明确，既重法也重人，且在司法实践上重视人的作用。

由于永嘉学派事功思想及与当时社会环境的影响，陈傅良的法律思想更倾向于社会现实问题，在功利的基础上提出适应南宋政治经济社会发展的各种措施和方略，明确主张依法治国，只是更多地倾向于德主刑辅，尤其强调法律要公平公正，注重实效，认为国家制度（包括立法）要讲求长远功效。其法制思想不仅具有一定的时代先进性，也具有历史借鉴性。

二、叶适的法治思想

叶适（1150—1223）是我国南宋时期永嘉学派的集大成者，著名的哲学家、思想家，学者称之为"水心先生"，为浙江历史上的文化名人，与陈傅良为师承关系。同西方历史上很多哲学家（如柏拉图、亚里士多德、康德、洛克、黑格尔等）都具有丰富的法律思想一样，叶适也有其丰富的法律思想。叶适的法律思想深受儒家传统思想的影响，并且在前人基础上加以具体化和现实化，使之更加明了地反映出为统治阶级服务的法律思想特性。但是，与其同时代的思想家相比，有不少独到之处，蕴含了许多重要的价值内涵。叶适虽然没有专门的法律著作，但他的法律思想却贯穿着一种批判精神，并根据当时的社会实际提出许多改良政治法律制度的主张，是有其历史价值的。萧公权说："水心最大之贡献，不在重申民本古义于专制之世，而在对政治机构作精密切实之讨论。"[1]

---

①萧公权：《中国政治思想史》，辽宁教育出版社1998年版，第438页。

一个人的思想与他的生平经历有着密切的关系。叶适一生为官三十年，且多致力于君主政治机构的研究，而不空言抽象的是非，对宋代的政治体制有深刻的了解。叶适的事功学说固然有其重要意义，但说到底都是为其政治法律意识服务的，其法治思想有取自荀子"隆一而治"之意。叶适认为"势"是治理天下的关键，曰："势者天下之神也，合则治，杂则乱；张则盛，弛则衰；续则存，绝则亡……知其势而以一身为之，此治天下之大原也。"①这里所说的"势"可以理解为权力，尤其是封建君主专制的中央集权。叶适认为君主应重势，即拥有绝对的权势。同时，叶适又认为："夫以封建为天下者，唐、虞、三代也；以郡县为天下者，秦、汉、魏、晋、隋、唐也。法度立于其间，所以维持上下之势也。"②也就是说，立法者要适应国家体制的要求，制定的法律应符合政治体制的需要才行。因此，叶适认为，南宋国贫势弱的根本原因在于南宋王朝的体制问题，"纪纲、法度，一事也，法度其细也，纪纲其大也"，即"纪纲"过专和"法度"过密的问题，并认为这二者实际上是一个问题，只是在于所涉及的方面有"细大"的不同，治势则应分权疏法。

1. 纪纲以专为患

叶适认为"国家因唐、五季之积弊，收敛藩镇，权归于上"，③即加强中央集权，防止地方割据，无疑是正确的。但矫枉过正，"尽收威柄，一总事权，视天下之大如一家之细"④，则又走向其反面。因此，叶适在重君之势的前提下，又提出分权的思想，"纪纲以专为累，则莫若分之"，认为君主在拥有绝对权势的情况下，还应分权给地方，以加强地方的力量，不能由君主独专。认为宋朝体制的弊病在于权力能专而不能分，"纪纲以专为患而至于国威不立"⑤。所谓分权，就是朝廷、皇帝把一定的权力，包括兵、民、财赋之权，下放给将帅和地方官员，使之得以自用，得以专用，即有自主权。其主要功效在于使"朝廷所谓专闭不可分之纪纲者尽分之，以各合于外坚中柔之术"。要使真正的治国之术得到贯彻，只有革除纪纲和法度中的弊端，才能从根本上解决政治体制上的问题。叶适从历

①叶适：《水心别集》，中华书局1961年版，第639页。
②叶适：《水心别集》，中华书局1961年版，第787页。
③叶适：《水心别集》，中华书局1961年版，第759页。
④叶适：《水心别集》，中华书局1961年版，第842页。
⑤叶适：《水心别集》，中华书局1961年版，第768页。

史的角度指出，"昔之立国者，知威柄之不能独专也，故必有所分，知持控之不可尽用也，故必有所纵。"①即君主在对待君权的问题上，应该能放能收，有专有分，在控制和纵舍之间有所兼顾。而宋代的实际是"能专而不能分，能密而不能疏，知控持而不知纵舍"②。南宋朝一切"皆人主自为之"的这种局面，使权力高度集中于朝廷，最终导致"治国之意未明"而"纪纲法度未善"的后果，由于这种君主集权的弊端，导致政治经济上的种种弊端，使南宋社会的各种矛盾更加突出和加剧。

2. 法度以密为累

宋代是我国法律文明史上的一个"继唐之后成就最辉煌的时代"。宋朝社会各方面的发展变化，要求法律及时有效地予以调整和规范。因此，自宋初就非常重视法制建设。其法律形式有《宋刑统》《编敕》《敕令格式》和《条法事类》等综合性法典，又有分类编修的令、格、式、例及条贯、条制、条约、则例等单行法规。"据粗略统计，在宋朝三百多年间，共制定各种不同类型的法典约二百四十部。"③其法典规模亦随着立法体例的不断变化和附加名目的不断增多而空前庞大繁杂，调整范围遍及社会生活各个领域，形成了严密的法网。宋代的法律把社会生活的各个方面都纳入法律的调整范围之内，这在我国封建法律发展史上是少见的。因此，叶适遍考古人之成法，对照宋代的立法，认为当时的法度太密："自昔之所患者，法度疏阔也，而今以密为累。"④"今内外上下，一事之小，一罪之微，皆先有法以待之。极一世之人志虑之所以周浃，忽得一智，自以为甚奇，而法固已备之矣，是法之密也。虽然，人之才不获尽，人之志不获伸，昏然俛首一听于法度，而事功日堕，风俗日坏，贫民愈无告，奸人愈得志。此上下之所同患，而臣不敢诬也。故法度以密为累而治道不举。"⑤叶适又说："本朝人才所以衰弱，不逮古人者，直以文法繁密，每事必守程度。按故例，一出意，则为妄作矣。"⑥可见，法制再严，法网再密，只能说是对法治的重视，不等于说

---

① 叶适：《水心别集》，中华书局1961年版，第842页。
② 叶适：《水心别集》，中华书局1961年版，第842页。
③ 郭东旭：《宋朝法律史论》，河北大学出版社2001年版，第5页。
④ 叶适：《水心别集》，中华书局1961年版，第767—768页。
⑤ 叶适：《水心别集》，中华书局1961年版，第768页。
⑥ 叶适：《水心别集》，中华书局1961年版，第666页。

就是法治国家。因为，无论是法律制度抑或是法治状况，都远不是一个数量的概念。法律制度和法治状况都需要既讲数量又讲质量，在数量发展到一定程度，更需要突出质量。宋代法已有一定数量，但远没有与其对称的质量。正如孟德斯鸠所言："无用的法律削弱了必要的法律，好像人们有方法规避的法律削弱了立法一样。"①叶适在分权的基础上提出了疏法的主张，因为纪纲之专而导致法度过密，认为"法度以密为累，则莫若疏之"。②

3.强调事功，经世致用

空谈心性无用，有用的是古人的"经制治法"，也即经典中的制度和治理方法。叶适鄙薄程朱理学家空谈性命、华而论道的学风，注重实际，主张 "以利和义，不以义抑利"，③认为应在现实当中对会产生经济、政治和军事等方面的事功加以应用，从而振作政治，缓解强敌环伺的危局。叶适的事功之学，实际上就是一种经世致用的生存哲学，它不作空洞的玄学讨论，自始至终追求实际而有直接效用的社会价值，这就是叶适所说的事功或功利的基本意义。

"适志意慷慨，雅以经济自负。"④叶适认为，要宽民重民，不能视为空谈，必须在实际上有所体现，要真正让民众在实际功利方面有所收益。他说："古人以利与人，而不自居其功，故道义光明。后世懦者行仲舒之论，既无功利，则道义者乃无用之虚语尔。"⑤叶适强调义利的统一，认为离开了利就无所谓义。他对古代圣王以利与人的做法表示赞同，认为只有给民以实际功利，才能显示出光明的道义，他反对空谈，批判理学家空谈性命义理，无益于国计民生，他说："读书不知接统绪，虽多无益也；为文不能关政事，虽工无益也；笃行而不合于大义，虽高无益也。……立志不存于忧世，虽仁无益也。"⑥认为在社会生活中没有实际功效的事情，都是没有用处的，只有发生实际效果、有益于社会和人类的事情，才是有用的。叶适把事功学说直接与国家命运联系在一起，注重给人以实际

---

① [法]孟德斯鸠：《论法的精神》（下册），许明龙译，商务印书馆2009年版，第343页。
② 叶适：《水心别集》，中华书局1961年版，第343页。
③ 叶适：《习学记言序目》，中华书局1977年版，第368页。
④ 脱脱等：《宋史》，中华书局1961年版，第12894页。
⑤ 叶适：《习学记言序目》，中华书局1977年版，第324页。
⑥ 叶适：《水心文集》，中华书局1961年版，第607—608页。

利益。提出改革措施，揭露时弊，提倡修实政，行实德，建实功，发展商贾，去害兴利，改弱就强。

法律本身就带有功利性质，叶适作为注重事功的思想家，其法律思想从功利的目的出发，切合实际，具有很强的现实性和可操作性。简而言之，就是要求法律制度必须服务于国计民生，以社会效益作为衡量法律价值的主要准则。在哲学思想上，则要求道与功、义与利、理论与实践的有机统一。叶适的法律思想，反映了南宋社会中下阶层的思想状态，并与当时的理学形成某种差异和对立，在相对意义上形成务实而不务虚，注重事功的特色。因此，对促进南宋时期社会政治制度的改革起到了一定的积极作用。

4. 反对酷刑，注重民生

反对重刑主义是叶适法律思想中富有特色的地方。他认为统治者光靠刑罚是难以治理天下的，执法越严酷则政治越不清明，所以不如疏简法律。如果人君不能以身作则，以德治天下，专恃刑罚，那怎么可能使天下安宁？他指出，法不在于严而在于必行。前代用刑很重，但老百姓也没有害怕刑罚的。所以，对老百姓是"惟至仁者可以柔之""非重法之所能治"[1]。他还总结了前代用刑、议刑各有轻重的历史经验，肯定重刑的害处。他说："臣惟历代用刑，各有轻重，不能尽举。然大要其君贤而所任者仁人也，则用刑常轻，其君不贤而所任者非仁人也，则用刑常重。非惟用刑为然也，而历代之议刑亦莫不然。盖其人君子也，则议刑常轻；其人小人也，则议刑常重。"[2]他抨击当时存在的严刑峻法的现象，斥责提举司督责茶盐，用法苛惨；提刑司则刑狱冤滥、诉讼烦琐而拖延时日。他尖锐地指出，有人以为治天下必须用严刑，这只能说明他们治国无能。

叶适反对重刑和他的"恤民"主张有密切关系。他认为治理国家最重要的一条，就在于取得民众的支持。他认为，"隆礼以御其臣而恤刑以爱其民"是"国家之大本，无穷之祚，不可变之俗"[3]，皇帝应当"以民为不可不畏"[4]。这就是说，皇帝应当以隆礼为手段来驾驭臣下，以恤刑为手段来爱护民众，这是国家的

①叶适：《水心别集》，中华书局1961年版，第649页。
②叶适：《水心别集》，中华书局1961年版，第649页。
③叶适：《水心别集》，中华书局1961年版，第650页。
④叶适：《水心别集》卷5，中华书局1961年版，第698页。

根本。由此可见，叶适与历史上许多重民主义者一样，意识到民众力量的可畏，主张"恤民"，反对重刑，以缓和阶级矛盾，巩固封建地主阶级专政。

叶适反对君主"私其国以自与"，把一切法令制度看作是"特为我而发"，而不管这些法令制度是否"顺民之心"。他明确指出："命令之设，所以为民，非为君也。"[①]法令应当本于公益，出于公心，不得为人君私欲之工具。要做到"上下一本""君既养民，又教民，然后治民"[②]，否则，既不能得民心，国家也必然处于危弱之中。

另外，叶适认为，宋代建立几百年来，纪纲失误之处与人才选拔和任用制度之弊密切相关，故曰："今朝廷之法度，其经久常行不可变改者，十数条而已，而皆为法度之害。……天下皆行于法度之害而不蒙法度之利，二百年于此，日极一日，岁极一岁，天下之人皆以为不知其所终。"[③]在这十数条包括"资格""铨选""荐举""任子""科举"等人才选拔、考核、迁升等方面的制度，皆为法度之害。

历史上任何一个思想家都有自己鲜明的特色，形成自己独特的思想体系。而叶适的政治法律思想的核心是功利思想，在功利的基础上提出适应南宋政治经济社会发展的各种措施和方略。针对当时理学家的观点及其对南宋政治经济的影响，叶适明确地提出了在国家政治制度中应"善为国者，务实而不务虚"[④]，注重实效、讲求功利的理论与观点。他认为，国家制度（包括立法）基本准则应经世致用，讲求实际功效。只有把事功作为法制建设的目的，所进行的管理活动才可能卓有成效。叶适的法治思想，以务实际、重事功为特征，对后代影响较大，是重要的传统法律资源之一。

永嘉学派重视实际问题，研究实用之学。具体地讲，永嘉事功之学主要体现在三个方面：第一，政治上，强调以民为本，改革弊政，对外主张"夷夏之辨"，抗击金兵入侵。第二，经济上，反对中国传统"重本轻末"、重农抑商的思想，认为应该"通商惠工""扶持商贾"，发展商品经济，并认为雇佣关系和

①叶适：《习学记言序目》，中华书局1977年版，第666页。
②叶适：《水心别集》卷2，中华书局1961年版，第651页。
③叶适：《水心别集》卷12，中华书局1961年版，第790—791页。
④叶适：《水心别集》卷29，中华书局1961年版，第617页。

私有制是合理的，富人应该成为社会的中坚力量。第三，在学术思想上，一是重视事功之学，认为讲"义"不可以离开"利"，提出了"以利和义，不以义抑利"的观点；二是重视历史和制度的研究，希望通过考求历代国家成败兴亡的道理、典章制度沿革兴废，以找寻出振兴南宋、转弱为强的途径。

永嘉学派重事功，但不是就事功言事功，而是以经制言事功，故又称经制治法之学。其学首先是经制之学，其次才是事功之学，而以史学为中间环节。其治学原则为"修身以应变，酌古以御今"，为经史贯通的经世之学。经制之学，即"是经以求其制度器数"之学，属于经学的范畴。永嘉的经学恪遵程颐的"道之大原在于经"和"穷经以致用"的原则，正如全祖望所谓的"其学主礼乐制度，以求见之事功"。其基本精神是：体常尽变，坚持以常道常德（经者，常也）言事功；纲举目张，坚持以改善纲纪法度即制度法律言事功；援古鉴今，坚持以稽参历代成败即总结历史经验教训言事功；贴近实际，坚持因时损益切合当世之宜言事功。他们确定的目标和拟制的举措，对我们讲功利、言事功、图革新，具有更深层次上的借鉴意义。

永嘉学者周行己力主"仁政礼治"，且特别强调礼治："礼治则治，礼乱则乱，礼存则存，礼亡则亡。"[1]许景衡则主张"正心""多闻""三代之王，所以治天下国家者，必本于正心诚意，其次莫如多闻"[2]。叶适认为，"上古圣人之治天下至矣，其道在于器数，其通变在于事物，其纪纲、伦类、律度、曲折莫不有义"。[3]

永嘉学派的学者提倡实事实功，更注重民生，关心人民疾苦，主张发展商品经济，宽民富民。重视功利，认为高尚道德在事功中才能表现，道德的完善在实事实功中才能达到。叶适说："既无功利，则道义者乃无用之虚语尔。"[4]他主张把"义理"和"事功"结合起来，"以利和义""义利并立"。叶适等还反对"抑末"政策，提倡"扶持商贾"，肯定富人的作用。强调要实行养民、宽民之政，"君既养民，又教民，然后治民"[5]。这与陈傅良的提法一致。陈傅良以变通求实

①周行己：《浮沚集·礼记讲义序》。
②许景衡：《横塘集·乞涓日讲读札子》。
③叶适：《水心别集》，中华书局1961年版，第693页。
④叶适：《习学记言序目》，中华书局1977年版，第324页。
⑤叶适：《水心别集》，中华书局1961年版，第651页。

功，把改革弊政的各种主张的着眼点，都放在"结民心""宽民力""救民穷"上，明确指出，朝廷施政必须"以爱惜民力为本""以救民穷为己任"①。

永嘉之学是通过对古代经典、制度的重新疏解以传播其改革政制、兴利除害、建功立业的思想主张。其法治思想、政治改革精神，是我国宝贵的文化遗产，也是现代法治的重要社会资源。因此，可以说，形成于我国南宋时期的永嘉学派的传统思想，不但在历史上产生了显著的影响，而且已经深深融入温州社会的各个阶层，在温州的现代发展改革中发挥着重要作用。

三、陈虬的法治思想

陈虬（1851—1904），原名国珍，字庆宋，瑞安县城人，祖籍乐清斗山。光绪己丑举人。陈虬自幼勤奋好学，自学成才。戊戌变法前同汤寿潜（字蛰仙）合称"浙东二蛰"，与陈黻宸、宋恕合称"东瓯三杰"。陈虬是我国近代著名的改良派思想家。1895年，陈虬参与了"公车上书"活动，是这次活动的中坚人物之一。陈虬从中国传统文化里汲取丰富的营养，这成为他重要的思想源泉。历史上的永嘉学派对陈虬的影响极大。他早年即潜心研究永嘉学派的经世之学，在《治平通议》卷首序中自称"虬瓯东之鄙人也。生永嘉先生后七百年矣，闻道迟暮，敢自附于作者之林"，②从中可看出他以永嘉学派的后来者和发展者自居。陈虬精通多门学问，著作颇丰，尤以《经世博议》一书为代表。书中对其法治思想和社会改革主张做了比较全面的阐述。但是，长期以来，他的研究始终没有得到学术界的足够重视，即便是在他的故乡——温州，陈虬也一直是默默无闻的。

陈虬所处的清代是实行绝对君主专制的一个王朝。专制统治者为巩固其至高无上、唯我独尊的地位，除采取各种措施以加强皇权之外，还利用法律的手段加紧对臣民的约束与控制。对此，陈虬在学术思想上提倡"经世致用"，强调研究现实中的实际问题。在探讨有关社会改革时，必然要涉及法律领域。因此，在对封建腐朽的社会制度的改革和批判时，陈虬按照"经世"的目的主张变法图强。这是陈虬思想的特点和精华，这一特色也体现在他的法治思想中。

①陈傅良：《止斋文集》。
②胡珠生：《陈虬集》，浙江人民出版社1992年版，第215页。

1. 维新变法，与时俱进

自然在变化，社会也在变化。这体现在陈虬阐述社会变化而"法"亦必须变化的辩证关系中。陈虬根据变易进化的历史观，认为法律同其他事物一样，也是不断变化发展的，在人世间没有万世不易的法律。"法制无百年而不变"①，久而不变的法律，必因不能适应新的时势而发生流弊。他指出"治国无法则乱，守法而不变则悖，悖乱不可以持国。世易时移，变法宜矣"②。适时变法思想是陈虬法律思想的核心，也是他参与"公车上书"的动机所在。同时，他借用医学阐明此道理："譬之若良医，病万变，药亦万变。病变而药不变，向之寿民，今为殇子矣。"③陈虬是一位中医大家，他知道什么病要用什么药来医治，一种药不能治百病。治理国家亦是如此，不能墨守成规，要与时俱进，变法维新。因为"国家自通商以来，局又大变，华夷杂处，巧力相尚，有未可概以儒术治者。则诸子近法亦将有取焉。夫良剑期乎断，不期乎莫邪；良马期于千里，不期乎骥骜。循表而导溺，契舟以求剑，自谓能法古，不知时已徙矣！而法不徙，乌在其能儒也！"④。在《治平通议》序中，他再次强调社会在变，法更应随之而变："道浑于事，事衍于数而寄于法，与时舒卷，不可方物。时移势易，法或窳而，则道散而无统。道散法窳，斯乱成矣。"⑤这里，陈虬的变法思想还是朴素、直观的，是朝着进步的方向发展的。只是他未接触到社会与法律变化的根本原因，但同那些颂古非今、还拘泥于古法的观点相比，还是开明通达得多。

2. 国家强盛与法治的辩证关系

永嘉学派经世致用的传统文化，成为陈虬的重要思想源泉。因而，他主张"学以致用"，讲求有关国计民生之学，强调忧世，注重研究当时的社会现实问题。在阐述国家"富裕""强盛"和"法治"的关系时指出："何以立国？曰：富。何以御夷？曰：强。何以致富强？曰：在治人。人不自治，治之以法。"⑥陈虬并直接提出若干致富之策，主要有：设官钞，由各省府州县各设官银号，以取

---

①胡珠生：《陈虬集》，浙江人民出版社1992年版，第19页。
②胡珠生：《陈虬集》，浙江人民出版社1992年版，第16页。
③同上。
④胡珠生：《陈虬集》，浙江人民出版社1992年版，第69页。
⑤胡珠生：《陈虬集》，浙江人民出版社1992年版，第213页。
⑥胡珠生：《陈虬集》，浙江人民出版社1992年版，第71页。

代私人钱庄，由国家直接从事金融业，开办国有银行；定国债，学习西方国家，每有大事则告贷于民，计息偿还；开鼓铸，国家统一铸币；权度支，编制预算；开新埠，陈虬看到通商岸"整饰华丽，出人意表"，主张主动在各埠附近另开新埠，增加开放城市，扩大对外开放，加速城市化进程；垦荒地，中国东南人多地少，西北地广人稀，用三年免税的方法鼓励东南富余人员去西北开拓，同时可以巩固边防；兴地利，主张科技兴农，重视化学、植物学对农业的作用，以振兴农业；广商务，主张"广修洋舶，争利于彼都"，鼓励出口贸易，倡导外向型经济；招华工，招徕散在外洋的华工回国，开辟新区，"由商局设法保护调剂"，用现在的话说，就是利用华侨富集地带，建立经济特区。

3. 开议院、倡民权、广言路

陈虬主张开议院，"泰西各有议院以通上下之情。顾其制繁重，中国猝难仿行。宜变通其法令，令各直省杞州县，一例创设议院。"[1]在中央"设都察院衙门，主以三公，中设议员三十六人，每部各六，不拘品级，任官公举练达公正者。国有大事，议定始行"。[2]而在地方，"县各设议院，大事集议而行。凡荐辟、刑杀人，皆先状其事实行于议院，有不实不尽者改正。又设巡检一，秩视判官，巡视境内，检举利弊以达于县，县再下议院"[3]。这是在西学东渐的过程中，西方的议会制度在中国封建社会的尝试。

陈虬认为"在上有政权、有教权，在下有言权"[4]。他希望能允许军民上书言事，给予百姓一定程度的言论自由。他提出要"广言路"。"何谓广言路？……宜令内官自司员、编检，外官自各道以上，各许直陈时事，不由本官，直达通政司。若遇大事变，则下诏求言，无论军民，概许上书。"[5]他认为中国无言权"是我徒之耻也夫"，主张言者无罪。陈虬的"广言路"，在一定程度上体现了民主思想，意味着民权的扩大，也是对高度集权的君主专制统治的冲击，代表了资产阶级维新派力求言论自由并参政的时代要求。

---

[1]胡珠生：《陈虬集》，浙江人民出版1992年版，第79页。
[2]胡珠生：《陈虬集》，浙江人民出版1992年版，第21页。
[3]同上。
[4]胡珠生：《陈虬集》，浙江人民出版1992年版，第295页。
[5]胡珠生：《陈虬集》，浙江人民出版1992年版，第79页。

4. 设立律师制度

陈虬主张建立、完善律师制度，律师制度是司法制度中的一项重要制度，对诉讼当事人有着重要意义。因为"平民冤抑不得申，积之既久，皆足以伤天地之和而致阴阳之"[1]。尽管中国古代就有辩护士、讼师和代理人等类似今天律师的从业者，然而，陈虬特别痛恨当时的讼师，认为"今日扰害平民之类不一，而讼师其首也。出入衙署，交结书差，羽翼既成，辄日肆鱼肉善良之计。被陷之家，其亲友虽有谙成律、怀公愤者，亦怵于帮讼之嫌，不克自伸其气。非无严明之官长招告暗访，然所怂者狐狸而已，豺狼固无如何也"[2]。因此，主张"请参西法：明正律师之目，令平民诘告，各延律师应汛。律师无功名者不准呈，无律师者不收讯。定律师一例科断，语其指要"[3]。陈虬的这种主张具有重要的现实意义，尤其在当时的封建社会，亦可谓难能可贵，具有民主的思想。

我国曾历经了一个二十多年律师及律师制度完全缺位的寒冰时期。1979年，我国第一部《刑事诉讼法》对辩护制度做了专章规定，重新恢复了律师辩护制度。谈到当代中国的法律制度，美国华裔学者李浩把五十年代至七十年代的中国法律制度称为"没有律师的法"。在当时的司法改革的运动中，中国从事法律职业的人员几乎全部被清除或被迫改行。这一运动使中国处于几乎没有法律书籍、没有人能从事专门的法律工作的境地。

民国五年（1916），温州地方始建律师组织机构。中华人民共和国成立后，几经废立。1979年11月，温州市法律顾问处重建。

5. 在法律思想中贯穿道器统一

陈虬说："法者治之具，而尚有所以济法者，道。何在？在法。"就是说，承认法律是治理国家的工具，在此强调法律的作用。这一点凝聚着陈虬近代法治思想的光辉，陈虬不相信在法律之外还有维系法律的力量和决定国家盛衰的权威，法律所依赖的力量在法律本身，法律体现人民共同意志的思想已经显现出来。法律是治世的器具，是道的外在表现。而道在哪里？道就在法律之中，法律得到正确的制定和施行，就是得道。陈虬认为清王朝法制松弛，"失在有赏而无

---

①胡珠生：《陈虬集》，浙江人民出版社1992年版，第37页。

②胡珠生：《陈虬集》，浙江人民出版社1992年版，第37—38页。

③胡珠生：《陈虬集》，浙江人民出版社1992年版，第38页。

罚"，主张"大申禁令，一持以法"。他解释说："有不次之赏，然后可以奔走天下之豪杰；有不测之诛，然后可以驾驭天下之英雄。"

陈虬在刑法思想方面，有极大的突破。这就是"尧舜以来四千年中圣君贤所未及讲明协中者"的废除死刑论，他认为死刑是一个冤冤相报的黑色链条。陈虬在刑法领域主张废除死刑，在中国法制史上堪称独有，在世界法制史上也应占有一席之地。

从以上改革主张看，陈虬的政治改革主张只是在现行制度的基础上略加变通，尽量使这种变革局限在统治者能够接纳的范围内。其变法宗旨是："慎其所变，求不悖圣人之法。"他曾指出："三纲五常虽极千祀而难革也。"[1]在他看来，封建的纲常、人伦道德是孔子之道的基本内涵，这是永远不能改变的。他说："法虽国异而代不同，而道则终古不易。"[2]可见，他依然固守着"变器不变道"的传统道器观，但这并不会完全否定他的法治思想作为一种资源的存在，以及对今天的借鉴意义。

第三节 温州区域法治的制度资源

所谓制度（Institution），是指一个社会的游戏规则，是为决定人们的相互关系而人为设定的一些制约。它由非正式约束（道德约束力、禁忌、习惯、传统和行为准则）和正式的规则（宪法、法令、典权、产权）组成。非正式的制度资源依靠个人的修养和社会舆论的压力来起作用，而正式的制度资源通常依靠国家的强制力来约束人们的行为。从历史上看，制度一直由人们设计并用以创造交换秩序和减少交换中的不确定性。换言之，制度创造了人们在政治、社会和经济方面发生交换的激励结构，制度变迁决定了自然演进的方式。制度是随环境的变化而变化的，制度的发展也就是社会的发展。

制度是一种无形的社会性资源。像其他资源一样，制度资源在被开发和利用的过程中，创造了人们生活的基本环境氛围，满足了人们交往的需要，它成了人

---

① 胡珠生：《陈虬集》，浙江人民出版社1992年版，第18页。
② 陈虬：《治平通议》（卷首序）。

们生存的重要组成部分。经济的增长、社会的发展，与制度资源的挖掘和充分利用有极其密切的关系。法律之所以是一种制度资源，在于法律所确定的各种行为规范形成了各项制度，正是各项制度保障了社会的有序运行，保障了生产和生活的顺利进行。法律是各项制度的基础和依据，缺乏法律依据的制度是不健全、不稳定的制度，是缺乏效力的制度。法律通过其确定的各项制度发挥作用，因而，法律资源也可称为是一种制度资源，或者称为法制资源。

我们知道，法律思想必须建立在具体的制度之上，它的目标也必须通过具体制度的实践操作来实现，法律制度是法律思想的重要载体，法律制度的内容和实施是孕育法律思想的沃土，一个国家的法制是否完善往往决定了这个国家的法律思想是否丰富，而一个国家深刻的法律思想又能够渗透到诉讼实践当中，成功地指导具体司法审判活动，促进法律制度的革新。中国法律传统中既有精神层面的资源，也有经验层面的制度资源。统治者在治理中国这样一个幅员辽阔、人口众多的大国的过程中，不断探索新路，积累统治经验；同时，在国家权力难以下达（触及）的民间，民众在日常生活中也渐渐积累起许多化解纠纷的经验。这些经验逐渐上升到法律及制度层面，维持着整个社会的稳定和发展。

贺卫方教授曾言："一个良好的社会制度，实际上是由许许多多细微的甚至是琐碎的'小制度'合力构成的，仿佛滚滚长江本是由无数支江细流汇聚而成。离开了具体的法治，那种宏大而高扬的法治只不过是引起空气振动的口号而已。"[①]因此，在国家制定法之外存在大量不同形式与类型的规范与国家制定法一样发挥着重要作用。它们是一个社会秩序和制度不可或缺的一部分。温州法治制度层面的资源主要从正式规则和非正式规则两个方面加以阐释。

一、正式规则

温州区域法治化过程离不开我国的法制建设，而中华人民共和国以来很长一段时间法制建设发展缓慢，甚至无法可依。对于当代中国的法律制度，"十年动乱"后，一位研究中国法制问题的国外人士对当时中国法制状况的看法很有参考

[①]贺卫方：《具体法治》，法律出版社2002年版，第4页。

意义。他说："当时，只有三部公开的法律。一部是宪法，一部是镇压反革命法，还有一部是婚姻法。有关约束中国生活中其余领域的法律都还没有制定。"①这种看法虽非准确，但也在一定程度上表明了中华人民共和国成立之初的三十年法制建设给国际社会留下了一种什么样的主观印象。此后虽然我国逐步确立了由传统计划经济向市场经济转变的目标模式，但与社会主义市场经济相适应的法律制度并没有完全建立，或即使是确立了制度也并没有全部发生效用，仍然存在制度短缺等问题，诸如我们正在进行和已经进行的国有企业、财政、金融、社会保障体系的改革以及政府职能的转变等方面的法律制度仍然存在不少问题。

1. 民间习惯法

习惯法历来是法律的重要渊源之一，无论是激进的还是保守的法律家、法学家，都对此高度重视。有关对习惯法的定义，高其才认为，"习惯法是独立于国家制定法之外，依据某种社会权威和社会组织，具有一定的强制性的行为规范的总和"②；《中国大百科全书·法学》定义为"习惯法，指国家认可和由国家强制力保证实施的习惯"；朱愚在《试论我国的习惯法》中说"所谓习惯法是指国家认可并赋予法律效力的习惯"；北京大学法律系编写的《法律基础理论》一书则认为"习惯法即渊源于习惯并由国家认可的法律"。

对于民间习惯法，卢梭的看法是："它形成了国家的真正宪法；它每天都在获得新的力量；当其他的法律衰老或消亡的时候，它可以复活那些法律或代替那些法律，它可以保持一个民族的创制精神，而且可以不知不觉地以习惯的力量代替权威的力量。"③在长期的社会发展中，各地区都形成了各具特色的习惯法规范，以调整各种社会关系，推动经济发展，促进社会安定和进步。

可以说，"法律本身是一种社会规范，但是还有其他多种社会控制方式存在于社会生活中，存在于家庭、友谊、邻里关系、村落、部落、职业、组织和各种群体中。因此，当其他社会及控制的量减少时，法律的量就会增加；反之亦然。"④党的十一届三中全会后，我国加快了立法步伐。但由于前面所说的法律

---

①《外电外报评中国非凡的1997年》，《参考消息》1998年1月1日。
②高其才：《论中国少数民族习惯法文化》，《中国法学》1996年第1期。
③[法]卢梭：《社会契约论》，何兆武译，商务印书馆1980年版，第70页。
④[美]布莱克：《法律的运作行为》，唐越、苏力译，中国政法大学出版社2004年版，第7页。

资源的短缺和实行的是"摸着石头过河"的渐进式改革，即便立法数量上来了，但很多法律都不知不觉地遗留着计划经济时代的历史痕迹，滞后于市场的发展步伐。对于温州经济发展来说，有些条款甚至是阻碍市场经济的绊脚石，要发展市场经济，就难免"违法"。在这方面，温州老百姓运用本土资源发挥意思自治的法治精神，即在正式国家制定法之外，还存在着各种民间的辅助法律形式，用以解决民间纠纷，调整社会关系。而所谓"习惯法"，就是指乡土社会中存在的礼俗、人情、民俗、族规、族法等，"习惯法"与国家法的有机融合及适用，对于补充现行法律资源的不足具有重要意义。

温州民间习惯法也与它的地理环境息息相关。历来被称为海滨城市的温州，却三面环山，一面向海。由于大山的阻隔，信息的短缺，与内地文明的交流是闭塞的。自古以来，土著居民都认为此地"山高皇帝远"。因此，温州的传统文化受中原儒家文化的影响就显得不那么深厚，尤其是对广大农村民众而言。国家的法律规范对温州的影响力也很小，而传统的民间习惯规范则发挥着重要作用。这种状态既与温州过去的闭塞和其处于中华大地的边缘有关，也同自身文化水准较低有关。

首先，习惯法肯认了人们自主行为的神圣性。习惯法能在法律渊源中占有一席之地，本身就承认了人们可以按照惯常的习俗来安排自己的行为，人们根据习俗所拥有的正当权利（如迁徙、信仰等），是国家法律所不能限制或者剥夺的。马克思曾以"捡拾活动"的习惯为例说明了这一问题："人类社会的自然阶级在捡拾活动中接触到自然界自然力的产物，并把它们加以处理。那些野生果实的情况就是这样，它们只不过是财产的十分偶然的附属品，这种附属品是这样的微不足道，因此它不可能成为真正所有者的活动对象；捡拾收割后落在地的谷穗以及和诸如此类的习惯法也是这样。"[1]因而，这种具有历史性与自然性的习惯，严格说来就是对国家权力的一种限制。国家有义务尊重这些习惯法，不得以任何借口来干预人们约定俗成的生活方式和行为习惯。即使国家明文规定的某项规定与民间习惯法的内容相悖，在人们遵循民间习惯法办事而违反现行法律时，国家也不得滥施刑罚，从而危及人民的行为安全。在马克思看来，人民遵循固有的习惯而从事的行为，并"不破坏永久法律秩序"[2]，因而与犯罪行为存在着质的差别。

---

①《马克思恩格斯全集》第1卷，人民出版社1972年版，第253页。
②《马克思恩格斯全集》第1卷，人民出版社1972年版，第534页。

其次，习惯法提供了社会自治的制度支撑。社会自治的基础，正是在于它有着为其成员所共同遵循的传统规则，具有在社会心理层面约束人们行为的惯性力量。不仅如此，从法律渊源的主体上看，社会先于国家的存在。自然，社会可能不像国家那样大张旗鼓地制定成文法律，它吸纳的是千百年来的行为方式、社会价值，由此将之固化成习俗、道德等行为规则。但这一渊源因为具有主体的认同性、传统的权威性等素质，因之，它比外在的正式成文规则或许更容易产生法律实效。"法律不外乎人情"，立法不能逆民众意愿而成，更不能剥夺作为一个自由人、道德人生存所必需的基本条件。德国著名法学家拉德布鲁赫曾指出："法律上的效力只能在毫不脱离民众生活实际的情况下才能实现，否则民众生活就会拒绝服从它；一项法律只有在其实际运用于大多数情况下都能指望切实可行时，才会'产生效力'。"[1]或许我们可以说，正是对民间习惯法的尊重与承认，并使之与国家法取长补短，才使得社会自治有了稳固的基础。

最后，习惯法的习惯性、传统性是它的显著特色。习惯法中主要反映了地方惯有的思维模式和风俗习惯，并且有赖于传统、习惯的动力来实施。换言之，习惯法是反映习惯的，习惯中没有的内容，也很难上升到习惯法层面。即便强行规定某些不属于本地区习惯的规则，也会因为没有执行的群众基础而失去效力。习惯法是根据社会政治、经济、文化某方面的需要，从传统习俗中筛选出来的行为规范，是对习惯的提炼。它不是孤立、零散的习惯现象或观念，而是人们作为整体所必须普遍遵守的行为规范。

在温州乡土社会中，天理、国法、人情并举的习惯法适用体系告诉我们，在社会发生纠纷时并不只是国家法在起作用，村民们存在的礼法观念和民间秩序仍是支配其行为的主体，体现着乡村生活秩序的本质。国家法的实际效率并不一定比固有的民间习惯法有用。例如，温州人对各种"会"和"银背"[2]的规则都很熟悉，经常结成各类或明或暗的民间金融关系。温州地区长期的民间融资关系培育

---

①拉德布鲁赫：《法学导论》，米健等译，中国大百科全书出版社1997年版，第2页。
②温州民间放贷的主要角色并非"地下银行"，而是至今仍活跃着的"银背"。所谓"银背"，就是"整天背着钱走东走西的人"。"银背"其实就是借贷双方的中介，很多企业资金短缺，第一个想找的就是银背。正是通过他们，与手头有大量余资且想放贷的人取得了"联姻"，而"银背"从中抽取好处。

出的习惯法，并非指融通资金的商业策略，而是对债权、债务及其违约后果的刚性设定，在当地人心目中其权威相当于国家的刑法、民法。因此，这也是温州人一般都依靠习惯法来融通资金的重要原因。这一情形也符合马克斯·韦伯对习惯法的定义，即其合法性来自共同秩序，表现为社会团体对成员"身体和心理"的社会性强制。

温州社会"厌诉"，称诉讼为"有病"，在经济交往中注重"和为贵"，认为"一辈官司三辈仇"。正是在这种观念的影响下，人们自然更愿意求诸在纠纷解决方式上颇受人们欢迎的民间习惯法。正如苏力所言："事实上，过去的十几年来，中国的最重要的、最成功的制度和法律变革在很大程度上是由中国人民特别是农民兴起的，而那些比较成功的法律大多不过是对这种创新的承认、概括和总结。"[1]因此，温州模式下的法治现代化历程是有机的"法治"进化过程，是一个体现温州人法律价值观的自然历史过程，说明了民间习惯法是国家法的有效补充。因为在任何国家的法律体系中，民间习惯法都是国家法的渊源之一。我国是大陆法系的成文法国家，民间习惯法只能作为非正式的法律渊源或资源存在，而不能作为法律条文引用。但不可否认，民间习惯法具有灵活性、便于操作的特点，可以补充成文法的不足，缓解成文法与社会自发秩序的矛盾和冲突。

在温州法治现代化的过程中，这些民间习惯法发挥了比较大的优势，为温州区域法治做出了重要贡献。温州区域性习惯法的合法化、规范化，离不开市场经济的完善发展，离不开国家正式法律制度的规范到位，温州法治现代化过程应该是一个自然历史的过程。[2]但我们在充分利用了本地区的法治资源时也应注意到，温州社会的这种"自生自发秩序"仅限于特定的生活逻辑，它是以特定人群特有的生活经验应对生活的特定方式，以及对于生活之特定感受与评价为基础的。换句话说，这种"乡土规则"并不是放之四海而皆准的。

温州作为具有悠久历史的文明区域，其传统的习惯甚多，在成文法不能完全涵盖所有可能发生之争议时，习惯法就应理所当然地承担起维护公平正义，维持

①苏力：《法治及其本土资源》，中国政法大学出版社1997年版，第44页。
②张玉霞：《温州经济发展中的法律因素——温州自然法与民间信仰的关系》，《社会科学战线》2012年第7期。

社会平衡的责任。我们国家除了宪法对少数民族的习惯有专门规定以外，对民法上如何适用习惯法没有涉及，这不能不说是一种遗憾。

2.民间调解（行会组织）

民间调解机制由来已久，我国古代对于以非诉讼的方式解决纠纷探索出了一套行之有效的方法，也积累了丰富的经验。由于民间调解机制在处理当事人之间纠纷的同时还能保证处理过程的简洁、快速，与国家法律诉讼程序的拖沓、烦杂形成鲜明对比，所以它在使用时更加经济实惠，在温州的乡土社会中更显出其重要性。

就温州的民情而言，许多民事争议，如果不甚严重，当事人大多不愿意通过法律诉讼途径解决，甚至很多人会主动请求族长、村委甚至乡政府等相关部门进行调解。除此之外，争议双方也会寻求社会中介组织如行业协会、消协进行调解。正如法国人勒内·达维所说："中国人一般是在不用法的情况下生活的，他们对于法律制定些什么不感兴趣，也不愿站到法官面前去。"①在现实生活中，民间调解往往是温州乡土社会中运用最多的纠纷解决方式。除了事关国家主权与领土完整以及社会普遍公平正义的宪法与强行法调整的事项外，其他的民众日常生活法则，并不是法律法规的明文规定能奏效的。相反，民间调解的作用会更加明显，而且有利于从根本上化解纠纷，维系秩序。

温州在社会制度变迁和整合过程中，各个异质性的社会群体基于共同的爱好或者共同的利益，在其互动过程中，除了借助和依靠各种传统的社会组织以外，还自发形成一些新的社会组织，如行业协会和商会等民间组织、足球协会、文艺团体等以共同爱好结成的非营利性组织，个体劳动者协会、工商联等政府主导型组织，老人协会这类有着浓厚传统文化背景的组织，还有一些是由各社会个体为了某一特殊目的自发成立的社团等。在这种背景下，温州的民间组织获得了空前的发展。到目前为止，温州建立的各类行业协会和商会达三百多家，这些行业协会和商会实行自愿组织、自选领导、自筹经费、自我管理、自我服务，成为联系企业与政府、企业与市场、企业与企业之间的重要桥梁和纽带，其"民间性""自治性"的特色在全国行业协会和商会中独树一帜。温州正是在自由结社

---

①［法］勒内·达维：《当代主要法律体系》，漆竹生译，上海译文出版社1984年版，第487页。

的活动中培养起宽容、合作和团结的精神，形成了自我管理、自我发展的习惯，培养了相应的能力，为温州区域经济社会的崛起奠定了坚实的基础。

任柏强等人著的《移民与区域发展》一书，将具有共同利益和价值取向的人们所组成的，介于国家机关、行政组织与社会集团、社会公众之间的各种社会互益组织称为"第三部门"。主要包括各种志愿社团、行业协会、工会组织、社区组织等，是对应于政府、企业的一种基本的社会组织形式。组织结构以大量的市民自组织形式为基础，个人作为具有公民意识的市民社会的成员，形成广泛的自组织形式，构成大量具体社会功能的直接履行单位。

首先，第三部门（民间组织）是自由人自愿联合起来提供公共产品的一种自治化过程，社会团体的兴起构成了民间自律管理的重要力量。市民社会主体出于维护自身利益的需要，发展了自主自治、自我对话协调的机制，致力于通过和平的、理性的方式解决彼此间的利益冲突，这种理性自律精神使得它本身具有调节矛盾冲突、实现社会稳态化的功能和作用。

其次，随着温州社会的转型，逐渐出现的贫富分化现象已成为社会稳定的隐患。第三部门基于人道主义的原则，可以在政府和市场所不愿或无力涉足的"场域"中，为弱势群体伸张自己的权利，也可以直接提供物质性的帮助。

最后，作为特殊公共领域的第三部门，由于其秉承自治原则，能够使社会成员获得合理角色，提高参与能力，培养秩序和合作精神，完成社会化和再社会化的任务。它不仅能塑造成员适宜的政治价值理念、政治角色及培养成员的操作技能，还可以利用其政治协调活动，增强其成员对公共权力、社会规则的普遍有效的认同。提高成员与社会规范及国家价值目标的整合性，这将有力地促进区域社会的政治民主发展。

实践证明，通过基层组织、政府等主体进行调解解决纠纷，不仅可以维护当事人之间的良好关系，还可以减轻司法机关的压力，节省诉讼资源，这种重视调解的优良传统对于安定社会、维护团结所做出的贡献是其他法律制度所无法比拟的。在法治建设中，我们应保留民间法解决纠纷的自治空间，放弃法院司法一元主义观念，构建民间法调处机构，让民间调解机制这一资源发挥更大的作用。

3. 典权制度

典权，是指一方支付典价，占有他方的不动产而享有的使用、收益的权利。

作为典权标的一般为不动产，实践中常见的是房屋典权。温州发展迅速的典当业与典权关系密切，但两者有本质的区别。2008年在"温州银行信贷业务中，抵押贷款的占比较高，超过60%，而且抵押资源广泛，抵押品范围广，又以房产抵押为主，抵押率较高，这都是符合温州金融资源向民营个私经济倾斜的需要，又适应温州房地产发展状况和房屋私有产权占比高的实际。"[1]这是仅指银行业而言，未包括民间借贷。

温州地区经济发达，中小企业众多，而且房屋私有化程度高，民间资金雄厚，资金拆借率高。但我国现行的金融政策远不能适应温州地区的发展需要，在这方面存在着制度资源的短缺。而典权制度具有独特的融通资金功能，使资金拥有者更愿意选择它。典权制度在中国历史上曾经发挥了巨大作用，通过相关研究表明，典权作为具有中国特色的一种民间自然产生的他物权制度，其所具有的灵活性使其独显理论与实践优势。不但典权在某些方面远胜于西方的不动产质权，典权系以移转占有为要件，与抵押权有所不同。而且，相对于买卖的烦琐手续，典权人可多年占有典物，只要予以找贴，即取得所有权，其运行便捷。

当我们谈到典权时，往往视其为封建社会的糟粕，其实不然。典权制度的功能正是为在新形势下是否应当保留典制提供扎实的理论基础，典有独特的融通资金功能。对典权人而言，它的安全性更高，虽然典制较一般担保融得的资金要少。在我国法律体系尚不键全、诚信机制建设仍处于萌芽阶段的前提下，资金拥有者可能更愿意选择典制。中国台湾学者王泽鉴先生在论及抵押权与典权时，将其区分得很清楚，"用益物权之目的，在乎取得物之使用收益价值；担保物权之目的，在乎取得物之交换价值。内容各有不同，应可并存无妨。在同一不动产上，权利重叠，正所以发挥其功能。"[2]出典人于典物价格低减时，尚可放弃其回赎权，于典物价格高涨时，可主张找贴之权利，有自由伸缩之余地，实足以保护经济上之弱者，这揭示了典权存在的合理性。认真考察典权制度在中国存在如此之久的深层原因，对典权制度的现实价值进行分析，对现代社会财产流通制度具有进步意义。

---

[1]金浩、王春光主编：《2008年温州经济社会形势分析与预测》，社会科学文献出版社2008年版，第58页。

[2]王泽鉴：《民法学说与判例研究》第1册，中国政法大学出版社1998年版，第476页。

正如前面所言，制度本身是一种重要的资源，因而制度资源在满足人们的需要时，由于制度供给的原因，就可能出现制度资源的短缺，温州的法治资源也是如此。换言之，国家的法律制度短缺指制度方面的社会实际供给不足或不完善的现象。按照以上的逻辑，在整个人类历史长河中，每一个社会的权力中心提供的制度安排的数量和质量都可能出现不足的现象。概而言之，无论是社会形态的转型，还是一个社会内部制度的变革，无论是一个社会内部整体结构的转变，还是当今中国由传统计划经济向社会主义市场经济过渡，制度的实际供给不足问题都是一个非常现实的问题。从历史上看，由于社会生产力的发展，社会经济潜力的挖掘，原有的制度系统越来越缺乏活力、越来越僵化，从而导致社会转型时期制度有效供给不足的问题。

二、非正式规则（信仰资源）

无论是在现在还是在历史上，温州民间信仰风气兴盛，宗教的传播也源远流长。寻求区域法治资源、注重本区域的法律文化传统，往往容易被理解为从历史中去寻找。这种资源固然是重要的，但更重要的是要从社会生活中各种非正式的法律制度中去寻找。"法律发展的更新自古以来都不是依赖于国家的行为，而是在于社会本身，法也必须从当下的社会生活中去寻找。"①温州的民间习惯以及历史上的民间信仰丰富多彩，而佛教、基督教等外来宗教的进入和传播，也都为温州地区的法制文化增加了新的内容。

温州地区民间信仰的盛行与其外来移民和历史文化传统有很大关系，移民与历史人文环境是温州经济发展以及民间信仰盛行的重要原因。历史上温州一带几乎没有土著居民，相当一部分是康乾时期从福建、江西迁移而来的。邻近省份迁入人口最多的当属福建。而闽南人祭祀鬼神，图腾之风盛行。另外，我国处在从传统社会向现代化社会快速转型的时期，这一社会现实也是传统民间信仰在现代化进程中复苏、盛行的一个极为重要的原因。同时民间信仰又反过来促进经济的发展，成为社会行为主体从事经济社会活动的内在动源，为他们提供克服困难、

---

① 谢晖、陈金钊：《民间法》第5卷，山东人民出版社2006年版，第136页。

解决疑难、忍受劳苦的心理暗示与信念支撑。

1. 民间传统风俗习惯、道德、禁忌约束力

法律是社会的产物，是社会制度、社会规范之一，与风俗习惯有密切的关系。它维护现存的制度和道德、伦理等价值观念，反映某一时期、某一社会的社会结构。因此，法律与社会的关系极为密切，我们不能将法律看成一种孤立的存在，而忽略其与社会的关系。任何社会的法律都是为了维护并巩固其社会制度和社会秩序而制定的，只有充分了解产生某一种法律的社会背景，才能了解这些法律的意义和作用，以及其与风俗习惯的关系。

风俗习惯是一切制定法之外的最重要的法律，卢梭认为："它形成了国家的真正宪法；它每天都在获得新的力量；当其他的法律衰老或消亡的时候，它可以复活那些法律或代替那些法律，它可以保持一个民族的创制精神，却可以不知不觉地以习惯的力量代替权威的力量。"[1]恩格斯认为："在社会发展的某个很早的阶段，产生了这样的一种需要：把每天重复着的生产、分配和交换产品的行为用一个共通规则概括起来，设法使个人服从生产和交换的一般条件。这个规则首先表现为习惯，后来便成了法律。"[2]梅因认为："罗马法典只是把罗马人的现存习惯表述于文字中。"[3]博登海默说："习惯乃是为不同阶级或各种群体所普遍遵守的行动习惯或行为模式。"[4]韦伯认为："习惯是在社会活动中有规律地出现的实践规则。"[5]这些定义虽不完善，但是却指出了习惯的实践性格。在权威支持的前提下，风俗习惯如同惯例那样明显和有力。在地方差异严重且相互隔绝、交通不便、闭塞，人们之间的交往稀少以及没有一个统一的、强有力的中央集权存在的情况下，地方风俗习惯就蓬蓬勃勃地生长起来。地方差异越大，中央集权越薄弱；文化越分散，各地的习惯也就越有个性，有时甚至是"一个地方的习惯可能在实质上不同于五十里外的另一个地方的习惯"[6]。温州就属于这种同其他地方差异相当大的地区。

---

①[法]卢梭：《社会契约论》，李平沤译，商务印书馆1980年版，第73页。

②《马克思恩格斯选集》第2卷，人民出版社1972年版，第538页。

③[英]梅因：《古代法》，沈景一译，商务印书馆1959年版，第11页。

④[美]博登海默：《法理学法律哲学与法律方法》，邓正来译，中国政法大学出版社2004年版，第339页。

⑤[德]马克斯·韦伯：《社会科学方法论》，杨富斌译，华夏出版社1999年版，第65页。

⑥[美]哈罗德·J.伯尔曼：《法律与革命——西方法律传统的形成》，贺卫方等译，中国大百科全书出版社1993年版，第363页。

　　"习惯"与前面所说的"习惯法"并非同一个概念，从习惯法的概念中可以看出，习惯法的权威性、规范性和强制性是有别于习惯的。习惯相对于习惯法来说更零散、更片面，不遵守习惯的结果更多的是道德的谴责而不是规范的惩罚。但习惯和习惯法的共性都是其广泛性和传承性，都是经过长期积淀形成的，在某一区域的人群中被广泛遵循的。习惯和习惯法紧密联系，不可分割。习惯是习惯法的来源，也是习惯法权威性得以树立的思想基础，人们只有在将习惯根植于头脑中时，才能自觉遵守习惯法。而习惯法作为从习惯中精练出来的规则，更确保了一些关乎人们生产生活中最为重要的习惯的延续、遵守。但"法律与习惯在早期社会是毫无分别的，而且社会习惯与习惯法之间所划定的界限本身也只是长期渐进的法律进化的产物"①。所谓"法确立了最基本的道德底线"，就是这个道理。

　　温州实际上是一个乡土社会、熟人社会或市民社会。在熟人社会中，每个人都处于与自己熟悉的人所形成的网络中心，所有活动几乎都在这个网络中展开和进行。在这样的场域中，传统道德、禁忌、习惯是人们必须遵守的游戏规则，对人们的行为具有约束力，而在法律上是不活跃的。彼此间越是熟悉，越是恪守信诺，专诚如一。因此，"重然诺，轻生死""约誓遇事帮助"等执着于"信"的观念，对于传统社会有着强烈的道德魅力。因为在这些传统道德、禁忌、习惯的背后，潜藏着社会舆论的强大压力。社会舆论是社会中普遍存在的心理及社会现象，它对于个人的言行会产生很大的影响。当舆论成为人心所向时，也就成了人们行动的标准。从这一意义上说，其效力并不亚于西方社会所依赖的外在制度的正式的、外在惩罚的效力。因此，传统道德、禁忌、习惯也就成为自我约束和履行职责的基础。

　　费孝通先生在《乡土中国》一书中，将以"乡土社会"为特色的中国社会秩序称为"礼治秩序"，以便与现代社会的"法治秩序"相区别。他对"人治"和"法治"这两个概念展开分析，认为所谓人治和法治之别，不在于人和法这两个字上，而是在维持秩序时所用的力量和所根据的规范的性质。他指出乡土社会秩序的维持，在很多方面和现代社会秩序的维持是不相同的。不同并不是乡土社会

①[美]哈罗德·J.伯尔曼：《法律与革命——西方法律传统的形成》，贺卫方等译，中国大百科全书出版社1993年版，第400页。

"无法无天"或者说"无需法律"，乡土社会不是这种社会。只是维护乡土社会秩序的不是由国家强制力保证实施的制定法，而是"礼治"的社会。"礼是社会公认合适的行为规范，礼和法不相同的地方是维持规范的力量。法律是靠国家权力来维持的，而礼却不需要这种有形的权力机构来维持。维持礼这种规范是传统。"①而迄今为止所有的人类社会都发现了的解决方法是：使用一套明示或默示的法律规则。也就是说，当各方愿望发生冲突时，采用合理、和平的方式来决定各方必须做什么以及如果他拒绝这样做应承担什么样的后果。一般来说，我们所熟悉的法律规则是由立法机关产生的。但在我们的现实社会，许多规则（民间法）并不是立法机关的产物，而是由自然、传统、习惯产生的，其执行不是通过法院，而是由当事人各方来解决的。还有大量的法律规则不是以法律而是以私人规范的形式存在着。

民间传统习惯具有以下基本特征：

（1）民间习惯是一种社会规范。在中国社会，许多带着传统法律文化色彩的民间规范正组织着社会生活，调整着各种矛盾和冲突。民间习惯就是其中比较重要的一种社会规范。由于习惯的产生具有普遍的民意基础，因此，它的使用范围具有广泛性，并且能为人们反复适用。由于它是在人们共同的生活实践中产生的，所以人们也乐意接受并认同这种制约和约束。

（2）民间习惯具有较强的地域色彩。民间习惯源于生活实践，而由于人们的生活受地理环境、气候变化、人口数量、历史条件等影响，人们的习惯也表现出很大的差异性，民间习惯往往只能满足特定地域和社会生活的调整需要，民间习惯的差异性并不能否认习惯的规范作用，而只是表明特定地域具有特定的需要，进而需要有针对性的规则。

民间习惯作为乡土规则中的一种，能够长久地制约、规范和引导着温州人的行为，不仅仅是出自行为惯性，更为重要的是，这些习惯本身具有的使用价值使它们经久不衰。主要包含以下几方面因素：

（1）自发性因素。从形成上来看，国家法由国家立法机关自上而下制定实施，而民间习惯则是在人们的共同生活中，经过长期的耳濡目染、言传身教确立

①费孝通：《乡土中国》，北京大学出版社1998年版，第59页。

起来的。其产生过程带有明显的自发性。

（2）经验性因素。实践是检验真理的唯一标准，人们在实践生活中积累了大量的丰富经验，这些都是最直接、最具体的，人们能够直观地感知并自觉遵守。

（3）自觉性因素。民间习惯、民间风俗往往都深深扎根于乡民的心灵深处，其最大的优点就在于主体对这些习惯和风俗产生了极其强烈的信赖和信任，并能够尊重且积极使用它们。而这种自觉的、积极的心理又是社会秩序得以形成的最坚固的支柱系统。

（4）信仰性因素。人们在遵守、信任、尊重这些民间习惯的基础上产生了对它们的信仰，不但会内在地形成一种良好的遵守它们的习惯，而且能够积极宣传，用一种比较容易理解的方式来传播它们。

从某种意义上讲，客观的行为模式是社会先定给个体的，习惯便是这些先定的行为模式。社会借助教化手段，将这些行为模式灌输到个体身上，形成个体化的行为模式和相应的价值观念和文化心理。但是，个体并不总是被动地接受先在的社会行为模式，他也会对社会行为模式进行选择、内化和改造，进而形成个体化的行为模式和习惯心理。因此，美国历史法学派代表人物卡特就认为："法律的发展主要是社会习惯的演进，习惯和惯例提供了调整人们行为的规则，所有的法律都是习惯。"[1]这也是恩格斯在讲到法律的起源时，认为"在社会发展的某个很早的阶段，产生了这样的一种需要：把每天重复着的生产、分配和交换产品的行为用一个共通规则概括起来，设法使个人服从生产和交换的一般条件。这个规则首先表现为习惯，后来便成了法律"[2]。温州人凭自己的意思自治理念，从民间习惯到法律（政府的规范性文件）的过程充分地体现了自然法的精神。梅因也认为："罗马法典只是把罗马人的现存习惯表述于文字中。"[3]

可见，在一个结构封闭的社会中，共同的道德观念是形成非议的土壤。由于道德标准的高度一致，所有成员都是同一规范的受益者，有着共同的利益。诚如R.赛

---

① 刘德全：《西方法律思想史》，中国政法大学出版社1996年版，第113页。

②《马克思恩格斯选集》第2卷，人民出版社1972年版，第538页。

③[英]梅因：《古代法》，沈景一译，商务印书馆1959年版，第11页。

登所说："这些规则尽管从来没有被设计过，但保留它对每个人都有利。"①费孝通先生曾说过："乡村社会中，规矩不是法律，规矩是'习'出来的礼俗。"②梁漱溟先生也认为："中国社会如吾人所见，却是以道德代宗教，以礼俗代法律。这既是说：在文化的比较上，西洋走宗教法律之路，中国走道德礼俗之路。……礼俗之异乎法律者，亦在其慢慢由社会自然演成，而非强加制定于国家。"③礼是我国独有的一种行为规范，不仅起源早，而且贯穿于整个中国社会。它渗透到社会生活的各个领域，调整着天、人、家、国的关系。我们不能不承认，礼（特别是礼俗）是我国民间习惯法的重要渊源，是主要的社会调控手段。

亚当·斯密在其著作《道德情操论》中，把经济动机归结为复杂的心理，而且认为经济活动根植于更加广泛的社会习惯和文化道德之中。在温州，我们可以从传统的乡规民约、家族法和禁忌中看到大量的相当于今天民事性质的规则。土地、房屋及一切物品的租赁、典当、买卖等规定是中国传统法不可或缺的部分。而租赁、典当、买卖契约的签订除交易者双方外，还必须有"保人"的画押、签字。以双方自愿、平等为原则产生的契约具有法律的约束力，一旦双方产生纠纷，契约就是判断是非曲直的法律依据。因此，风俗习惯是温州地区重要的法治资源。因为，"法律与习惯在早期社会是毫无分别的，这两种社会控制力量间的分界线也是不易确定的，那种在历史某一时期并未被认为具有法律性质的惯例，可能会在以后被提升到法律规则的地位。"④我们可以说，法律在一个社会中得以产生，乃是经由不断演化的过程而不是根据政府命令。如果我们承认这一点，那么，我们就有充分的理由赋予习惯以法律性质，只要这种习惯的实践是以创设明确的、有限制的，而且重要到足以产生强制性权利与义务的关系为目的的。

2. 宗教与信仰

所谓"宗教"，是指一种社会意识形态，是现实世界在人们头脑中的一种虚幻的反映。在一般人的心目中，宗教往往同"迷信"或"毒品"（鸦片）连接在

---

①转引自田成有：《乡土社会中的国家法与民间法》，《开放时代》2001年第9期。
②费孝通：《乡土中国生育制度》，北京大学出版社1998年版，第10页。
③梁漱溟：《中国文化要义》，上海学林出版社1987年版，第305页。
④[美]E.博登海默：《法理学：法律哲学与法律方法》，邓正来译，中国政法大学出版社2004年版，第493页。

一起，往往被视为异端，多年来不被提倡。但宗教这一社会现象是人类社会历史中的必然产物，它也为适应人类社会的需要而产生并源远流长。如恩格斯所指出的："一切宗教都不过是支配人的日常生活的外部力量在人的头脑中的幻想的反映，在这种反映中，人间的力量采取了超人间的力量的形式。"①而法作为调整人们生活的行为规范，与宗教有着密切的关系。宗教与法律是调整社会关系的两种不同手段，但它们所追求的理念与价值以及表现形式上，也有某些共同要素并存在渊源相依的关系。一些西方学者对这一问题的研究比较重视，如霍贝尔、马克斯·韦伯、伯尔曼等西方著名学者均认为，在探讨法律的渊源或资源时，不能忽视宗教对法律的影响。

英国著名的法律史学家H.梅因，在谈到法与宗教的关系时曾说过："没有文字记载的法律，从中国到秘鲁，在它刚刚制定出来的时候，都涉及宗教仪式和习惯。"又说："从大量法规汇编的遗物中可以看出，无论是在西方还是在东方，无论它们在本质上的区别如何大，都表现出它们与宗教、道德的结合。"②宗教组织建立起与教义相适应的各种戒律规范和教会生活制度，这些共同的礼仪行为、共同的教义信条、共同的教会生活制度、共同的戒律规范，强化了宗教的社会性，把广大信仰者纳入共同的组织和体制，规范了他们的信仰和行为，影响以致决定了他们的整个社会生活。这就使宗教在现实生活中成为一种重要的社会力量。由于宗教的教义、信条、行为规范、礼仪规定等常通过文化、艺术、哲学、道德的形式表现出来，不仅规范信仰者的信念和灵魂，更规范他们的价值观。所以，宗教也是一种社会文化体系。因此，宗教实质上就是一种类似于国家法的社会法——社会团体的自律自治的法。

美国当代法学家哈罗德·J.伯尔曼在《法律与宗教》一书中指出："任何社会，即便是最文明的社会，也有对超验价值的信仰，也有信奉终极目的和关于神圣事物的共同观念；同样，即便是在最原始的社会，也会有社会秩序的组织与程序，有分配权利义务的既定方式和关于正义的共同观念。社会生活的这两方面处于对立之中：宗教之预言的和神秘的一面与法律之组织的合理的一面正相矛盾。

---

① 《马克思恩格斯选集》第3卷，人民出版社1972年版，第354页。
② [英]梅因：《古代法》，沈景一译，商务印书馆1959年版，第118页。

但它们又相互依存，互为条件。任何一种法律制度都与宗教共享某种要素——仪式、传统、权威和普遍性。人们的法律情感赖此得以培养和外化，否则，法律将退化为僵死的教条。同样，任何一种宗教内部也都具有法律的要素，没有这些，它就会退化为私人的狂信。"[1]这段话，较好地说明了宗教与法律的相互关系。

法律的许多精神、原则是由宗教孕育和引发而来的。马林诺夫斯基说过："宗教神话是早期西方社会最重要的社会力量，它为法律制度与人类价值观提供了不容置疑的根据。"[2]法律最初的绝大多数禁条几乎都反映了宗教伦理方面的禁忌，最初的执法活动几乎全都被祭司垄断，而法律的观念则纯粹是一种宗教意识形态。

从宗教与法律的关系可得知，宗教信仰应是法律的重要资源之一。而温州人的宗教信仰大多是扩散式的信仰，综合包含了祖先、神、灵以及佛、道、基督教的成分在内，在不同生活中表现出来。所以，我们对此很难用具体信仰何种宗教来分类。如自古以来，温州民间信仰异常繁盛，笃信某种超然的神秘力量。根据明人姜准所著的《岐海琐谈》记载："陆务观《野庙记》云：瓯越间好事鬼，山椒水滨多淫祠。其庙貌有雄而毅，黝而硕者，则曰将军。有温而厚，晰而少者，则曰某郎。有媪而尊严者，则曰姥。有容而艳者，则曰姑。其居处，则敞之以庭堂，峻之以升级。上有老木攒植森拱，萝葛翳其上，鸱枭室其间，车马徒隶，丛杂怪状。农作之氓怖之。大者椎牛，次者击豕，小不下犬，虽鱼菽之荐，牲酒之奠，缺于家可也，缺于神不可也。一朝懈怠，祸亦随之，鳌孺畜牧栗栗然。疾病死丧，氓不曰适丁其时邪，而自惑其生悉归之于神。虽然，若以古言之则戾，以今言之，则庶乎神之不足过也。"可见，对温州"车马徒隶""农作之氓"影响最大的是遍布"山椒水滨"的鬼神。

宋元明时期，风水在温州民间十分流行，并深植于历代温州人的生活之中。不论是人们的鬼神信仰或是风水观念的信仰，实际上都是对某种超然的神秘力量的笃信，这种笃信产生的混合力量，是使温州历经各代直至今日仍然笃信神秘力量的主要原因。而外来宗教在温州也是历史悠久，信徒众多，在这方面的影响远比其他地区要深厚得多。温州不仅存在着本土原创性宗教（包括民间信仰），自

---

① [美]哈罗德·J.伯尔曼：《法律与宗教》，梁治平译，三联书店1991年版，第65页。
② 舒扬：《法律与信仰机制——西方法文化的一种考察》，《法律科学》1997年第5期。

汉唐以后对外来宗教也无不包容接纳，以致种类繁多，流派纷呈，成为温州民间文化的有机组成部分。

特别是在十一届三中全会召开后，无论在经济发达、交通便利的温州近郊农村还是闭塞落后的山区，都可以看到动辄花费几十万甚至上百万元建起的富丽堂皇的教堂和寺庙。这对于信仰者来说，已不仅是主观上的东西，而是已客观化或社会化的现实。

这就是开放改革以来温州社会中出现的"旧事物"引人注目的回潮。家族组织的复苏，宗教仪式的再现，使我们注意到民间非正式制度的复兴，注意到当代温州社会正式制度与非正式制度并存的局面。信奉宗教也不只是个人行为，而且是一种对生命的终极意义的集体信仰，是社会共同体对集体的一种共同精神约束，对维系社会道德秩序有巨大的作用。它同道德与法律并行，具有某些共同性要素、资源与价值。在西方，宗教与法律更有密不可分的渊源关系。因此，那些来源于温州社会传统文化的道德约束和潜规则往往超越了社会的法律准则，以一种内在文化的合理性、一种信仰行为代替制定法，指导和约束人们行为，比如诚信、道义等。这就很容易形成一种其他地区所不具有的、独特的社会自然规则规范。

温州主要有四种宗教：佛教、道教、基督教和天主教。很多温州人的宗教都是扩散式的信仰，综合包含了祖先、神、灵以及佛、道、西方宗教的成分在内，在不同生活中表现出来，所以，很难用具体信仰何种教来分类。温州市民族宗教事务局曾把温州的宗教情况概括为历史悠久，基础深厚，教徒众多，情况复杂。

民间宗教信仰对市场经济具有一定的规范作用。法律中的正义、公正理念也有超乎一切的神圣性，而且法律必须被信仰，否则它将形同虚设。基督教中因亚当夏娃而仍有"原罪"一说，这种说法一方面可以当作神话传说去看，另一方面也可以通过神话解读其原有的含义。其实原罪的神话只是要表达古代西方人关于"人的本质不能完美"的理念，也就是说人是有缺陷的。正是由于这一与生俱来的缺陷的特性，西方人相信人的存在是必须受到约束规范的，这也就是《圣经》中"十诫"的由来。不但人生活在社会中需要法律、契约、合同等规范，国家与国家之间也需要条约来维持合理的关系，这就是西方人至今仍然十分重视法律与契约的基本原因所在。不但要制定法律，而且要尊重法律，遵守法律。温州信教人数众多，不可能不受这方面的影响。另外，温州人做生意前许愿，生意成功后是一定要还愿的。还愿实质上是一种对神灵的诚信，这种人与神的诚信投射到生意场上，也就与人与人之间的诚信发生某种联系。许愿对于神灵的信仰者来说，是一种积极的心理暗示，它能给人以信心，激发人的潜能。成功者不断地许愿和还愿，形成了一种良性循环。因此，温州人的法律价值观体现于"诚信重于法律"（国家制定法）。

宗教信仰在温州的社会制度变迁中发挥了相当大的作用。在西方宗教改革中形成的新教伦理，对于资本主义沿着一条理性的轨道发展曾起到至关重要的作用。不但在资本主义发展的初期起过作用，现在仍然在起作用。根据如今欧洲的金融危机，我们可将欧盟分成两种国家：一种是陷入财政危机的国家，另一种是维持财政健全的国家。如换成从历史传统的角度来看，欧盟国家又可分成两种：天主教国家和基督新教国家。将这两种角度放在一起比对，就会发现凡财政困难的国家，如希腊、意大利、西班牙等都是天主教国家；相对财政收支纪律较好的国家，如德国、荷兰等，则都是新教国家。这种比对并非巧合，也不是偶然。因为新教改革就是针对天主教只讲究仪式，鼓吹教徒服从教会而展开的。新教主张靠自己的真实、深刻信仰来获得上帝的认同。因而在新教的传统中，格外强调发自内心的纪律，内在的信仰比外在的限制规范重要得多。韦伯就在其书中写道："在一项世俗的职业中要殚精竭虑，持之不懈，有条不紊地劳动，这样一种宗教观念作为禁欲主义的最高手段，同时也作为重生与真诚信念的最可靠、最显著的证明，对于我们在此业已称为资本主义精神的那种生活态度的扩张中肯定发挥过巨大无比的杠杆作用。"[1]韦伯的观点是有依据的，不仅在西方，在东方，温州经济上的成功也说明了这一点。因为民间宗教思想在温州法律制度形成的过程中，不产生任何影响是不可想象的。历史事实也能够表明，宗教思想对古代法律制度的形成不仅有影响，而且还存在着非常密切的关系。而对于当前具有"东方耶路撒冷"之称的温州地区来说，民间宗教规范无疑是温州区域法治的制度资源之一。

马克思说："人们自己创造自己的历史，但是他们并不是随心所欲地创造，并不是在他们自己选定的条件下创造，而是在直接碰到的、既定的、从过去继承

---

[1] [德]马克斯·韦伯：《新教伦理与资本主义精神》，阎克文译，华夏出版社2007年版，第162页。

下来的条件下创造。"①我们认为，温州区域经济的发展，同温州区域传统法律思想和民间法治资源有着紧密联系。受这一影响，造就了温州本土区域特有的法律文化。这种法律文化不仅影响着温州人的行为，而且还直接或间接地影响政府的行为。如早在20世纪80年代初，**温州政府面对市场经济发育和发展的"无为而治"行为，既包含了对政府职能和市场经济规律关系的科学把握，其实也包含了一种前瞻性的勇于担责、鼓励基层创新、发展区域经济的"有为担当"。因此也可以说是基于对"有为"和"无为"的关系的科学把握**——固然温州经济的发展有着自身的动力和内因，但政府的"无为"为其提供了宽松的外部环境，让温州人的意思自治观念尽可能地发挥出来；而所谓"无为而治"，从法治上来理解，就是政府不过多地介入市场领域，充分尊重市场的主体。

我们知道，究其实质而言，社会主义市场经济就是法治经济，政府在适当时期、适当情况下的"无为而治"，促进了温州市场经济的快速发展，逐步创造了举世瞩目的温州模式。按照著名哲学家黑格尔所谓的"凡合乎理性的东西都是现实的，凡现实的东西都是合乎理性的"论断，温州模式的形成必然存在合理的因素，这个合理的因素，即本章所论述的温州区域法治资源在其中占很大成分。因此，可以说温州区域丰富多样的法治资源，在温州经济和社会的发展中发挥了重要作用，是一笔不可多得的资源性财富。

---

① 《马克思恩格斯选集》第1卷，人民出版社1972年版，第603页。

第五章
经济发展中的温州区域法治文明

辩证唯物主义认为，经济基础决定上层建筑，上层建筑反作用于经济基础。温州模式下的经济发展和法治文明正是这一关系的生动体现。温州模式是在温州快速的工业化和城市化进程中经济区域化发展现象的高度概括。在温州模式形成的过程中，工业化和城市化加剧社会变更，催生温州区域法治文明。而温州区域法治文明的发展，又推动了温州经济社会区域化的发展，形塑出别具一格的温州发展模式。

第一节 工业化和城市化进程催生温州区域法治文明

改革开放以来，温州经济奇迹的产生和发展，无不例外地表现为一个工业化和城市化的进程。工业化和城市化的快速发展，打破了原有的生活秩序，迅速将人们由身份社会推向契约社会，法治文明呼之欲出并逐渐发展为一种主流文明形态。S.库兹涅茨指出，现代经济增长意义上的经济发展将引起社会经济结构的巨大变化，这种变化主要表现在两个重要方面：一是"产品的来源和资源的去处从农业生产活动转向非农业生产活动，即工业化的过程"；二是"城市和乡村之间的人口分布发生变化，即城市化的过程"。[①]从社会学的角度来看，工业化的过程和城市化的过程都是一种去人格化的过程，与这一个过程相适应，社会秩序由对内在规范的强调转向对外在规范的依赖，社会道德由对实质正义的追求向对形式正义的注重转变。一言以蔽之，即在国家和社会生活中，由人治向法治转变。

[①]西蒙·库兹涅茨：《现代经济增长》，戴睿、易诚译，北京经济学院出版社1998年版，第1页。

一、工业化和城市化及其内涵

"工业化(Industrialization)"一词大约产生于20世纪20年代。虽然"工业化"已是一个被普遍接受的词汇，但对它的理解仍然不尽一致。[①]工业化的基本观点是，工业化是一个长期的、经济结构的变化过程。在这个过程中，工业部门持续扩张，特别是制造业增长迅速，导致农业部门净产值和劳动力比重持续下降，而工业部门尤其是制造业部门比重持续上升，服务业部门的比重大体上保持不变，结果，工业部门在国民经济中渐占优势。在这种情况下，一个国家经济就实现了工业化。从形式上看，工业化是一个长期动态的经济结构转变过程。随着经济的发展，三次产业发展的规模一般经历四个阶段，由"一、二、三"过渡到"二、一、三"或者"二、三、一"，最后达到"三、二、一"阶段。如果农业部门产值和劳动力比重下降很快，工业部门比重上升很快，就说工业化进程很快；如果农业部门比重很小，工业部门比重较大，就说工业化程度很高；如果工业部门和服务业比重都很大（两者产值或劳动力相加占90%以上），就说已进入了发达经济。工业化水平是判断一个国家或区域经济发展所处阶段的重要依据，可以通过工业化的测定指标进行衡量。[②]

[①]《新帕尔格雷夫经济学辞典》指出，"工业化是一种过程"，其基本特征是："首先，一般来说，国民收入(或地区收入)中制造业活动和第二产业所占比例提高了，或许因经济周期造成的中断除外。其次，在制造业和第二产业就业的劳动人口的比例一般也有增加的趋势。在这两种比率增加的同时，除了暂时的中断以外，整个人口的人均收入也增加了。"简言之，工业化是指工业在国民收入和劳动人口中的份额连续上升的过程。《政治经济学辞典》中则表述为："使大工业在国民经济中取得优势地位的发展过程。"德国经济史学家鲁道夫·吕贝尔特在其《工业化史》中指出："只是在机器时代破晓以后，随着纺织的机械化，随着蒸汽机作为一项新的能源，随着从单件生产过渡到系列生产，过渡到大规模生产，人类才开始了巨大的变化，我们称为工业化的种种变化。"

[②]代表性的测定标准有：（1）霍夫曼工业化四阶段的经验学说中提出的霍夫曼比例，即消费资料工业和资本资料工业的比值，把工业过程分成四个阶段：第一阶段比例在4～6之间；第二阶段在1.5～3.5间；第三阶段在0.5～1.5间；第四阶段，比例在1以下。比例越低，工业结构乃至整个产业结构越高度化。（2）钱纳里标准工业化结构转换模型以基准人均国民收入水平为标志，把不发达经济到成熟经济的工业经济整个变化过程分为六个经济增长时期，第二、三、四、五时期属于工业化阶段，制造业占GDP的份额为19%～36%，劳动力转移主要发生在农业和服务业之间，其余两个时期为初级产品生产阶段和发达经济阶段。（3）库兹涅茨工业化五阶段说，根据人均国内生产总值的基准点的价值份额，考察了总产值结构变动和劳动力分布结构的变动，揭示了产业结构变动的总方向，即劳动力资料和产值贡献具有向第三产业转移的趋势。（4）罗斯托把经济增长分成为经济起飞创造前提的阶段、起飞阶段、向成熟推进阶段、高额群众消费阶段、追求生活质量阶段。其中，起飞阶段、向成熟推进阶段和高额消费阶段属于工业化过程的前期、中期和后期。

城市化是指随着科技革命、生产力的变革、工业化的发展出现，由政府或（和）市场导向的城市和区域向更高层次发展，各种生产要素组合成的生产函数向更高层次变革、向现代化社会迈进的过程。它的内涵包括：（1）从人口流动和结构看，表现为人口从乡村流向城市，非农人口占总人口的比重上升。（2）从资源配置看，是资源要素向优势空间聚集的时空配置及结构调整和转化的过程。（3）从城市本身看，表现为城市数量增加、规模扩大、建设质量提高、城市空间结构和形态结构不断变化。（4）从城乡及城市与整个区域的关系看，表现为城市体系形成和完善、城乡差别缩小、城乡关系的协调、非农业经济活动聚集和转化为城市的经济要素、城市文明向周边推进和普及以及城乡一体化和共同进步。（5）从经济内涵和产业结构来看，是生产方式改变、劳动生产率提高、经济总量扩大、第二三产业的比重增加，农业经营方式向外向型、商品化、现代化转变。（6）从社会结构的角度看，是乡村社会与城市社会相磨合、社会进步、社会制度变迁、观念形态变革、乡村生活方式和居住方式转变和生活质量提高。（7）生态系统不断完善和高级化、人类对环境与资源的压力不断减少、生态福利不断提高。

总之，"城市化"研究是多学科性的，城市化过程具有复杂性，但城市化的历史表明：人口地域结构和产业结构的变动是城市化水平的最为重要的指标之一。

工业化与城市化紧密相关。刘易斯的二元经济论，钱纳里结构变革论，托达罗人口流动模型，巴顿的聚集经济理论以及规模收益递增、结构调整与资源再配置、需求规律和贸易条件理论、外部经济效益、大市场的吸引力等对工业化与城市化的关系进行了广泛而深入的阐述。对于二者基本关系的描述大致有三种主流观点：第一种认为工业化是因，城市化是果，二者的联系是集聚经济。第二种认为工业化过程也就是城市化过程，而城市化过程又推动了工业化过程，两者互为因果关系。第三种认为二者的变动关系在工业化的不同阶段存在着较大差别，不同收入水平、不同类型国家表现特点不同。总体来讲两者的关系是，随着工业化进程的加快，城市数量的日益增多，城市人口占总人口的比重越来越大，工业化发展导致的非农业就业比重越来越大，工业化进程逐步诱导城市化进程并促进了城市化的发展。另一方面，城市化发展到一定程度也会促进工业化的发展。人均收入增长使城市居民需求趋向多样化，工业结构的内部调整无法适应需求的扩大，消费、就业、资本及服务创造的需求就开始拉动第三产业发展，城市就业人口持续增加、城市规模逐步扩大，为工业发展提供良好的外部环境，城市化开始加速并吸引工业企业进一步向城市集中，聚集经济得到进一步发展，城市化由工业化驱动后又借助需求拉动促进工业化的发展。因此，城市化与工业化是紧密关联的。工业化有力地促进了初始城市化进程，城市化的发展反过来给经济增长注入强大的动力，工业化和城市化之间形成一种螺旋式上升互相促进的机制。

二、温州工业化和城市化的进程

受历史、地理、政治等客观条件制约，温州特色的工业化和城市化发展路径，主要是以家庭作坊、个体联营为发端的工业化和以小城镇崛起为基础的城市化。作为经济发展典型的温州模式下的温州，其发展基础薄弱，并非像"苏南模式"和"珠江模式"下的长三角和珠三角那样得天独厚。"七山二水一分田"是对温州自然条件的真实写照，人均耕地少，全市人均耕地原来不到半亩；可利用的自然资源少，除了矾矿外，没有更多的可开发的自然资源；交通条件差，当时没有机场，没有火车，仅有一条通往上海的水路和路况很差的104国道。对于温州来说，20世纪五六十年代是对台前线，七十年代是建设短线，自中华人民共和国成立到1981年的三十多年里，国家对温州投入只有6.5亿元。因此，在温州模式起步伊始，温州是一个典型的以小农经济为主导、工业化和城市化尚待萌芽的自然经济社会。

温州工业化的发展起源于家庭作坊。改革开放之初，以家庭作坊、个体联营为主要内容的生产体制对市场诱发下国民长期积蓄的强大需求的满足，是温州特色工业化发展之路的发端。这种以家庭及其联营为基础的工业生产机制的特点就是将社会分工细化到极限，落实到最广大的人群，使每个人的分工都是最简单的，并且将生产融入日常生活之中。[①]这种生产机制在当时所产生的供给能力是

---

①正如《博里村的温州经济学》（蒋恒熠，《中国计算机用户》2007年第8期）所描述的：（博里村）没有传统意义上的车间，也没有传统意义上的管理体系，但每天小村子可以完成3000件以上衣服的加工任务，几乎村里所有的家庭妇女都在创造价值，促进本地就业人口参与产业分工，甚至还包括外来民工的家属。她们在租来居住的房子里，和当地人一样工作。据了解，村里有很多个由四五个家庭妇女组织的加工小组，小组间可以互相帮忙完成工作任务，互相学习工艺。她们每天工作时间很自由，可以在早餐后聚在一起边说话边工作，中午可以正常做家务，晚上可以一边看电视一边做事情，一边工作一边带小孩。每天工作时间可以是两小时，也可以是十二小时。

极其强大的，它几乎毫无限制地提供着鞋子、发卡、服装、纽扣等各种日常用品，并通过号称"十万农民购销大军"销往全国，获得了第一桶金，为后续产业升级、品牌崛起打下了坚实的基础。经过二十多年的发展，温州的工业化得到了很大的发展，工业化程度空前提高。当年的家庭工厂许多已经成长为现代企业集团，不少企业的营业额达到了上千万元乃至数亿元。

至2017年年末，温州市已拥有69个由国家工商总局认定的中国驰名商标，获得46个国家级生产基地称号，拥有24个省级专业商标品牌基地。从工业的结构和指标看，全年实现地区生产总值5453.2亿元，财政总收入778.3亿元。城乡居民人均可支配收入分别为51866元和25154元，分别增长8.5%和9.4%，城乡居民收入比进一步缩小。[1]初步核算，2017全市生产总值（GDP）比上年增长8.4%。其中，第一产业增加值144.1亿元，增长3.5%；第二产业增加值2149.2亿元，增长7.1%；第三产业增加值3159.9亿元，增长9.7%。按常住人口计算，人均地区生产总值59306元（按年平均汇率折算8784美元），增长7.9%。国民经济三次产业结构比例为2.6：39.4：58.0，第三产业比重比上年提高1.8个百分点。全年货物进出口总额1327.1亿元，比上年增长11.2%。其中：进口169.2亿元，增长27.3%；出口1157.9亿元，增长9.2%。民营企业出口1039.8亿元，增长9.7%，占温州市货物出口总额的89.8%，比上年提高0.4个百分点。对"一带一路"沿线国家出口420.2亿元，同比增长13.2%，从"一带一路"沿线国家进口62.3亿元，同比增长73.1%。[2]

温州经济的迅速增长与小城镇的崛起紧密相连。20世纪70年代末，温州市的建制镇总共只有18个，现在有143个，其人口占全市的60%以上。其中涌现出"中国农民第一城""中国礼品城"龙港镇、"全国第一座商标城"金乡镇、"国家级星火技术密集区"鳌江镇、"东方第一纽扣市场""中国拉链之乡"桥头镇、"中国泵阀之乡"瓯北镇、"全国电器之都"柳市镇、"中国电子元器件生产基地"虹桥镇、"中国钻头产业基地"芙蓉镇、"中国皮都"水头镇、"全国汽摩配件主要生产基地"塘下镇等。以生产专业化的小城镇为基础，形成特色

---

①上述数据资料来自：2018年3月28日时任温州市代市长姚高员在温州市第十三届人民代表大会第三次会议上所作的《2018年温州市政府工作报告》。
②上述数据资料来自：2018年3月20日，温州市统计局国家统计局温州调查队发布的《温州市2017年国民经济和社会发展统计公报》。

的区域经济圈，如"中国鞋都""中国电器之都""中国金属外壳打火机生产基地""中国印刷城""中国塑编之都""中国眼镜生产基地""中国制笔之都""中国锁都""中国塑料薄膜生产基地""中国合成革之都""中国剃须刀生产基地""中国商务礼品生产基地""中国纽扣之都""中国拉链之乡"等，使得温州成为名副其实的"中国轻工业城"。小城镇的崛起和发展带动了贫困山区的发展，中心城市的规模和档次也有很大提高，正向现代化城市迈进。2010年温州市第六次人口普查时常住人口达912.21万人，城镇人口比重为66.02%。全市常住人口中，居住在城镇的人口为602.20万人，居住在乡村的人口为310.01万人，占33.98%。截至2017年年底，温州全市户籍总人口824.5万人，其中市区人口170.4万人。年末全市常住人口为921.5万人，比上年增加4万人；城镇化率为69.7%，比上年提高0.7个百分点。

三、温州工业化和城市化催生区域法治文明

工业化和城市化的发展孕育着法治需求，随着温州工业化和城市化的发展，法治文明破壳而出。工业化和城市化是以市场经济取代计划经济为前提的，市场经济最基本的原则是依据市场供需优化资源配置，其必然要求尊重市场参与者的平等主体地位和契约自由精神。市场经济是法治经济，在温州工业化和城市化推动下的市场经济对法治文明的推进，最典型的是确定个体和私人经济实体市场主体地位的产权制度的建立。温州模式的成功受到了其清晰的产权制度的积极作用。温州的私有产权由下而上，温州企业是在家庭工业上发展起来的，温州农村个体私营企业的蓬勃发展，使得温州很快就基本建立了市场经济正常运行所要求的产权明晰的微观制度基础。

1987年，温州市政府颁布了我国第一个有关私营企业的地方行政性规定——《温州私人企业管理暂行办法》，这标志着温州私人企业有了合法地位。法律对私有产权的清晰界定和严格保护，有利于为市场经济主体提供一个追求长期利益的稳定预期和重复博弈规则，为温州民营经济的发展奠定了制度基础。后来，虽然企业的组织形式由家庭经营逐步向家庭之间联合经营的股份合作制、公司制方向演变，但企业的产权却更趋明晰。对私营企业产权的明晰，为温州民营企业和

民营经济的快速发展提供了有力的法律保障，也为我国私营经济的相关立法提供了宝贵的实践经验。

第二节 法治文明对温州区域经济发展的促进作用

温州模式的形成和发展，是经济发展和法治文明共生共进的过程。马克思法学家认为，法律及其演化而成的法治文明属于上层建筑的范畴，但要受制于经济的发展，并对经济发展具有能动的促进作用。温州特色的工业化和城市化进程加速了法治文明的孕育和生长速度，迅速发展的法治文明促进且形塑着温州模式。

一、作为区域化发展模式的温州模式

温州模式是一种区域化经济发展模式。有学者指出，温州模式是一种典型的利用民营化和市场化来推进工业化和城市化的区域经济社会发展模式。[1]温州模式的主要特点在于，利用在体制外进行改革的先发优势，率先推进经济的民营化和市场化，同时造成一种区域性的经济体制的落差，并且借助经济体制落差的"势能"，迅速地推动工业化和城市化的进程，形成以多种所有制经济和小城镇建设为特色的区域经济发展模式。[2]这种模式是在中国的经济体制改革和经济发展进程中通过需求诱致型和大胆超前的局部经济体制改革所形成的一种区域经济社会发展模式。其核心在于：充分尊重和发挥民众的首创精神，将经济体制改革与经济发展有机地融为一体，使改革和发展在区域经济与社会变革中成为一个相互促进的动态变化过程。[3]

区域经济发展在本质上是一个资源优化配置的动态过程。经济发展中的资源配置与积极制度密切相关，诺贝尔经济学奖获得者道格拉斯·诺斯教授在分析经

---

①史晋川：《制度变迁与经济发展：温州模式研究》，浙江大学出版社2002年版，第5页。

②史晋川、朱康对：《温州模式研究：回顾与展望》，《浙江社会科学》2002年第3期。

③史晋川：《温州模式研究开题报告》，《国家教育部重大科研项目"温州模式研究"开题报告资料汇编》，《温州师范学院学报》1999年第4期。

济制度和经济发展的内在关系时曾经指出："有效率的经济组织是经济增长的关键。有效率的组织需要在制度上做出安排和确立所有权，以便造成一种刺激，将个人的经济努力变成私人收益率接近社会收益率的活动。"①诺斯教授所说的"有效率的经济组织"也可以从两个方面来理解：一是从微观经济主体层面来看的经济组织，即从事经济活动的个人和厂商，例如个体户和工商企业；二是从社会经济制度即社会经济运行方式层面来看的经济组织，即社会经济生活中资源配置活动的方式，例如市场制度及市场的运行方式。

从温州经济体制变迁的实践过程来看，温州"有效率的经济组织"的形成和扩张，同样表现在两个方面：一方面，微观经济主体的多元化，或者说经济主体的民营化，形成了一种个体私营经济迅猛发展，多种所有制经济成分共生共荣的格局。有关数据显示：1981年温州市就拥有个体工商户1.3万户，从业人员1.45万人；1984年，全国第一家私营公司瑞安立新工业供销公司在温州市成立。截至2017年年末，温州全年新设市场主体14.5万户，其中新设企业3.67万户，新设个体工商户10.8万户。年末在册市场主体90.2万户，其中企业22.3万户。②在温州经济的整个发展过程中，突出的特点也是区域化的一个重要方面——即通过"人格化交易"形成的要素市场，温州产业集群是以"三缘"即血缘、人缘、地缘为信用基础、运作有效的民间金融市场。在温州区域经济发展的相当一个时期中，由于温州人率先突破计划经济体制从事市场交换活动，但与市场经济体制相对应的法律制度尚未完全建立。因此，在经济转型的起步和发展阶段，通过这种由亲缘关系构建的"人格化交易"方式比较容易保障交易的顺利进行。另一方面，以专业市场的蓬勃兴起与迅猛发展为契机，较快地形成了覆盖面较广的各类商品市场和生产要素市场（包括劳动力市场和民间金融市场），使得市场取代了指令性计划的作用，成为区域经济发展中资源配置活动的主要调节方式。M.波特从产业的角度来研究一个国家或地区的国际竞争优势，认为一个国家或地区的成功，并非来自某一项产业的成

---

①道格拉斯·诺斯：《西方世界的兴起》，厉以平、蔡磊译，华夏出版社1999年版，第5页。

②以上数据来自：2018年3月20日，温州市统计局国家统计局温州调查队发布《温州市2017年国民经济和社会发展统计公报》。

功，而是来自纵横交织的产业集群。[①]温州模式的主要特点，就在于发展过程中形成了"块状"式的集群经济。为了推动经济的升级和转型，温州在原有的专业市场基础上，于2003年提出建设"国际性轻工城"的产业规划思路，即把温州建设成为"国际性轻工产业中心"[②]和"区域性综合服务中心"[③]。

二、区域法治文明促进且形塑着温州模式

法治文明对经济区域化发展具有促进和形塑效用，并明显地在区域经济的资源优化配置中表现出来。

首先，在多元性微观经济主体方面，明晰的产权制度使温州成为民营经济的天堂。现代经济理论认为，一个社会或区域具备明晰的产权制度，其产值总量占工业产值总量的比重往往较高[④]。研究表明，浙江工业产值中"国有工业"比重为全国最低，而在浙江内部，温州又最低。到2004年年底，温州市共有个体工商户22.02万户，注册资金74.49亿元；私营企业3.5万家，注册资本410.57亿元[⑤]。全国每年有500万到1000万下岗工人，温州没有下岗人员。为什么？下岗人员很快被中小企业吸收了。在温州经济发展的整个阶段里，中小企业和民营经济一直是主

---

①[美]迈克尔·波特：《国家的竞争优势》，李明轩、邱如美译，中信出版社2007年版。

②此处"国际性轻工产业中心"是指轻工产品生产基地、研发中心和流通枢纽。建设轻工产品生产基地是指做强特色产业、做大潜力产业、培育高新产业、承接外部产业转移，产品加工能力、工艺技术装备基本达到同期国际先进水平，在国际市场上占一定份额，产品品牌具有国际影响力，使温州成为国际轻工产品的重要生产基地；完善轻工产业链，努力发展上游的原材料业和机械装备业，成为轻工业的重要支撑。建设国际性轻工产品研发中心是指加大先进技术引进、吸收、开发力度，通过引进国内外著名企业、研发设计和教育培训机构、建立轻工技术创新"网络联盟"，加快人才培养，增强企业科技实力，使企业拥有具有知识产权的核心技术、先进技术，使温州成为国际重要的轻工产品设计中心、创新中心。建设国际性轻工产品流通枢纽是指扩大对外交往，提高国际声誉，加快商贸、会展、现代物流等行业发展，拓宽轻工产品的世界流通网络，让世界轻工产品汇集温州，让温州轻工产品走向世界，使温州成为国际重要的轻工产品流通枢纽。

③温州市发展计划委员会、温州市经济建设规划院：《温州市产业布局规划（2003—2015年）》，2003年9月。

④[美]科斯：《论生产的制度结构》，盛洪、陈郁译，上海三联书店出版社1994年版，第5页。

⑤徐王婴：《"浙北模式"与"温州模式"的路径分演》，《浙商》2007年第1期。

角。这些企业凭借着强大的凝聚力、艰苦创业的精神和灵活的经营机制，在企业创始之初有着其他类型企业不可比拟的优势，具体体现在减少代理成本、降低决策成本和协调成本等方面，大大节约了企业内部交易和外部交易的成本，推动了区域经济的良性发展。

其次，在市场的专业化、集约化、规模化方面，以平等、自由、秩序为核心的政治文明推动并推进的市场化改革，形成了"块状"式的集群经济。温州模式是指在中国的经济体制改革和经济发展进程中，通过需求诱导型和大胆超前的局部经济体制改革所形成的一种区域经济社会发展模式。它的核心在于充分注重和发挥民众的首创精神，将经济体制改革与经济发展有机地融合在一起，使改革和发展在区域经济与社会变革中成为一个相互促进的动态变化过程。通俗地说，是一种在市场经济条件下，主要以激发广大劳动人民自我创业、自我发展、自我约束、平等竞争为基本出发点的经济，是一种在社会主义基本经济制度的前提下，以民间积累、民间投资、民间经营为主要经营方式，产权清晰、责权明确、政企分开、制度适当、机制灵活的经济；是一种以效率优先，兼顾公平为基本准则，以按劳分配与按要素分配机制结合为主要分配方式的经济；是以依法经营、勤劳致富为基本要求，以富民强国、共同富裕为基本目的的经济。在这样一种经济机制下，市场被广泛建立，市场机制效用得以充分发挥。温州早期在产业规划中还注重用"区域性综合服务中心"来推动市场的形成，即积极发展为轻工业配套服务业的同时，大力强化温州作为浙江省区域中心，提升城市的综合产业服务功能，积极发展商贸物流、金融、商务办公、信息服务、科研教育等现代服务业和旅游业，加快温州深水大港建设，完善对外交通体系，强化集聚、辐射功能，提升城市综合竞争力，使温州成为辐射浙南闽北、影响湘赣的商贸物流中心、金融中心、商务信息中心和科研教育中心。

第三节 温州区域可持续发展是法治文明提升和内化的结果

温州模式下经济的可持续发展，必然进一步促进经济社会变革，提升法治文明。同时，在经济全球化现代化的背景下，在发展过程中如果不践行法治文明、倡导法治精神，温州模式难以走上可持续发展的道路。温州模式是一定历史条件下的产物，虽然取得了辉煌的成就，但不能据此推定其具有普适性。随着时代的发展，经济环境处在不断变化之中，温州模式只有在现代先进文明——法治文明的视阈下与时俱进，才能实现可持续发展。

一、温州区域可持续发展与法治文明的提升

作为一种现代发展理论，可持续发展是指既能满足当代人的需求，又不损害后代人满足其需求之能力的发展。可持续发展思想虽然古已有之，但作为一种现代理论，它的直接理论来源是罗马俱乐部的思想和观点。[①]可持续发展理论产生的现实背景是全球环境问题的恶化和加剧。由于社会生产力和科学技术的巨大发展，人类改造自然、利用自然的能力倍增，人类可以在全球范围内随意改变自然环境的组成和结构，环境问题在20世纪五六十年代产生了极为严重的消极后果。[②]所有这些环境问题直接威胁到整个人类自身的生存和安全。人们尝试着采用各种各样的科学技术手段去解决诸如此类的环境问题，却无济于事。人们终于认识到，环境问题在经济增长过程中不仅具有负的外部性，而且是涉及人类社会文明兴衰的至关重要的问题。要从根本上解决环境问题，必须改变工业文明的发展模式，改变传统的价

[①]可持续发展作为20世纪80年代以来人类最根本性的观念变革，其出现到最终形成主要经历了三个发展阶段：（1）从增长无限论到增长极限论。近代以来的工业革命，特别是科技革命的推动，将人类征服自然的能力推向了一个前所未有的高度。20世纪五六十年代，随着工业生产能力的迅速扩张，环境污染、资源短缺等问题也同时发生。自然对人类报复的一系列事件说明，经济的无限增长并不等于人类福利的绝对增长，《增长的极限》问世，标志着"增长极限论"的出现。（2）从单纯的经济增长到经济与社会的协调发展。早期发展经济学家提出的"经济增长中心论"，如纳克斯的《不发达国家的资本形成问题》（1953）、刘易斯的《经济增长理论》（1955）、罗斯托的《经济增长阶段》（1958）等著作；后来有人提出"大推进"战略、"进口替代"战略、"开放战略"、"绿色革命战略"等理论主张。而战后发展中国家追求经济增长的事实说明，仅有经济增长的工业化并没有从根本上改善第三世界国家千百万人的生活状况，甚至还带来了种种意想不到的灾难性后果，如社会两极分化严重。又如20世纪50年代开始在一些发展中国家出现以提高粮食的产量为目的的绿色革命，并没有解决贫富两极分化问题，也没有从根本上解决农民的贫困问题。在现实社会中所选定的发展目标，必须同具体的社会情况和民族的文化、道德相吻合，走经济与社会协调发展之路。（3）从协调发展到可持续发展。可持续发展理论认为，要从根本上解决人类面临的人口、资源和环境问题，必须转变发展模式和消费模式，即依靠科技进步，节约资源与能源，减少废物排放，实施清洁生产和文明消费，建立经济、社会、资源与环境相互协调的、可持续发展的新模式。
[②]诸如20世纪上半叶"世界八大公害事件"，包括自然资源的过度消耗、生物物种的加速灭绝、大气污染、温室效应加剧、臭氧层耗损、淡水污染、酸雨加剧等。

值观，走可持续发展道路。作为一种发展战略，它始于1992年通过的《21世纪议程》，标志着可持续发展开始从理论走向实践。进一步的理论研究与实践以及不同学科通过对其内涵的深入挖掘和外延的进一步拓展，又不断丰富了对可持续发展的理解。海蒂从技术角度给出的定义是，可持续发展就是极少生产废物和污染物的工艺或技术系统。[1]缪纳兴哈从生态角度给出的定义是，为了当代和后代的经济进步，为将来提供尽可能多的选择，维持或提高地球生命支持系统的完整性。[2]

从现代发展理论角度，可持续发展在于解决人类欲求的满足与自然资源的有限性和脆弱性之间的矛盾，即发展的外部性矛盾，这是温州模式下经济发展必须面对的共同问题。除此之外，温州模式下的经济发展，还面临模式特殊性决定的保持继续、稳定、有序增长的问题，即如何延续这一模式的生命力，使其不至于走向衰败或者是被替代和征服，也就是温州模式本身的可持续发展问题，我们要解决的是作为一种发展经验的稳定性和在客观条件的变异性之间的矛盾，是一种事关发展路径的科学性、适应性、超越性的内部矛盾。温州模式的可持续发展对温州模式本身以及温州经济社会发展尤为重要。因此，本书所指称的可持续发展，既包含作为现代发展理论概念意义上的可持续发展，也包括温州模式本身的可持续发展。

事实上，温州模式与可持续发展的矛盾一直存在，温州模式形成和发展的过程就是一个不断克服矛盾、不断超越已有经验的可持续发展的过程，也是一个法治文明不断提升和法治文明与经济主体选择以及经济运行环境不断弥合的过程。二十多年来，温州模式的可持续发展主要表现为如下四个方面：（1）温州产业的主体：从一大批个体家庭工厂——股份合作制企业——规模企业和"一镇一品"的块状经济——以龙头企业为核心的产业集群；（2）温州产品的生产技术：旧设备——国内先进设备和技术——引进国际先进设备和技术（包括引进专业人才）——与高校研究机构合作建立研发机构，或与跨国企业建立战略联盟；（3）产品演进过程：从以仿冒为主的低档次消费品——低端产品——区域性和全国性品牌、贴牌生产；（4）温州产品的市场范围：从国内低档次农村市场——国内市场——国外低档市场——部分国外高档市场（贴牌产品）。从温州模式可持续发展的经历看，一方面市场经济发展推动法制发展，不断改善法治赖以存在和发

---

①林幼平、张义周、胡绍华：《可持续发展研究综述》，《经济评论》1997年第6期。
②同上。

展的土壤。另一方面，法制的完善和法治文明的发展，为经济主体的多元化和现代化提供法律保障，为经济发展的畅通扫除制度障碍，不仅保障了经济发展的速度，而且促进了经济发展的转型和跨越。

当下，在错综复杂的国内外经济背景下，温州模式正面临诸多可持续发展的问题。从现代性可持续发展看，温州模式与区域可持续发展之间存在矛盾。温州市中小企业为主体的市场生态，给环保带来了沉重的压力。温州市水头镇，全国最大的成品皮出口供应基地、亚洲最大的猪皮革生产基地，近600家制革企业的年产值达30多亿元，其中产值超亿元的制革企业就有近10家。然而，现在水资源缺乏严重制约了制革业发展。本来，水头镇濒临鳌江，因水源丰富而得名，这也是它迅速发展为"中国皮都"的一个重要因素。但由于工艺水平低下，加工1吨生猪皮的耗水量在80吨左右，为西欧国家的6—8倍。更为严重的是，因漂洗过程中添加了大量的复合剂，制革车间的废水已使鳌江变得又黑又臭。2003年，水头镇制革污染分别被国家和浙江省环保局列为"全国十大重点污染源"和"浙江省九大重点污染案件"之一。而这只不过是温州近百个工业镇的一个缩影。[1]又如，现在温州工业发展粗放规模小，即"前店后厂"的模式还存在，局部地区"三废"污染严重。乡镇企业盲目发展和城市污染企业转移下放到乡镇农村，产生"农村病"。平原河网污染重，地下水开采超量、水质较差，近海域水质严重富营养化，城市噪声污染严重，人均土地递减趋势不可逆转。

二、温州法治文明的内化结果：区域可持续发展

从温州模式本身可持续发展来看，温州模式亟待突破发展瓶颈，实现发展模式的跨越。21世纪初，温州经济发展的问题逐渐暴露，温州模式盛极而衰。曾经得改革、创新风气之先的"领跑者"温州正受制于"要素瓶颈"的全面制约，GDP增速已经连续两年在全省排名靠后，2003年间甚至一度排名全省倒数第一，这与1978年至2002年的二十四年间温州GDP增长速度一直处在全国前列、平均每年增长15.4%的鼎盛时期形成强烈对比。其原因有三：首先，对于温州模式来说，温州企业大多数是建立在家庭或者基于血缘、地缘等基础上的合伙企业，生产技术水平低，规模小，经营范围分散，这种企业在市场竞争的初级阶段发挥了重要作用，但

[1]王信川：《浙江经济模式的穷途末路》，《经济》2004年第6期。

随着市场环境的变化和企业的发展，这种组织制度开始显露出它的局限性。其次，经营体制问题。家族企业具有浓厚的封闭性，而市场经济中的人、财、物都要求具有流动性和开放性，两者存在着严重的矛盾和冲突。曾起过一定的积极作用的合伙制已成为温州民营企业进一步发展的障碍。[①]再次，温州的产业格局一直以轻工业为绝对主导，唱主角的是技术水平较低的低附加值的劳动密集型行业，但随着时间的推移，轻工业的绝对优势又在一定程度上制约了温州的发展，使其难以顺利进行产业升级与调整，产业提升产生了一定的困局。

温州模式可持续发展的经验，对当下温州经济发展中可持续问题的解决，将使与之相适应的法治文明提升到一个新的层次。然而，在解决可持续发展问题的策略和路径的选择上，以及在解决具体可持续发展问题的过程中，必须充分尊重和发挥法治文明的效用。企业微观制度和国家宏观制度为社会的生产提供了一个法律制度环境，适合于生产力发展要求的法律制度环境不仅有助于降低交易成本，提高劳动效率，还可以极大地激发劳动者的创造性，使得各种技术创新和制度创新不断涌现，从而推动整个经济的持续快速发展。《宪法修正案》等一系列法律制度的建立健全，使非公有制经济在内的经济主体的合法地位被确立以及歧视性意识形态障碍被逐渐消除，在现有形势下为经济发展提供了良好的制度环境。当前温州模式可持续发展问题是已有经验与现有形势的冲突问题或现有形势与发展趋势的冲突问题，亦即现有经济环境与法治文明的冲突问题，这种矛盾的克服，将对法治文明起到增量的效果。而市场经济是法治经济，它既是法治文明的基础，又离不开法治的保障。因此，现有经济矛盾的解决须臾离不开法治的方法。例如，在解决经济发展与生态环境的矛盾时，必须在尊重环境权的基础上通过制定和执行环境法来实现。

[①] 有"中国鞋王"之称的李忠文，曾经以4000元起家，在不到八年的时间里，拥有了80家连锁鞋店，其拥有的百信鞋业总资产曾达到30多亿元。然而，2006年5月，这位曾经的亿万富翁却在长沙锒铛入狱，罪名是涉嫌票据诈骗。据悉，百信鞋业由于资金链出现问题导致对供货商恶意欠款，在商户再三催促之下开出了空头支票，这是李忠文倒台的直接原因。但深层次原因是其采取的是缺乏制约和规范的家族企业管理模式，百信鞋业几乎所有的核心部门和管理层职位都由李忠文的亲戚朋友担任，但相互之间并没有制衡和监督，是典型的家族式管理，在赊销模式出现问题后，最终酿成悲剧。李忠文的悲剧揭示了温州乃至整个浙江家族企业面临的带有普遍意义的困境。

第六章
政府管制中的温州区域法治文明

  政府管制是政府基于效率、公平等目标对经济运行秩序进行的干预行为。在现代社会，政府是有限的政府，政府存在的目的应该是保障和促进公民的自由和福祉，政府行为必须严格遵循法律的赋权范围并根据法律规定的程序进行。因此，在以市场经济为基础的法治环境下，政府管制既是法治文明的内在要求，也是法治文明的具体表现。温州地方政府在经济管制中某种程度的"无为而治"，自觉限制管制行为，顶住来自意识形态对个体经济的不利影响，换个视角，恰恰是勇于担责的"奋发有为"，为个体经济提供了足够的发展空间，调动了经济主体的积极性，成为促进温州民营经济发展乃至温州模式形成的重要因素，也是温州法治文明的形成逻辑起点。在温州模式中，政府在经济管制方面的"无为而治"绝非"无能为力""无所作为"，而是较早地在管制意识和服务意识的博弈中选择了服务意识的优位性，不仅以"消极"的不作为为民营经济提供自由空间，而且通过积极的作为为经济发展创造了良好的外部环境，有力地拓展了温州法治文明的发展进程。

第一节 政府管制是温州区域法治文明的内在要求

  法治是依法之治，相对于人治和专制而言。法治文明是代表一个国家在推进和实行法治的状态和程度上所表现出的文明，是衡量社会进步的重要尺度。控制政府权力和保障公民权利是法治文明的两个重要维度，其中政府权力控制是手段，公民权利保障是目的。政府管制作为政府行为，与经济运行体制密切相关。在市场机制下，政府是有限政府，政府管制也必然遵循保障权利和控制权力的原则。因此，这种管制是温州区域法治文明内在要求的政府管制。

一、政府管制与区域法治文明

政府管制（Government Regulation）涉及经济学、政治学、法学、管理学、行政管理学以及政策科学等多个学科领域。不同学科对政府管制的内涵界定不尽相同。根据美国前总统里根（M. Reagan）的说法：政府管制是一种活动过程，在这种活动过程中，政府对个人和机构提出要求或规定某种活动，并经历一种持续的行政管理过程（一般是通过特别指定的管理机构来完成这项工作）。政府管制是由政府做出的，它们必须为目标团体及个人所遵守、服从，若不遵守或不服从将受到惩罚。①丹尼尔·F.史普博指出，政府管制是行政机构制定并执行的直接干预市场机制或间接改变企业和消费者供需决策的一般规则或特殊行为。②维斯卡西等学者认为，政府管制是以政府制裁为手段，对个人或组织自由决策的一种强制性限制。政府的主要资源是强制力，政府管制就是以限制经济主体的决策为目的而运用这种强制力。③植草益认为，政府管制是社会公共机构依照一定的规则对企业的活动进行限制的行为。这里的社会公共机构或行政机关一般被简称为政府。④

我国学者对政府管制的概念存在较大的分歧，有的译为"规制"，有的译为"监管"。有的学者认为，政府管制是具有法律地位的、相对独立的政府管制者（机构）依据一定的法规对被管制者（主要是企业）所采取的一系列行政管理与监督行为。有的学者则认为，政府管制是政府干预经济的方式之一，这种方式的特点在于，行政机关依据法律或依据法定授权，通过制定和执行法规、规章、许可证、命令、处罚、援助、行政裁决等行政行为，直接干预市场资源配置或间接改变企业和消费者供需决策的一般规则或特殊行为。⑤

---

①[美]巴莱·弗雷德曼：《里根—布什时代的管制》，匹兹堡大学出版社1995年版，第25页。

②[美]丹尼尔·F.史普博：《管制与市场》，余晖等译，上海人民出版社1999年版，第45页。

③VISCUSI W K, VEMON J M, HARRINGTON J J E, 1995. Economic of Ragulation and Antitrust, The MIT Press, 295. 转引自王俊豪：《政府管制经济学导论》，商务印书馆2001年版，第1—2页。

④[日]植草益：《微观规制经济学》，朱绍文、胡欣欣等译，中国发展出版社1992年版，第19—20页。

⑤张丽娜：《我国政府规制理论研究综述》，《中国行政管理》2006年第12期。

　　总结上述观点，笔者研究认为，政府管制可以理解为：它是现代政府行政职能的重要内容之一，是政府等行政主体通过制定、修订和执行法律法规与行政规范对市场的资源进行优化配置，并直接干预或间接改变企业和消费者供需决策关系的行政过程或者行政活动的总称。

　　政府的起源决定了政府是有限的政府，政府的本质是行使人们让渡出来的权利。因此，政府对个人的经济活动不宜过多地施加直接的行政干预。历史赋予政府的职能起码从其起源角度看并不是进行全盘的资源配置。政府的本质决定了政府是一个有限的政府。政府的概念有广义和狭义之分，广义的政府是指对整个国家进行组织管理的政权机构，包括立法、行政、司法机关。狭义的政府是指执行人民意志的中央和地方的各级行政机关。无论是广义概念上还是狭义概念上的政府，以历史方法分析的结论表明：政府在本质上应该只是公众转让的社会权力的一种执行机构，其存在的合理性在于按人民意志行使社会管理职能和对外捍卫国家主权的职能。英国自由主义思想家约翰·洛克在《政府论》中运用自然法学说明确地阐明了政府的起源及其本质，"人们联合成为国家和置身于政府之下的重大的和主要的目的，是保护他们的财产；……这就是立法和行政权力的原始权利和这两者之所以产生的缘由，政府和社会本身的起源也在于此。……人们在参加社会时放弃他们在自然状态中所享有的平等、自由和执行权，而把它们交给社会，由立法机关按社会的利益所要求或程度加以处理，但是这只是出于各人为了更好地保护自己、他人的自由和财产的动机，社会或由他们组成的立法机关的权力绝不容许扩张到超出公众福利的需要之外。"[1]孟德斯鸠进一步发展和完善了洛克的思想，认为"当立法权和行政权集中在同一个人或同一个机关之手，自由便不复存在了……如果司法权不同于立法权和行政权分立，自由也就不存在了。如果司法权同立法权合而为一，则将对公民的生命和自由施行专断的权力，因为法官就是立法者。如果司法权同行政权合而为一，法官便将握有压迫者的力量"[2]。孟氏"三权分立"的立足点在于保障公民的自由和限制政府的行政权力，这也恰恰契合了新兴资产阶级对政治自由和经济自由的内在要求，并强调应该将政府的

---

①[英]洛克：《政府论》，丰俊功译，商务印书馆2009年版，第89页。
②[法]孟德斯鸠：《论法的精神》上册，张雁深译，商务印书馆1995年版，第153页。

行政权严格限制在法律的范围之内，政府的行政权其实质是执行立法机关制定的法律，其作用旨在建立一个公民能够安全地自由竞争的社会秩序。

但是，强调有限政府并不排斥政府对经济社会采取的有效的行政管制行为，这是因为，"行政规制（政府规制）——由在等级制度控制之外运作的规制机关或中央政府监督之下进行的经济与社会规制——迅速成为整个工业化世界公共政策和公共行政新的前沿。有效规制架构的缺乏逐渐成为现代化的主要障碍……"①。与此同时，需要注意的是，政府对经济社会的规制，"一个主要的问题仍是要遏制行政的专制行为，但问题的另一方面是要促使我国行政机关更诚实、迅捷和更有效地进行规制行为，以保障规制对象的基本合法权益。当行政法作为一个制动器时，那些维护公正的原则可以保留，但当要求行政机关作为发动机而行动时，这些原则就远远不够了"②。

二、政府管制的变革是区域法治文明不断内化的结果

政府管制不可避免地在一定范围和一定程度上限制了个人自由，但以追求效率和公平为目标的政府管制，对经济社会有序发展不可或缺。管制的起源和发展，因时因地而有所不同，但其产生与存在的共同特征是：不仅普通法的约束和调节、而且反垄断和宏观调控的实施都被看作不足以满足矫正市场缺陷的要求时，政府管制就出现了。

在我国，从微观层面上看，微观层面的三大类市场失灵为政府管制提供了机会：垄断和不正当竞争、外部性和内部性。垄断会降低资源配置的效率，降低社会福利，垄断厂商获得超额剩余，不去创新也能占有超额利益，所以有必要打破垄断。但美国、西欧在对待垄断的态度上开始出现松动的趋势，允许兼并重组。外部性是指在两个当事人缺乏任何相关的经济交易的情况下，由一个当事人向另一个当事人所提供的物品（正负效应）。在这种情况下，政府可以有两种安排：

---

① [英]卡罗尔·哈林、理查德·罗林斯：《法律与行政》，杨伟东等译，商务印书馆2004年版，第282页。
② [法]勒内·达维：《英国法与法国法：一种实质性比较》，潘华仿、高鸿钧、贺卫方译，清华大学出版社2002年版，第117页。

产权明晰，即界定空气、水的产权是谁的，纠纷由法院去解决；或者通过政府管制决定排污量，使之不至于威胁百姓的生活。内部性是指由交易一方所经受的但没有在交易条款中说明的交易的成本和效益。这里的成本即是指负内部性或内部不经济，而效益则是指正内部性或内部经济。交易双方由于信息不对称往往会使信息少的一方受损失，在证券市场和消费市场中都有这种现象。政府应该再往前走一步，对各个环节进行管制。

政府对经济的管制从计划机制向市场机制过渡，经济体制变革的结果，也是法治文明不断内化的结果。从形式上看，政府对经济运行的管制，具有政府计划机制和市场机制两种类型。政府计划机制主要存在于计划经济时代，政府通过指令性计划的方式配置社会资源全面干预经济生活。市场机制主要存在市场经济时代，通过市场供需关系来优化资源配置。近百年来，两种资源配置机制实践的结果表明，有缺陷的政府计划机制所导致的效率损失，远远超过了有缺陷的市场机制所导致的效率损失，从而使得各个实行计划经济体制的国家纷纷放弃政府计划机制而重新选择了市场机制。改革开放前，我国实行的是高度集中的计划经济，党的十一届三中全会以后，在邓小平的倡导下，我国开始在理论和实践结合的基础上探索建立符合我国国情的社会主义经济体制。改革初期，在理论上破除了把社会主义与发挥市场调节作用对立起来、把指令性计划等同于计划经济的观念后，政府首次提出了"计划经济为主、市场调节为辅"的原则。随着改革的进一步展开，政府对社会主义经济中计划与市场关系问题的认识也不断深化。中国在是以市场机制为主，还是以政府计划机制为主的制度选择过程中，走过了"计划经济——计划经济为主、市场调节为辅——公有制基础上的有计划的商品经济——社会主义市场经济体制"这么一个微妙的变化过程，并最终扬弃了"政府计划为主、市场调节为辅"的传统的资源配置模式，选择了"市场机制为主、政府调节为辅"的资源配置机制模式。

中国建立"市场机制为主、政府调节为辅"的资源配置模式，也是建立适应于我国市场经济体制发展的模式。在这一模式下，政府的管制行为既要和市场领域保持一定距离，改变从前计划经济时代那种无处不在、无处不能的地位，又要在市场经济中扮演一个相对积极的角色，适度、及时地干预社会资源的配置，以应对当今社会各种资源日益短期的形势需要。通过政府管制的方式对稀缺资源在市场经济主体之间进行有效分配，可以防止市场主体在稀缺配置利用方面进行无序乃至恶性竞争，即维护正常的市场秩序，又最大限度地发挥稀缺资源的社会效益，从而保护各类市场经济主体的合法地位，确立社会主义法治秩序。就区域经济社会而言，政府管制方式的变革既是我国社会主义市场经济体制转轨的需要，也是区域法治文明内化的结果。

三、有效的政府管制是温州区域法治文明的内在要求

区域法治离不开政府的积极推动，温州区域法治文明是温州地方政府积极推进下的结果，是温州地方政府对经济社会进行有效管制和干预的结果。温州地方政府在改革开放之后，审时度势，率先扬弃了"政府计划为主、市场调节为辅"的管制模式，选择了"市场机制为主、政府调节为辅"的资源配置机制模式。这种有效的资源配置机制模式，大大推动了温州区域经济社会的发展，特别是民营经济和个体经济的快速发展，也造就了闻名海内外的温州模式。回望温州经济发展的过去，不难看到，温州模式的形成是特定历史时期的产物，也是温州诸多的内在经济因素作用的结果，比如框定于特殊时期的"穷则思变"。又比如，特定历史背景下温州弘扬先天禀赋的"变而求新"。不过，同样值得注意的是，尽管当初温州民营经济的快速发展主要源自民间的自发性力量，这给温州人缔造了一个极大的创新舞台，但温州模式的最终形成，"还与当初体制机制不断创新的大环境须臾不离。这种创新的表现形式，就在于政府放手民间的激进，默许改革者犯错，鼓励百姓'异想天开'和'无中生有'。政府看似'无为'，却在关键时刻起到'纠偏'的作用"。①原全国人大法律委员会副主任、原温州市委书记刘锡荣，在追忆当年在温州执政的经历，曾经这样客观而辩证地说道："当年一个流行的观点认为温州领导是'无为而治'。确切地讲，应当是我们那时候对纯粹管制型的'计划经济'一套确是'无为'的，如果'有为'，温州早搞死了；但对发展市场经济则是'有为'的。"而20世纪80年代曾任中共温州市委书记的袁芳烈则是一针见血，"我把'乌纱帽'挂在裤腰带上顶风做事，这是最大的有

---

① 瓯江平：《突破顽固的模式——温州体制机制创新改革创新系列评论之一》，《温州日报》2010年12月6日，第1版。

为。"袁芳烈认为，所有对温州模式的解读都忽视了一个历史细节：温州模式发轫之初的一场同样来自政府的变革。[1]

当然，温州地方政府"无为而治"并不代表对当时经济发展中的问题熟视无睹和无所作为，当自由的经济体系出现危机的时候，温州市委市政府当仁不让地采取了一系列果断的经济管制手段，其中，政府管制最著名的事件莫过于20世纪90年代初在乐清柳市开展对低压电器的整顿，以及后来由此引发的温州提出的"品牌立市"的城市发展战略。正是这些管制，才使温州产业避免了因为贪婪制假而导致的毁灭性打击。

在温州经济转轨的起点上，原有的所有规定都是维护计划经济制度的，而向市场经济转轨，其实也就意味着这些制度的逐步废除。但是，决策者并不是先知先觉地知道哪些规定必须废除。因此，某项规定是否废除，则又要根据废除前后的经济效果的对比而定，这就要求在规则被废除前，就有人先违反规则进行试验。如果说，经济转轨的最终目标是法治的话，至少在中国，政府管制转轨的路径恰恰是以非法治的方式，或者甚至可以说以违法的形式进行的。

温州政府在早期采取诸多的政府规制手段和行动，既包括"硬"的规制手段，也包括许多"软"的管制措施。温州政府利用程序化、制度化和民主化方式，采取放松规制的手段，为"乐清八大天王"解套松绑，很快将他们无罪释放，从而，真正体现了温州政府放松对民营经济和个体经济管制的决心。与此同时，温州政府同样采取程序化、制度化和公开化的方法，运用严格的规制手段，在杭州武林广场焚烧"假冒伪劣产品"，下定决心提出"品牌立市"的经济发展战略，等等。特别的是，每当温州发展出现拐点时，温州的地方党委和政府总会在关键时刻出手做出合适的规制行为和措施，推动温州民营经济和私营经济的发展。

法治化、程序化、制度化、民主化，这些都是现代政治文明和法治文明的基本价值原则。政府管制特别需要强调政府管制的法治化，而依法管制和依法行政恰恰与这些原则保持了较好的契合关系。政府管制的全过程所遵循的基本原则，始终都与现代政治文明和法治文明的本质要求保持着一致关系。当人们探讨温州模式时，总是习惯将研究的眼光投向民营企业和民营企业家，为他们"敢为天下

---

① 袁华明：《温州模式被误读？》，《观察与思考》2006年第11期。

先"的不同版本故事而倾倒，却往往忽视政府在关键时刻采取了一定适应于市场经济发展需要的规制措施或手段。管制手段和措施发端于无声之处，却是改变温州区域经济命运的力量。

第二节 "无为而治"：温州区域法治文明之逻辑起点

规制在今天已是政府实现政策目标的主要目标之一，这集中体现于"规制国"的兴起。①但是，进入行政国家阶段，行政权的扩张导致各国普遍出现规制剧增的现象。随着经济社会的再度活性化，欧美先进诸国展开了对许可等规制监督行政的重新认识，不规制运动几乎成为先进国共通的课题。②美国被认为是所有工业国家中实施规制数量最少的国家，然而，在美国也有通过劝告的法律制度课题的情形。在这少量的规制中，与其他国家相比，其实效性是极其匮乏的。为了确认规制所要求的内容，裁判慢慢争议的过程常常导致规制的实行长期拖延。一旦某种目标得以法制化而付诸实践，马上就会开始有关其合理性等的争议。正是由于这样的原因，便产生时间上的迟延和不确定性，这反而比规制本身对经济具有更大的副作用。

一、"无为而治"作为温州区域法治文明的逻辑起点

法治文明首先是控权文明，温州模式中，政府在经济管制中倡导和遵循"无为而治"，这是改革开放以来温州在经济发展和法治文明方面均走在先列的原因之一。法治遵循宪法和法律至上原则，政府权力必须在法律之下运行，这是因为在法治文明视野下，政府是公民权利最大最潜在的威胁，政府作为一种必不可少的"恶"，应该被控制在最小范围之内。温州模式成功的一个重要因素应当是温州的政府管制非常薄弱。 温州原市长钱兴中曾经说过："温州的经济好比一辆马车，它的一个轮子是市场，另一个轮子是民营经济；拉车的是企业家，政府是修路的、维持交通秩序的。"

---

① [英]卡罗尔·哈林、理查德·罗林斯：《法律与行政》，杨伟东等译，商务印书馆2004年版，第556页。
②杨建顺：《行政规制与权利保障》，中国人民大学出版社2007年版，第354—355页。

温州市政府在经济管制方面的"无为而治"表现为对民营经济不打压、不扣帽子，在融资、投资、税收等方面对民营经济不歧视、不吸血……这种"无为而治"的态度为温州民营经济提供了培育发展的土壤、安全的政治环境以及有利的外部条件。

温州曾经出现的永嘉学派，又称"事功学派"和"功利学派"。该学派曾经积极提倡社会发展的"功利并举""农商并重"，即功名和利益同等，务农和经商一样重要；强调实际的经济利益，农资流通的客观存在。正如明清之际的黄宗羲所指出的："永嘉之学，教人就事上理会，步步着实，言之必使可行，足以开物成务。"[1]永嘉学派这一思想养成了温州人重商逐利、敢闯敢争的地域文化心理，让温州经济成为发达的民营经济、充分的市场经济。与这一现象密切相关的温州政府则一贯认为，政府不管经济，经济反而发展得快；政府抓经济的诀窍就是不管经济，即市场经济体制是经济发展的心脏，体制机制越活，发展动力就越强，并认为温州的成功也就是得益于企业绝大多数是民营企业，政府营造了灵活的体制机制环境。

温州地方政府在经济管制方面的"无为而治"还表现在敢于放权，能够充分相信和有效利用其他社会主体对经济发展的作用。其中最典型的是利用行业协会提升产品质量的事件。20世纪80年代，温州产品的名声很不好，高跟鞋刚穿就开胶，到处可以听到消费者对温州产品抱怨的声音；到90年代初期，温州开始打出"质量立市"的旗帜，从质量上把关，帮助企业走出困境。一开始，打击假冒伪劣商品这项工作是政府做的，但后来，政府发现管不了，就把这个任务交给了行业组织。还有一个烟具打火机的例子。当时申请国家的专利保护很困难，时间长而且手续烦琐。假如你设计出一种打火机，第二天就会出现很多假冒的产品，企业间打的是残酷的价格战。后来，行业协会实行保护，企业开发出新产品后，只要立即去注册，就会给你一个约定：六个月内，如果有企业假冒你的产品，行业协会将会给它严厉的制裁，包括没收产品、摧毁模具。这个制裁是相当严厉的，尽管当时对于这一项措施也有一定的争议。但是，最终这项制度的执行效果非常好，从1992年到2001年，只有10起打火机的侵权案例，并且每年温州市场都会有几百件新产品推

---

[1] 沈善洪主编：《黄宗羲全集》第5册，浙江古籍出版社1985年版，第56页。

出。这在以前是不可想象的，以前几乎每天都发生假冒的案件。这样，这个行业就不再靠价格，而是靠质量来竞争了，企业技术研发的投入也加大了。其他行业也纷纷采纳这项制度，比如服装、皮革行业等。可见，正式的行业协会组织在区域和产业的发展中无疑起到了很大的规范和推动作用。

从政府管制的角度来看，温州政府对经济发展与政府职能的关系上采取的"无为政策"，在刚从计划经济体制向市场经济体制过渡的过程中，无疑是难能可贵的，或者说是最"奋发有为"的。直到现在，中国政府对各个领域的管制主要源自中华人民共和国成立初期所形成的一种格局，这种管制的格局并非完全建立在对市场缺陷的认识基础之上，更多的是基于实现共产主义理想和建设社会主义国家这样一种意识形态之上。所以，政府管制的具体含义与基于市场经济前提条件下所讨论的管制的含义并不完全相同，这种不同除表现在对经济领域的管制范围较宽广之外，更多地表现在中国政府对社会意识形态方面的管制范围远远超过了前者。当时，政府管制行为几乎渗透到了国民经济的每一个角落，同时在形式上又与政府的服务职能混合在一起。尽管温州经济在其发展的初期阶段，也严重地受意识形态的束缚，其成长的历程伴随着坎坷和崎岖，但总的发展过程最终没有遇到什么大的阻碍。1992年，邓小平同志南方谈话以及中共十四大建立社会主义市场经济体制改革目标的确立，为温州个体、私营经济发挥前期积蓄的优势创造了宽松的体制环境，从而使得温州的经济得到了前所未有的发展。

学者们也对温州政府管制中这种"无为而治"的法治文明进行了肯定，并且重视其对法治文明的促进效用。有学者认为，由于温州工业化主要是由民间力量推动的，其中私有经济起了主导作用，因此温州模式的工业化在发展的大部分时期得不到区域政府的认可、支持，政府对这种模式实施的最好政策，实际上属于某种"无为而治"的政策，温州模式的发展"极有可能形成一种倒逼式的民主体制"。经济学者艾伦·刘曾经对温州模式的有关政府与民间力量的关系做了较为全面和深入的研究。艾伦·刘认为，温州模式是中国区域经济社会发展中最具"代表性"和"典型性"的模式，其成功的关键在于"改变传统体制以适应现代形势"。具体地说，是"3M"与"1I"的成功结合，即群众的创造性（Massinitiativeness）、流动性（Mobility）、市场（Markets）与中国经济结构的空隙（Interstice）的结合。按照他的说法，温州区域经济传统的形成与历史上温州人对环境压力所做出的特有反应有关，因而，可以把改革开放条件下温州经济的发展视作类似于历史上温州人通过移民和长途贸易来对当时的社会环境压力做出反应的一种延续。因此，艾伦·刘认为，从现实的角度来看，温州模式作为在中国社会主义经济的诸多发展模式中"走得最远的一种模式"，其主要动力"无疑来自私人经济部门中的企业和人员"。艾伦·刘在阐述温州模式的意义时指出，温州的经济社会发展对中国的现代化有着深远的意义，如果温州模式在中国大陆广泛传播，它迟早会推进中国政治、文化和体制的理性化。作为一种"自下而上"的区域经济社会发展模式，温州模式具备了"全方位自主"和"开放型自主"的特征，其意义不仅是"小商品、大市场"，它甚至可以产生"小自主、大民主"的深远影响。[1]吴敬琏则强调了在工业化过程中建设"有限政府和有效政府"的重要性。他认为，江浙地区民营经济能够快速成长的重要原因，就是改革开放以来"地方党政领导机关及对待企业的态度比较开明，使企业的经营环境较为宽松"。[2]

过去以来，温州人的创新精神与创新实践，并不限于企业家与企业经营之中，更以企业家为思维开拓者、实践的率领者，带引城市进行工业化现代化之路。率全国之先，温州人把市场机制引入了城市建设，在城市旧城改造和新项目建设中，用经营城市的理念，以多元化、社会化的筹资手段，建成体育馆、金温铁路……与这一时期民间创新活力相共唱，温州政府在争议中始终保持着"无为"的姿态践行着支持经济社会创新发展的"有为"。"温州历届政府很少直接干预家庭和企业的经济业务，但在整顿市场秩序、打击不法行为方面，还是一直抓得比较紧。"原中共中央农村政策研究室主任杜润生如是理解：温州政府对市场行为的"无为"与整顿秩序的"有为"行动，不仅不矛盾，反而相辅相成。换言之，**温州政府过去的"无为"即"有所不为"，而"为"与"不为"之"所"均寓于人民群众之公共利益**。因此，政府管制与地方人民群众的利益需要保持高度一致，成为政府"作为"或是"无为"的唯一尺度和基本标准。

---

①LIU Y L, 1992. "Reform from Below: The Private Economy and Local Politics in the Rural Industrialization of Wenzhou，" The China Quarterly, No. 130, 314—316. 当然，该文并未深刻剖析政府在"全方位自主"和"开放型自主"中发挥的积极作用，即政府"有为"的方面。

②吴敬琏：《中国增长模式抉择》，上海远东出版社2006年版，第227页。

二、从"无为而治"到"有所作为"：温州区域法治文明发展的新起点

随着改革开放和现代化建设的不断深入，曾经一度为温州发展赢得美誉的"无为之治"，逐渐成为现行经济社会体制机制难以适应发展需求的制度"诟病"——"有为"和"无为"的规律把握和关系处理，从来都不是容易的，也不是一成不变的，更不是一帆风顺的。在"有为"和"无为"的规律把握和关系处理上，温州政府并非无所缺憾。尤其是在区域经济社会发展达到一定的新高度、创造了举世瞩目的温州模式之后，如何基于新的发展变化的形势和需要，进一步促进区域创新使区域获得新发展上的创新红利，这需要一种与时俱进的、在"有为"和"无为"的规律把握和关系处理上的新"平衡"战略。而这种新"平衡"战略的确立，的确不尽如人意，该"无为"的领域或许介入过多过深，该"有为"的领域或许依然"放权"放任。调查研究表明，在温州，尽管市场微观主体充分发育，但政府主体改革却远未到位；尽管非公经济早已成为经济发展的主要支柱，但社会化融资平台却尚不健全；尽管商品市场不断繁荣，但要素市场化改革始终滞后；尽管温州物质生活水平明显改善，但公共服务需求无法满足；尽管城市迅速扩张，但城乡二元矛盾、区域不平衡进一步扩大；尽管工业文明发展，但在建设资源节约、环境友好的"两型社会"中，步履蹒跚……①温州"无为之治"遗留的改革不到位、体制不完善等发展深层次的矛盾和问题日益锐化。无须讳言的是，早期靠改革和制度创新起家的温州，在不少方面已慢人一拍、迟人一步。而今，体制机制建设的不活不顺，政府职能"越位、错位、缺位"，在一定程度上扯了温州区域经济社会发展的后腿。

比如，囿于财力不足，政府在许多领域的管理"缺位"，使得社会公共产品的供给不足。在温州的基础设施方面，"十一五"期间，政府在基础设施投入预计仅为600亿元左右，平均每年100多亿元，仅相当于一些地区一个县的年度GDP，导致城市建设严重滞后。由于财力方面投入不足，又没有一个投融资体制来保障，因此，政府明知城市化滞后，却也是有心无力。分析起来，可以大致

---

① 参见《温州市经济体制改革"十一五"规划》。

看到：由于历史原因和传统体制制约，地方政府困于体制不顺，政府职能"错位""越位"或多或少地阻碍了政府的经济管制职能。多部门多头管理、权责利相互分离、上中下关系混淆，"看得见管不了，管得了看不见"，出现了管理盲点。在城市建设上，又经常政企不分、管办不分，上一个项目建一个指挥部，一方面财力紧缺，另一方面又铺张浪费，有限的资源难以用到刀刃上。

再比如，温州整体配套改革的滞后，导致温州在经济社会发展中，累积了许多深层次的矛盾和问题，使得温州转型发展步履维艰。在财政分配体制上，一些财政增量没有很好地向区级和基层倾斜，基层单位承担沉重的城市建设管理职责，但利益分成却十分有限，工作的积极性和创造性难以调动。行政审批程序繁多、流程烦琐，"中梗阻"现象严重，难以提速提效，很多项目和工作"死"在审批的路上。有着城市"毒瘤"之称的"城中村""园中村"，因为配套政策不到位、认识不统一，改造步履维艰，推进处处受制，始终走不出越改越难、越治越乱的困境。温州的发展因城镇化改革起步，但多年来在城乡统筹发展上招数不多、办法不新。农村综合配套改革的滞后，让整个温州陷入"半城市化"的尴尬境地。

温州区域经济社会发展中的现实问题，需要我们不断地进行理论反思和实践回应：温州靠什么保障后续发展？靠什么维护改革的成效？靠什么赢得改革的胜利？基于此，相关调查研究指出，温州的改革需要在关键领域与核心环节重新突破。回到温州政府管制的层面，就是采用全新的治理形式，用"有形之手"回应公共利益新诉求，重新释放现有体制下被羁绊的创新活力。[1]

显然，温州模式在过去所取得的成功，主要是让人们在一个相对自由的制度环境里，依靠自己的智慧和力量去实现自我创造。那么，新一轮改革的关键，应该在于如何运用政府"有形之手"理顺体制机制，调动群众的智慧和力量去继续创造。近年来，温州着力在建设管理体制、国资管理体制、投融资体制、民营经济创新发展、社会发展体制、村镇管理体制、城乡统筹体制、行政体制、科学发展考核评价体系和干部制度等方面大胆进行改革创新，形成了温州新时期颇具特

---

[1]瓯江平：《激发群众创新活力——温州体制机制创新改革创新系列评论之十》，《温州日报》2011年2月26日，第1版。

色的"十大体制改革"。温州加速改革步伐，推出一系列全方位改革的举措，这正是契合自身发展需要的破解之方。

在社会的转型时期，温州政府进一步理顺"有为"和"无为"的关系，在某些领域由"无为而治"转向"有所作为"，及时进行体制机制的改革创新，这些都是温州政府对温州区域经济社会的及时回应。"创新是法治发展的不竭动力。就总体来看，法治是一种实践的事业，而不是一种冥想的事业。它所要回应和关注的是社会的需要（当然，这并不排除法律在某些情况下可以以推动变革的方式来回应社会的需要）。"①因此，温州政府的"有所作为"不是简单地看其投入多少资源、做了多少工作，而更应考量其工作在多大程度上满足了社会的需求。

第三节 营商环境法治化：新时代温州区域法治文明之拓展

温州是民营经济的发源地，一直以来，温州政府高度重视民营经济及其主体法律地位，采取"自下而上"发展模式中的"全方位自主"和"开放型自主"的模式，保障其自治性法律权益。随着改革开放的不断深入和社会转型的发展，温州政府更是从"无为而治"逐渐转向"有限有为政府"，政府对经济的角色从无为管制转向有为服务，更有效地保障了民营经济主体的利益，拓展了温州区域法治文明。

事实上，任何法治文明并非以控权为目的，对政府权力的控制只是为了充分保障公民的权利，在经济发展中表现为保障和促进民营经济主体的经营自由和经济利益。据此，近年来，温州政府依法推进"最多跑一次"改革，依法推进相关重点领域的改革，积极打造一流的营商环境，保障和促进民营经济主体的自由和利益，一方面要求政府简政放权，实施权利负面清单制度，不无当管制；另一方面，要求政府采取积极措施优化营商环境。政府淡出市场并与企业保持距离，并不意味着政府应当无所作为。

在现代市场经济中，政府通过营商环境法治化建设，重点在设定和执行市场规则、保持宏观经济稳定、对特殊行业进行监管、主持社会公正等方面发挥着积极的推

---

①方益权：《法治国家建设与公民人格现代化》，《社会科学战线》2004年第6期。

动作用。站在新时代，温州推进一流营商环境法治化建设，不仅是建立现代服务型政府的必然要求，而且将对温州民营企业的竞争战略和竞争结构产生重要的积极影响。

一、营商环境之起点："无为而治"主导下的温州发展模式

在温州模式的形成和发展过程中，温州地方政府服务经济发展的意识得到了高度的认同并被广泛践行，甚至一度优于管制意识。温州民营经济的高度发展，让普通的经济个体不仅能利用国家允许的机会，还能时常与地方干部"合谋"，为自己创造机会。帕立斯在阐述温州模式的特征时，专门研究了个体或家庭工业和商业企业在公有企业的"挂户"问题，也研究了私营企业注册为集体企业的"戴红帽"现象，并将这种现象戏称为"创造性的骗术"。[①]温州经济发展的实践表明，这种"创造性的骗术"在一定的历史条件及发展环境中，对于缓和个体私营经济雇用私人劳动这一问题与中央部门有关文件规定的矛盾起到了积极的作用，也为地方政府官员维护个体私营经济发展的努力减少了意识形态方面的风险。此外，"挂户"和"戴红帽"也有助于个体私营经济从国有银行或官方信贷机构获得投资基金，同时在纳税上也得到一些优惠。结果，"在地方需要和地方积极性的基础上，新的经济体制形成了"。在考察温州模式的制度变迁时，帕立斯以"个体工商劳动协会"为例，研究了私营企业家的自发组织与地方政府部门（工商行政管理局）和国家机关的相互关系，揭示了私营企业主如何在避免成为意识形态原则挑战者的同时，与政府部门及其官员"结盟"的过程，从而使得私人企业家自发组织成为国家社会主义制度的"力量"。这一过程同时也表明了先行的国家制度和意识形态是如何去适应地方行为的，最终在私人利益合法性有限的不断增加的过程中，促进了地区经济的发展。据此，帕立斯在考察温州模式的成因时，把温州模式的产生看作是区域内的老百姓、地方政府官员和中央政府三方博弈的结果。[②]

---

①K.帕立斯：《地方积极与国家改革：经济发展的温州模式》，原载《中国季刊》1993年第134期，译文载《上海市委党校文献情报》1994年第4期。
②同上。

改革开放以来，温州政府主导民营经济的发展以"无为而治"著称，但在营造民营经济发展的外部法治环境方面，温州政府却"大有作为"。政府对于民间企业成长的作用并不是可有可无的，只是这种作用是政府的管理职能和企业的自主发展二者的结合。温州政府的"有为"主要体现在以下几点：

第一，营商环境法治化改革，保护民营企业产权。为了打造一流的营商法治环境，温州地方各级政府在界定实施企业产权方面起到了积极的作用，尽管温州的企业多数为民营企业，这些企业的产权大都比较清晰。但是，由于特殊的历史背景，民营企业在保护产权方面道路坎坷、任务艰巨，温州地方政府从多方面保护了民营企业，发挥了非常积极的作用，使民营企业提前几年获得了放手发展的外部环境。

第二，提供公共产品和服务，组织民营经济主体参与基础设施建设。1992年以后，温州地方政府经济作用的重心发生了转变，从以保护民营企业产权为主转到推动基础设施建设和提供公共产品上来。各种迹象表明，基于机遇和优惠政策而发展起来的温州模式的优势正在消退，温州面临着以基础设施薄弱为标志的地方综合经济后劲不足的严峻挑战。近年来，加快基础设施建设成了温州上下普遍关注的焦点，立足于温州民间资金殷实和人民要求改善生活质量的愿望强烈而进行的城市及基础设施建设，容易使地方政府得到广大群众的支持，也能为民营经济的进一步发展拓展空间。

第三，解决外部性问题。改革开放二十年前后，温州经济在发展中遇到的最大的外部性问题莫过于产品质量问题，即假冒伪劣问题。1990年至1994年，温州政府在治理外部性问题上发挥了主角的作用，认真打假治劣，基本上制止住了区域性生产销售假冒伪劣产品的违法活动。同时，保护优秀产品，扶持名牌产品，启动产品质量与国际接轨工作，为民营企业的产品质量营造新的外部环境。

二、营商环境之发展：转向"有为政府"的温州发展模式

社会的转型发展，促使温州政府将经济工作的重心从"无为"的管制转向"有为"的政府服务。温州模式是在旧的与计划经济体制相配套的政府管理体制下形成的，在其发展的前期乃至中期，政府的"无为而治"可以避免失当的干

预。但随着市场经济体制在全国的初步建立，随着温州在资源配置市场化方面的超前发展，加之，温州非国有经济比重较大，市场力量发挥作用的突出，政府的"失灵"现象正越来越明显。在新一轮的经济发展环境中，温州经济已经出现很多新的发展背景，这些背景要求政府部门必须有创新的作为，以支持和推动温州经济可持续的科学发展。金融危机后，温州政府采取积极措施，以战略导向引领企业，以扶持政策激励企业，以政企互动凝聚企业，以优化环境服务企业，最终形成政府"有形的手"与市场"无形的手"的有机结合。温州市原发展与改革委员会主任卓高柱2006年1月10日在温州市第十届人民代表大会第四次会议上所作的《关于温州市 2005年国民经济和社会发展计划执行情况与 2006 年国民经济和社会发展计划草案的报告》中提出从四个方面努力完成温州的经济改革及阶段转换任务。2008年12月中共温州市委连续发布《关于深入贯彻科学发展观，加快转变经济发展方式，推进经济转型升级的实施意见》和《关于温州市百龙企业培育的实施意见》。2009年中共温州市委发布《关于深入贯彻科学发展观加快转变经济发展方式推进经济转型升级的实施意见》和《关于实施工业转型升级321行动加快转变经济发展方式的意见》。2018年是改革开放四十周年，温州市委市政府出台的《关于以"最多跑一次"改革为统领推动重点领域改革 坚定扛起新时代"探路者"使命担当的意见》，明晰改革线路图，彰显温州改革再出发的坚定决心。温州着力从深化"最多跑一次"改革 、深化十大重点领域改革和整体推进"五位一体"改革等三大方面推进改革，[1]改革措施的顺利推进必将为温州营商环境法治化奠定良好基础。

从无为的管制转向有为的服务，温州政府对经济发展的积极作用主要表现在如下方面：一方面，增强服务职能。为引导企业走出困境，温州政府主动推进自身改革、转变职能，在充分发挥市场配置资源的基础作用的同时，努力做到该管的管住管好，不该管的放手让市场调节，为市场主体创造良好的发展环境，建立健全服务企业的长效机制。2011年，温州召开中小企业融资对接会，会上有20家企业与13家银行签订协议，授信总额达31.16亿元。在开拓国际市场上，温州市政府拿出2000万元专门扶持企业到境外参展；加大对企业投保出口信用保险，确立了"政府引导、企业主体"的原则，通过政府宏观调控，加快推进温州工业转型升级，实现发

---

① 叶凝碧：《改革攻坚突破年，看温州如何突破》，《温州日报》2018年2月24日。

展动力从资源消耗为主向创新驱动为主转变，产业结构从一般加工业为主向先进制造业和高新技术产业为主转变，产业链重心从制造环节为主向研发设计和市场营销两端延伸为主转变，产业组织形态从传统块状经济为主向现代产业集群为主转变，企业经营方式从粗放经营为主向集约经营为主转变，产品层次从低技术含量和低附加值为主向高技术含量和高附加值为主转变。另一方面，增强政府行政指导职能。政府行政指导既可以被认为是一种新的政府职能，也可以被认为是一种新的行政管理手段和方式。2008年以来，温州各级政府和有关部门支持企业挖掘潜力开拓国内市场。率先在天津和江苏设立"温州名购中心"，鼓励同行业、跨行业企业间"抱团"开辟新市场。支持企业"走出去"拓展国际市场，举办产业对接合作交流活动等。这些具体的措施，是温州政府积极推动营商环境的生动表现。

温州政府在经济建设中从管制转向服务，形成行政审批的温州模式，全面推进"最多跑一次"改革。以"给人民群众带来更多获得感"为目标，温州率先在行政审批领域进行改革。建设行政审批中心的初衷是改进政府的工作方式，提高行政效率，提供一个集中办公的场所为群众提供便利服务，促进地方政府职能转变，减少行政成本以及实现向"服务型政府"的转变，被评价为"行政体制改革的突破口"。为了解决审批中心体制不明问题，自2006年始，天津、安徽、四川、陕西、吉林、西藏等省级服务中心纷纷成立，其他省市也纷纷跟进。实际上，在各城市考虑如何理顺行政审批中心体制之前，类似的实践在温州已有实行，这就是行政审批的温州模式。

2017年以来，温州以"最多跑一次"改革为统领推动重点领域改革，坚定扛起新时代"探路者"使命担当，市本级梳理公布群众和企业到政府"最多跑一次"事项738项；积极推进"一窗受理、集成服务"改革，整合设置了商事登记等8类综合窗口，覆盖了80%以上的审批部门；根据业务关联性原则，将300多项审批事项梳理归纳为93件事，实现了流程优化精简再造；运用"互联网＋政务服务"思维，市本级已有680个事项可以通过网上申请、快递送达，做到"一次都不跑"，打造了"最多跑一次"改革的升级版。[1]

---

[1]吕进科：《温州"最多跑一次"改革经验全省分享》，《温州都市报》2017年10月17日。

三、新时代开启营商环境新征程：温州区域法治文明发展之拓展

深刻审视温州区域经济社会，经过改革开放之后四十周年的发展，温州政府已经基本解决私人产品短缺方面的问题。现在面临的主要问题是人们对公共产品需求的快速增长，而与之相矛盾的是，温州各级政府在公共产品尤其是环境治理方面的投入明显不足。政府对公共产品供给的不足，事实上，从另一个方面看，是温州政府在新的社会转型期中政府管制能力的不足，特别是社会性的管制能力不足。

由于投资环境不佳，温州近6000亿元的民间资本不仅没有转化为本地的财富和发展的资源，反而在外到处"觅食"；全国各地来温州招商，许多成长型企业就像割韭菜一样被一茬一茬地割走，造成了民资充裕却在转型发展上处处缺钱的独特怪象。

面对这样的情势，温州市委市政府不得不清醒地认识到：投资环境不佳、政府投入不足、城市建设滞后，关键在于融资平台建设、国资管理、财政分配、城建管理等体制机制不顺。在这背后，实质暗含着一个基本经济发展的规律：比发展，首先比的是环境，真正较量的是政府整合调控公共资源和各项经济社会资源的能力，而这种能力归根结底又取决于各种相应的机制体制建设。

当前，在温州区域经济社会转型发展时期，政府、经济和社会需要加强三方互动关系，增强温州区域经济社会的竞争力。但是，如何能够抢得先机、占得主动，决定权主要还是掌握在政府手里。从这个角度说，转型发展时期政府必须更加有为。站在新时代，如何充分实现政府的转型，开启温州营商环境的新征程，为温州区域法治文明拓展更大的发展空间，需要从以下几方面改进政府的作为：

第一，政府有为的关键点：在制度改革和制度重建中寻找动力，实现转型发展。温籍经济学家张仁寿认为，温州模式目前遇到的最大问题，是作为"公共产品"的"制度供给"不足问题，也就是说，制度创新陷于式微。因此，温州的改革攻坚，就要突破惯有路径依赖，重点解决经济社会转轨、发展方式转型的体制机制问题。

第二，政府有为的边界点：在政府与市场之间找到明确边界，实现履职归位。温州模式过去强调无为而治，但从紧缺经济过渡到过剩经济，政府必然要伸出"有形之手"，创造良好的制度环境保障"无形之手"的发挥。温州市委市政

府推出的城市建设管理、深化国资体制以及金融改革创新等一系列改革，就是要从制度这一根本层面，尽可能地减少政府错位、越位带给市场经济的消极影响，让"有形"作用去引导市场。像在城市建设管理中，彻底撤销建设指挥部，把城市项目交由企业建设，这些举措指向性十分明确：政府正以制度层面的探索创新，引导、促进要素市场化配置。

第三，政府有为的结合点：在政府与社会之间找到最佳结合点，实现履职到位。面对当前基本公共产品短缺的矛盾，温州市最近出台的一系列改革措施用意十分明显：让缺位的政府职能到位，早日实现作为空间。当下进行的市级政府体制深化改革，调整市级政府对区级财政体制和土地分成体制，就是要按照公共产品、公共服务承担与受益一致和财权、事权一致的原则，理顺市区财政分配关系，从体制、机制上解决上级政府"权大责小"、下级政府"权小责大"以及财权事权不对称等问题，努力让政府成为优质公共品的提供者和良好公共环境的创造者。

第四，政府有为的突破点：在自身管理和改革中找到突破点，塑造新的自我。当前，温州重点推进行政审批制度的改革创新，启动"最多跑一次"改革，打通群众与企业到政府部门办事的"最后一公里"。2018年，温州力图实现"最多跑一次"改革覆盖所有政务服务事项，力争民生事项和企业事项实现"一次办结"，其中80%以上开通网上办理。在优化营商环境、"一窗受理、集成服务"改革、"打破信息孤岛、实现数据共享"、便民惠民、"四个平台"建设等方面实现重大突破。[1]行政审批制度的改革，需要政府自身积极创新改革，目的就在于提升服务效能，加强制度供给，营造法治、透明、公平的体制机制，保障经济社会的转型发展。

第五，政府有为的着力点：在政府和公民之间形成法治的着力点，打造责任政府。政府行政权力无论是从来源还是从行使的对象看，人民是其唯一的着力点。因此，政府行政权力的行使应该严格遵循"授之于民，善用于民"的原则。由此，需要在政府与公民之间形成良性互动互信关系，有为政府既是一个积极履行行政职责的政府，也是一个勇于承担行政责任的政府。政府必须忠于职守，勇

---

[1]柯哲人：《温州"最多跑一次"改革再深化》，《温州日报》2018年2月26日。

于承担责任，方能获得人民的信任，以较小的成本实现对社会合法及有效的治理。有为政府还应树立明确的责任观念，将传统政治中的"官民"观念转变为现代政治中的"平等制约"观念，要着力维护并推进与公民之间的良性互动关系，要有坦然接受公众监督、批评的姿态、勇气与责任感。同时，应设计行之有效的责任评价及监督机制，完善和发展现行的问责机制，建立健全政府内部绩效评价机制和政府外部监督机制，落实责任政府理念。①

因此，如何打造好区域经济社会发展环境这一最大的公共品，需要政府更加自觉主动地从经济建设型政府向公共服务型政府转变，努力打破原有政府管事、管资产的利益格局，以改革的姿态，破除制约温州发展的各种体制性障碍，充分发挥市场配置资源基础性作用，提高政府调控的主动权，朝着亚当·斯密的"守夜人"角色过渡，用"看得见的手"转动资源"魔方"，着力改善发展环境。一个责任政府必须以制度创新来呼应社会需求，这正是政府转型的重要方向和目标。

"保护人民不受非法侵害的要求和避免市场的失败，取代了人们认为最少的统治就是最好的统治的观点。政府的家长统治通过法律命令日益改变了开拓者的个性。"②因此，温州区域法治文明的发展需要政府由"无为而治"转向"有所作为"，需要政府的管制，需要通过持续不断的变革，并运用法律的武器和手段，寻求区域经济社会永续发展的基本动力，从而为温州营商环境法治化建设提供制度的保障。政府的有为只有通过有效的法律保障手段，才能将改革的成果迅速转化为区域发展的优势，从而真正拓展区域发展的空间。笔者认为，温州政府在市场经济建设中，充分发挥"有形之手"的功能应该大有可为。当政府以有为的姿态，努力再创机制体制优势之后，温州发展将迈上大发展、大跨越的新阶段。在改革开放四十周年之际，开启温州曾经引以为豪的营商环境法治化新征程，具有十分重大的现实意义。

---

① 周佑勇：《构建服务型政府的法治路径》，《法制日报》2008年4月6日。
② [美]伯纳德·施瓦茨：《美国法律史》，王军译，法律出版社2007年版，第227页。

第七章

基层民主中的温州区域法治文明

托克维尔在考察美国的民主制度时指出：法制比自然环境更有助于美国维护民主共和制度，而民情比法制的贡献更大。[①]苏力教授在《送法下乡》中提到，中国的法治建设在总体上只能是自下而上。毕竟，从根本上来说，法治建设是一项人民广泛参与的整体事业。[②]研究温州法治文明同样离不开对温州区域内法制和民情的考察，法制和民情是推动温州区域经济社会发展的特殊原因和决定性因素。

在关注温州区域经济社会发展的过程中，一方面必须充分重视国家法制和政策等的实施对温州区域法治文明的重要作用及其意义。另一方面，关注到蕴含于温州区域经济社会中的民主形式和基层民情，特别是以村民自治为核心的农村基层民主和以外来务工人员为主体参与的民营企业基层民主，这些基层民主和法制渗透在社会生活的各个方面，是广大基层群众行使管理国家事务、管理社会经济和文化事业等方面的权力的主要途径；人民群众通过这些组织和途径依法直接对基层公共事务和公益事业行使参与、管理、监督的权力或是权利，亲身感受到自己是国家、社会、本单位或本社区的主人。温州基层民主建设的实践在一定程度上体现着区域范围内基层民主法治文明发展的方向，其具体运作实际上构成了区域内法治建设过程的"基石"部分。基层的民情和基层的民主自治制度在一定程度上引领了温州区域法治文明发展的进程。

---

①[法]托克维尔：《论美国的民主》上卷，董果良译，商务印书馆1997年版，第354页。

②苏力：《送法下乡——中国基层司法制度研究》，北京大学出版社2011年版，第190页。

第一节 基层民主的创新与发展蕴育温州区域法治文明

社会现实与法律条文之间，往往存在一定的差距。[1]而法律制度在社会现实中的创新是法学理论适应经济社会发展的基本形式。没有法律制度的创新，就没有法学的发展。制度创新是法学理论发展和实践具体推进的"活水之源"，同时，制度创新也是法治文明的核心范畴。以制度创新为核心的温州乡村基层民主制度建设，既是"社会诱致演进"的结果，也是温州"政府着力推进"的重心。温州乡村基层民主建设是以区域制度创新为核心展开的。

一、社会诱致演进与温州基层民主法治的创新

张文显教授研究法治的要素和机制时，指出"现代法治以民主政治为其政治基础。这是因为民主政治必然是、也必须是法治政治，法治必须由民主政治支撑"[2]。依此结论，我们可以认为，就温州基层民主建设与温州区域法治的关系而言，温州基层民主的创新与发展为温州区域法治化的逐步演进与形成创造了必要的政治基础。温州区域法治化的过程，既是国家法治化进程中一个不可以分割的部分，也是温州本土经济社会自然演进的结果，它是基于温州本土资源，特别是温州基层民主的创新与发展而逐步建构起来的。很显然，温州区域法治秩序的建构，应该首先从维护和实现温州区域内广大基层群众的根本利益出发，进而积极推进基层民主制度建设，切实保护基层人民合法公民权益和乡村自治权的贯彻和落实，温州区域法治为基础民主政治建设起到了很好的支撑作用。换言之，温州基层民主与温州区域法治存在密切联系，二者相辅相成，互为进程关系。

肇始于1978年的中国农村经济社会变革，特别是家庭联产承包责任制在广大中国农村的实行，使包括温州在内的中国农村社会经济结构发生了根本性的变化。通过改革，农民取得了对土地的自主经营权，逐步摆脱了对村级组织的经济依附关系，拥有一定政治经济自主发展空间。与此同时，温州农村孕育和形成了

---

[1]瞿同祖：《中国法律与中国社会》，中华书局2003年版，第2页。
[2]张文显：《法哲学范畴研究》（修订版），中国政法大学出版社2001年版，第173页。

我国早期的个体经济和私营经济，在这些生产经营活动中，无论是家庭承包生产，还是私营经济行为，农民可以自由选择、发挥自由意志、独立自主经营，这使得农民有条件地萌发了自由民主意识。广大农民的这种自由民主意识，逐步发展起温州的基层民主政治，随着1987年颁布的《中华人民共和国村民委员会组织法（试行）》和1998年颁布的《中华人民共和国村民委员会组织法》对村民的自治权做出的明确规定，包括温州地区在内的中国农村基层民主制度得到了进一步明确。这一基层民主制度，创制出一种新型的农村社会生活，在那里，一种新式的基层民主政治制度将农民与政府之间的法律关系，以及农民与其自治组织——村民委员会的法律关系，加以全新的转化与定位。

1982年宪法明确规定，居民委员会和村民委员会是基层群众性自治组织。由此，中国的基层群众自治制度正式确立起来，温州的基层政治也由此逐步开展起来，随着经济社会的发展，温州广大基层组织和村民在党的领导下，大胆探索，勇于创新，推动温州农村的基层自治和基层民主政治不断向新的广度和深度发展。其间，许多做法走在全国的前列，例如发生在温州的全国首例"村官"罢免案[①]和瑞安新农村建设"协会模式"的改革[②]。

让我们先来看看发生在温州的全国首例"村官"罢免案。该案是在《中华人民共和国村民委员会组织法》颁布不久，首例在村委会的主持下、村民依法罢免"村长"的民主实践。在该案中，潘洪聪成为中国首位任期未满即遭到村民集体罢免的"村官"。此后，瑞安市的白莲村和温州市鹿城区的巨一村也先后罢免了"村官"。[③]在一段不长的时间内，温州屡屡发生罢免"村官"事件，这充分说

---

① 1999年5月24日，温州瓯海区寮东村村委会在省、市、区、镇民政和人大组成的指导小组的指导下，主持召开村民大会，依据1998年11月4日实施的《中华人民共和国村民委员会组织法》，就广大村民联名提出的罢免潘洪聪事宜，举行实质性的、一步到位的法律运作：一位村民代表在大会上宣读了494名村民（符合法定人数）联名要求罢免村委会主任潘洪聪的意见书及罢免理由。张和平、周效政：《全国首例"村官"罢免案》，《民主与法制》1999年第16期。

②2006年3月25日，以"三位一体"为基础的瑞安农村合作协会正式成立，迈出了探索社会主义市场经济条件下的农村新型合作化道路的新步伐。为了推进"三位一体"建设，瑞安市委、市政府明确强调：深化信用社、供销社和农村科技推广体制改革，建立健全农村金融、流通和科技推广体系，以"三位一体""条块交融"为指导思想，积极探索社会主义市场经济条件下的新型合作化道路。

③陈东升、董碧水：《浙江瑞安一被罢免村主任入党引争议》，《中国青年报》2006年7月10日。

明温州广大村民们已经学会了依照法律程序，平稳有序地解决自己的问题。这一系列罢免和选举风波，反映出民主的幼苗刚刚扎根于温州农村这片沃土，就迅速地成长起来。同时，也给我们留下许多思考。就小范围而言，温州是全国个体、私营经济最发达的地区之一，很早就投身于此并在这种氛围中不断成长的温州农民，其独立自主、自由民主意识较其他市场化程度较弱地区的农民更加强烈。因此，针对同样的村庄状况，温州农民采取较"激进"的罢免村官的手段显得更自然，这就使得村民罢"官"事件成为可以理解的事，并让人相信这种现象还会持续下去。

瑞安新农村建设"协会模式"的改革，并不仅仅因为农村合作"三位一体"对中国农村新型合作经济模式进行了新探索，还因为它所直面的是农民——当今中国最受关注的一个群体在这个经验中获取的直接或者间接利益。"三位一体"既是三类合作组织的三位一体，也是农村经济三重合作功能的三位一体，还是三级合作体系的三位一体。瑞安农村合作协会致力于促进农民专业合作、供销合作、信用合作的发展、规范与改革，加强三类合作组织的合作、联合与整合，推动农村金融、流通与科技体制改革，组建全方位、多层次、综合性的农村新型合作组织，使之兼具金融、流通、科技三重合作功能，贯穿县、乡、村三级合作体系，不断探索社会主义市场经济条件下的新型合作化道路，努力塑造和提升农民在新农村建设中的主体地位。

孙笑侠教授等研究认为，当代中国法治的实践，法治或法治秩序既可以是根据本土社会发展而自然演进的，又完全可以是被主体经过理性设计和实行而建构起来的。长三角的区域法治实践和农村基层民主建设实践就是例证，江浙沪三地的法治实践代表着中国东部的法治发达水平，它们已经先行发展了区域性的法治。其进程实践告诉我们，法治或法治秩序既是演进的，又是建构的。[1]温州乡村的基层民主法治是伴随着温州区域的经济社会发展而逐步形成的，它既是我国自上而下理性立法构建和设计的结果，[2]也是基于温州区域本身的社会经济发展特质

---

[1]孙笑侠、钟瑞庆：《"先发"地区先行法治化——以浙江省法治发展实践为例》，《学习与探索》2010年第1期。

[2]从国家立法层面看，我国在改革开放之后，制定了一系列关于保障我国村民自治的组织法等法律法规。

自然演进的结果。要全面地分析温州乡村基层民主法治问题，必须首先分析其运行的经济社会背景。

温州是我国民营经济的发源地之一，温州的乡村作为温州乃至全国最早的乡镇企业和个体经济的主要发源地，孕育了我国较早一批乡镇企业和民营经济，这些经济主体的产生及其行为运作带动了区域内乡村基层民主法治化的进程。"就在这块土地上，人们开始应用当时尚不知道或认为行不通的实践去使他们的生活呈现出过去的历史没有出现过的壮观。"①在温州的区域经济社会的发展进程中，人们开始应用当时尚不知道或认为行不通的罢免权维持了自身的合法自治权益，使得温州区域内的法治建设呈现出过去没有过的壮观。党的十九大报告明确提出："要改进党的领导方式和执政方式，保证党领导人民有效治理国家；扩大人民有序政治参与，保证人民依法实行民主选举、民主协商、民主决策、民主管理、民主监督；维护国家法制统一、尊严、权威，加强人权法治保障，保证人民依法享有广泛权利和自由。巩固基层政权，完善基层民主制度，保障人民知情权、参与权、表达权、监督权。"

温州的基层民主建设，包括直接罢免村委会主任和"三位一体"的农协改革模式，既是广大村民积极有序参与基层群众自治管理、加强议事协商、强化权力监督的典型事例，也是温州区域法治过程中，积极拓宽基层法治范围和途径，丰富基层民主政治，健全党组织领导充满活力的基层群众自治机制的体现。这些活生生的基层改革案例，不仅巩固了基层政权建设，完善了基层民主制度，也保障了广大人民的知情权、参与权、表达权和监督权。与此同时，温州基层民主政治建设对于实施乡村振兴战略，加强农村基层基础工作，健全自治、法治、德治相结合的乡村治理体系，必将具有十分重要的推动作用。因此，温州基层民主建设已成为温州区域法治文明的建设重要支撑。

二、政府指导引领温州乡村基层民主法治的创新

政府的指导引领行为在法学上称为行政指导，亦称行政辅导，通常指作为政

---

①[法]托克维尔：《论美国的民主》，董果良译，商务印书馆1997年版，第354页。

府的行政机关，依据国家法律及其精神原则，包括国家某阶段或某方面的方针政策，在其职权责任范围之内，或结合其承担的具体工作任务，采取提出希望、建议、劝告、警诫、敦促等方式，谋求行政相对方的响应乃至主动配合，以最终实现其所期望的行政目的或状态之行为。[1]随着"服务行政"理念在我国不断深入人心，行政指导在常规状态下的行政管理过程中逐步得到了推广。一些地方政府为了推进社会经济发展，积极为乡村基层民主法律制度的创新提供政策支持，较多地运用了行政指导行为指导基层民主法治建设。具体体现在如下几方面：

第一，采取政府行政指导行为，平衡与协调乡村基层民主法治建设中的各种法律关系。从各国行政指导的实践效果和功能主义的视角来看，符合现代行政民主和法治精神的行政指导，在当代行政管理过程中具有平衡与协调、沟通与化解、预防与抑制、辅导与促进等广泛作用。行政指导的非强制性和自主选择性，使其在缓解和平衡乡村基层民主建设中各种利益主体之间的矛盾和冲突时，起着一种特殊而有效的协调作用。

第二，弥补强制指令不足，提高政府在乡村基层民主法治建设中的管理效率。政府管理中，同样要讲效率和效益，而行政指导正是一种有利于提高社会综合效益的行政管理方式。"行政指导是符合行政效率原则的行为。在面临缺乏具体的法律调控依据或其不甚适应客观要求时，通过积极的行政指导措施能够更及时有效地实现行政目标，提高行政效率。"[2]这是因为：其一，采用行政指导有利于降低应急管理的成本。其二，采用行政指导有利于更有效地实现乡村基层民主管理目标。随着社会生活的不断发展，现代管理日益复杂化、多样化。如果行政机关只采取单一的强制性行政指令手段，显然不能满足客观需要。因此，行政机关有必要及时、灵活地采取行政指导的方式来调整有关的乡村基层民主关系，作为对强制性手段的补充，以便有效地实现乡村基层民主管理的目标。

第三，扩大公众参与，增强乡村基层民主法治建设的能力。在温州乡村基层民主建设过程中，地方政府仍扮演着至关重要的角色。但是，从另一个角度看，

---

[1] 林江山：《行政法新编》，五南图书出版公司1973年版，第407页。
[2] 莫于川：《行政指导与建设服务型政府：中国的行政指导理论发展与实践探索》，中国人民大学出版社2015年版。

在任何一个社会，政府的力量都不可能是包揽一切的——即使因特殊时期特殊需要而导致政府权力扩大——仍需要社会组织做一些"拾遗补缺"的工作，因为它们往往是社会力量的"黏合剂"和"润滑油"，它们的工作有利于整个社会的力量整合和信息沟通，从而使政府、自治组织和民众个人的利益在建设乡村基层民主法治时更容易得到高度统一。

政府的行政指导对温州基层民主建设具有指导作用，在温州城乡发展的新思路形成方面发挥了法律功效，温州"三分三改"和行业协会参与新农村建设的新模式，正是这一城乡发展的新思路的改革成果和具体实施方案。

所谓"三分三改"，就是政经分开、资地分开、户产分开和股改、地改、户改。"三分三改"的目的是促进要素的市场化配置和流转，是统筹城乡综合改革的核心，也是农村生产关系和社会关系的重大变革，对彻底破除城乡二元结构、统筹城乡发展、加快推进新型城市化，具有重大而深远的意义。该改革方案是在政府行政指导之下对基层乡村关系的调整和变革，是基层民主建设在具体的社会经济领域的改革新思路和新发展，实施至今，产生了较为良好的经济和社会效应。这种新村治变革模式是在政府部门和村庄社会的良性互动中一步步形成的，这个形成的过程，既有政府对乡村社会需求的良性回应，也有乡村社会对以县政府为代表的国家行为的积极介入，县政府的角色实现了从"消极干预"到"积极引导"的转变。具体来说，县政府在制度供给与输入、制度运行的监督与管理以及村民的培训方面，都发挥了"培育引导"作用。

2011年，温州被批准成为浙江省唯一的"全国农村改革试验区"，具体承担"农村产权制度改革"试验项目。通过多年的改革探索，温州以城乡发展一体化为引领，以"确权、赋权、活权"为主线，创新性地实施"产权到人（户）、权随人（户）走"的制度和机制，基本构建了从农地到集体资产完整性、清晰化的现代农村产权制度体系和产权价值实现体系。[1]温州将以"农村产权制度改革"为主题，以农村土地承包经营权流转制度、农村集体经营性建设用地和宅基地使用权流转制度、农村集体资产产权制度、乡（镇）村基层管理体制为主要内容，以

---

[1]张玫：《浙江温州全面深化农村产权制度改革 让农民分享更多改革红利》，《经济日报》2016年11月5日。

中心镇和中心村（农村新社区）建设为主要平台，以农村住房改造集聚建设为切入点，着力突破阻碍城乡一体化的政策法规，配套推进公共服务和户籍管理等改革，大力推进城乡一体化的制度建设。

温州将"村级股改"作为试验项目重点内容，具体实施以"赋予农民更多财产权利"为导向，实行政经分开，明晰产权归属，完善各项权能。股改之初，温州推进股权量化，将村集体资产量化到人（户），实现集体经济组织成员对集体资产产权长久化、定量化享有。引导农村不设集体股，只设个人股，倡导股权"生不增、死不减"静态管理，股权可继承、转让和赠与。温州还以集体经济类型来制订不同股改方案，并确保农民知情权、决策权、参与权和监督权。"村级股改"无疑是一项先行先试的改革，改革真正赋予了农民对集体资产股份的收益权能，体现价值，产生效益。截至2016年年底，温州全市村集体经济组织股改全面完成，共量化集体资产225.72亿元，持股社员662.7万人。[①]温州农村产权制度以保障农民权益作为改革基点，实施过程公开透明，许多涉及村民利益的事情，交由农民自行讨论决定，科学的程序设计为改革的有序推进提供了法律保证，对各地推进农村产权制度改革具有重要的借鉴意义。

第二节 基层民主：温州区域法治文明之政治基础

我国法学界对基层民主的含义及其范围，尚存在诸多争议。[②]大致说来，我国基层民主是相对于国家民主而言的一种制度形式，目前尚无严格意义上的法学界定，但其内涵十分丰富，既包括城乡基层群众自治以及各类型职工自治，也包括乡镇政权及同级人大代表的选举改革。党的十九大报告强调指出，"巩固基层政权，完善基层民主制度，保障人民知情权、参与权、表达权、监督权"。基于温州区域经济社会发展的实践，温州的基层民主主要包括以村民自治为核心的农村基层民主和以外来务工人员参与为主体的民营企业基层民主。

---

①沙默：《农村改革试验"三权到人（户）"：厘清农村家底 盘活沉睡资产》，《温州日报》2017年10月20日。
②刘松山：《民主为什么不能从基层开始》，《法学》2007年第3期。

温州基层民主的发展与成就，是温州区域化经济社会发展与我国法治化进程逐步推进相结合的一项制度成果。循序渐进地推动温州区域法治，必须要以基层民主政治作为其重要的政治基础，基层民主政治是区域法治建设的重要支撑。

一、温州基层民主发展的主要成就与演进脉络

一直以来，温州处于我国农村经济发展和改革的前沿，温州的基层民主得到有效的逐步推进，基层民主建设中的各种探索、尝试和试验令人瞩目，呈现出以下演进脉络：

第一，温州永嘉"包产到户"的探索和实践，开创了中国家庭联产承包责任制的先河。1956年5月到1957年2月，中共永嘉县委在雄溪乡燎原高级社开始了包产到户试验，由此在中国首创"包产到户"。其做法就是"队向社包工包产，户向队负责专管田上分摊的包产量"，包产量核算到每亩田，合起来就是队包产指标。时任主管农业的县委副书记李云河将这种管理方法命名为"包产到户"。[①]永嘉"包产到户"的探索和实践，是在当时我国农村快速实现农业初级合作化以后，急剧扩大的生产规模使相当多的合作社在经营管理上出现不同程度的混乱的背景下，为搞好生产管理，由地方政府和党委指导区、乡开展农业生产责任制的一次有益探索。1957年夏季，温州地区各县有1000个农业合作社实行了这种办法，但随后受到批判。其后，在中央的肯定和推动下，1982年1月1日，中共历史上第一个农村工作"一号文件"正式出台，明确指出包产到户、包干到户等，都是社会主义集体经济的生产责任制。

第二，温州首例罢免"村官"案，成为践行基层民主选举和罢免制度实践的先驱。该案发生在我国《村民委员会组织法》颁布不久，是温州首例在村委会的主持下，村民依法罢免"村长"的民主实践。该案中，温州瓯海区梧埏镇寮东村村委会主任潘洪聪做梦也没有想到，他的法定任期会以这种不光彩的方式提前结束，即遭到村民的投票罢免。由此，潘洪聪成为中国首位任期未满即遭到村民集

---

①张茜：《永嘉包产到户回溯——访戴洁天对话辑录》，《中共党史研究》2016年第12期。

体罢免的"村官"。①事实上，在以往，我国一些地区在对待和处理引起村民强烈不满的村干部时，传统的做法是：或是由当地政府给予撤职处分，或是将该村干部留任直至新一届村委成员的选举上任。有关资料显示，1999年全国大约发生5起重大的罢免村官案，其中发生在温州的罢免"村官"事件就有2起。②这充分说明温州村民已经较早学会依照法律程序，平稳有序地解决问题。这是党中央提出的全面依法治国方略在温州农村的可贵实践，符合村民委员会组织法建立健全村民自治制度的立法初衷。

第三，温州民营企业的基层民主也出现了新的探索。随着社会的发展，温州一些民营企业的劳资冲突有所增加。在此背景下，温州民营企业的基层民主也出现了新的探索，外来务工人员与民营企业家进行工资集体协商与谈判，实现对工人利益保护的协商治理。在温州的一些民营企业中，最具特色的做法是持续深入地开展"活力和谐企业"建设，促进非公企业的党建工作步入规范化、制度化轨道，使企业发展充满活力、企业内部关系融洽，实现了企业党组织、企业主和职工的共同价值。温州市1987年就建立了浙江省首个私营企业基层党支部，率全国之先不断探索非公企业党建之路。走过三十一年，如今全市共有非公企业党组织5840个，党组织覆盖企业共34242家，覆盖率为96.9%，党的工作覆盖率为100%，非公企业党组织总量居全国地级市第一。

与此同时，温州一些民营企业还努力探索进行工会的直选与"海选"，由工人直接投票选举工会领导人，以确保工会相对于出资方的自主性，并提高其在切实保障工人权益上的自觉性。

此外，温州基层民主发展的动力还呈现出上下互动的格局。温州基层民主的发展，如城乡居民自治的制度创设、资源供给与规范运行，得益于党和政府的建构和推动。与此同时，随着温州社会结构的急剧分化与利益结构的深刻调整，基层利益矛盾和冲突不断加剧，基层群众自主参与的愿望和诉求也在不断增强。如随着城乡一体化进程的加快，因中小企业导致的环境污染等问题而出现的维权行

---

① 陈东升、董碧水：《浙江瑞安—被罢免村主任入党引争议》，《中国青年报》2006年7月10日。

② 王尚银：《村民"罢官"与村级民主建设》，《社会主义研究》2003年第1期。

动在温州基层社会时有发生，并由此出现新的自治组织及其他自治形态组织。显然，此类自治组织及形态不能单纯地归结为集体抗争或者社会运动，它具有明确的利益导向而非政治导向，具有区域边界和参与规约，这些自治组织及其活动的形态，引导了区域法治文明的建设。

温州区域基层民主建设作为区域法治文明的一环，应该从温州区域经济发展的角度来考察。可以说，温州基层民主能从农村商品经济的发展和民营经济的发展中汲取用之不竭的力量因素，是因为这个因素本身就是温州区域经济社会发展的主要构成因素之一，即基层民主政治是温州区域法治的政治基础，而区域法治是以区域的经济发展为基础的。因此，温州基层民主的演进脉络与区域经济社会的演进脉络保持一致，二者相辅相成。同时，温州基层民主的创新，既是区域法治文明的演进结果，也是推动区域法治文明向前发展的基本因素。

二、温州基层民主形成和发展的基本特点

其一，逐步实现了从选举制度的完善到民主治理机制的探索与转型。随着温州民营经济的崛起、社会群体分化和利益主体的多元化，面对不同社会阶层和利益主体复杂的利益需求和多样化的利益实现途径，温州一些地方罢免村官的方式和手段，通常采取的是通过反复的协商讨论，谋求各方利益博弈以达到总体的平衡，从而达成共识。温州基层民主管理的这种创新，主要在于通过协商民主的方式在民主决策环节实现更大范围的公共参与，使决策变得更加理性化，也为我们的相关选举立法的程序和罢免立法程序提供了实践参考。与此同时，在民营企业民主治理过程中，温州率先在非公企业加强工会组织和基层党组织的建设，以组织创新的方式落实和保障广大外来务工人员的合法权益。

其二，地方政府成为推动区域基层民主建设重要的治理创新主体。温州基层民主的建设与实践活动是在地方党委和政府的主导下开展的，这既是我国社会主义民主政治的一大特点，也是温州区域基层民主建设重要的治理创新政治优势。温州地方党委和政府的领导，是推动区域基层民主建设重要的治理创新主体，也是推动温州基层民主建设有计划、有步骤地稳定有序发展的根本保证。实践证明，永嘉推进实施"包产到户"，就是由地方政府和党委为搞好生产管理，指导

区、乡开展农业生产责任制的一次有益探索。目前，温州市委市政府创新实行并积极推进"三分三改"活动，对促进农村经济要素的市场化配置和流转，调整农村生产和社会关系，对破除城乡二元结构、统筹城乡发展、加快推进新型城市化，具有重大而深远的意义。

其三，温州基层民主建设能够与区域经济社会发展相适应、相促进。这种适应和促进主要体现在两个方面：一是在工作部署上的适应和促进。温州地方政府在推进基层群众自治的过程中，始终以推动和保障党和国家的中心工作为目标，与整体经济社会发展相适应。比如，温州累次发生罢免"村官"案是随着区域经济社会发展，农村基层整合新时期农村利益结构和权威结构而产生的，对化解农村社会矛盾、解决三农问题、提高政府管理水平和农民素质，都起到了重要作用；温州外来务工人员参与民营经济自治管理制度则是适应温州民营经济发展和基层民主建设需要的产物，在解决民营经济发展过程中劳资矛盾和自治管理等问题时发挥了重要作用。二是在实践推进上的适应和促进。基层群众自治实践的许多环节，都是围绕人民群众最关心、最直接、最现实的利益问题展开的，既锻炼了群众的议事能力，又维护了群众的经济利益，体现了民主目的性与手段性的统一。

温州基层民主形成和发展的特点，除了受温州区域自然环境的影响，更依赖温州区域经济社会的基本民情和区域法治建设本身。温州基层民主的创新及其形成的特点本身，显然不同于我国其他地区基层民主的发展特点。因此，温州区域基层民主是适应于温州区域法治和经济社会发展需要的基层民主制度。它既是中国基层民主建设在新的经济社会转型发展中的一个有机部分，也是适应于中国基层民主建设特别是适应于温州区域法治文明建设和经济社会发展的民主形式。实践证明，区域的经济社会发展和区域法治文明的建设酝酿了区域基层民主的形成与发展。

第三节 区域法治文明推动温州基层民主的创新发展

基层民主和区域法治文明建设好比是车之双轮、鸟之两翼，二者相辅相成，构成有机统一的整体。有学者观察改革以来中国基层民主的成长历程，认为："一方面，民主发展的社会基础迅速勃兴，诸多新力量正在成为民主化的巨大推动，并且这种推动并不以相应体制安排的快慢为转移；另一方面，民主发展的本身正在急切地呼唤法治化进程加快。"①日本学者川岛武宣在其著作《现代化与法》中就写道："因为政治是各种社会力量抗衡的最直接的表现形式，为获取自身社会利益的活动，必然会表现为政治上的权力之争，而这种政治权力之争的最终结果，又必然会表现为靠政治权力强制推行的法律命题。""任何强大的、有组织的政治权力，为了实现自己的政治目标，都要创造自己的法律观念或法律命题。"②

一、温州基层民主的创新发展是区域法治文明的应有之义

改革开放之后，温州的基层组织和民营企业，在我国宪法和基本法律的基础上，逐步建立起一套适合于温州区域经济社会发展所需要的一系列基层民主制度。霍姆斯说："法律一方面总是从生活中采纳新的原则；另一方面，它又总是从历史上保留旧的原则。"③温州基层民主的创新发展，反映了温州区域经济社会从改革开放到社会主义市场经济建设的真实状况。"我们在法律形成时期的任务是……为了在政治上和经济上联合起来的国家，从我们继承的法律资料中设计出一个综合的法律体系。"④温州区域法治的形成，体现在温州基层民主建设方面，就是通过基层民主进行法治化的改造，将基层政治建设和区域经济建设逐步结合起来，创设出一套符合温州区域经济社会发展需要的地方法治文明。归纳起来，温州基层民主的创新改革主要包括两个方面的内容，这些内容也是区域法治文明的建设应有之义。

其一，基层民主的创新保障了广大基层群众的基本合法权益。无论是基层乡镇的选举民主制度的创新发展，还是广大民营企业中基层工会的民主制度的创新，究其实质，是为了最大限度地保障基层农民和外来务工人员的财产权和人身权。这两种权利既是基层民主改革创新的核心问题，也恰恰是温州区域法治建设始终关注的焦点问题，温州区域法治的目标，始终是为维护广大的基层群众的经

---

① 赵树凯：《基层民主与法治》，《中国发展观察》2007年第7期。
② [日]川岛武宣：《现代与法》，王志安等译，中国政法大学出版社1994年版，第229页。
③ [美]霍姆斯：《普通法》，冉昊、姚中秋译，中国政法大学出版社2006年版，第33页。
④ [美]庞德：《通过法律的社会控制》，沈宗灵译，商务印书馆1984年版，第7页。

济发展权和经济发展行为权而存在的，这些权力既是法律和社会授予的，也是法律为保障广大基层群众的合法权益而奉献给每一个人的。美国学者施瓦茨说："法律随着它所调整的那个社会运动的主流向前发展。每一个社会都有它自己的必然会通过法律秩序力图实现的目标反映出来的价值观念。实现法律目标的途径是：承认一定的利益，确定法律确认这些利益的限度，在确定的限度内尽力保护得到承认的利益。"[①]

其二，基层民主的创新促进了温州区域民营经济的快速发展。从温州广大农村的"包产到户"的改革，到积极推进农村生产要素的产权改革试点，从基层开始的制度创新改革，有力地促进了温州民营经济的发展。温州区域基层民主改革，特别是在农村经济领域的改革创新，为市场经济体制在温州广大农村的实施和运行创造了条件，也为我国市场经济体制最终在中国农村的全面实施提供了宝贵的实践经验和教训。

区域的法治不仅强调保护基层群众的合法财产权，同样也强调通过市场经济行为合法获得经济权益的权利。这是通过温州区域的基层民主建设和温州区域法治建设的结合来实现的。在基层民主和法律规定的范围内，对广大基层群众自治的限制逐步通过变革取消了。对经济发展权益的保障，特别是对温州民营经济活动的充分保障，被认为是确定温州区域社会内个人自治范围的法定尺度。基层群众参与市场经济活动被认为是个人的基本权利，并通过区域立法行为予以保障维护，市场不仅是基础民主的基本体制，也是温州区域法治文明的关键体制。众所周知，民主政治是一种政治上的民主与自由，它必然要以经济上的自由为基础。[②]

二、温州区域法治文明是基层民主创新与发展的基本保障

毫无疑问，现代社会和经济需要法律秩序。[③]建构于现代社会和经济基础之上的民主政治内在地要求法治。[④]要实行基层民主，要保障和发展基层民主，就必须

①[美]伯纳德·施瓦茨：《美国法律史》，王军译，法律出版社2007年版，第22页。
②[美]米尔顿·弗里德曼：《资本主义与自由》，张瑞玉译，商务印书馆1986年版，第9—11页。
③[美]劳伦斯·M.弗里德曼：《法律制度——从社会科学角度观察》，李琼英、林欣译，中国政法大学出版社2002年版，第257页。
④张文显：《法哲学范畴研究》（修订版），中国政法大学出版社2001年版，第177页。

加强实施法治，必须建立起与基层民主政治相适应的法律体系。正是在这种背景下，改革开放之后，我国建立了一系列关于农村基层民主制度建设的法律法规，如《村民委员会自治法》《村民委员会组织法》《村民委员会选举法》《乡镇企业法》《农村土地承包法》《土地管理法》等等。同时，针对改革开放之后我国民营经济主体快速发展的情况，国家制定了一批涉及中国民营企业基层民主制度建设的法律法规，其中主要包括《劳动法》《劳动合同法》《乡镇企业法》《劳动合同法实施条例》等等。这些法律法规为保障广大外来劳务人员的劳动合法权益、推动乡镇企业的发展以及我国基层民主建设提供了基本的法律依据。

改革开放之后，温州基层民主的创新与发展同样为温州区域法治带来了许多变化。在这种情况下，温州区域的法治文明是回应性的，它在一定程度上伴随着温州基层民主创新与发展的步伐逐步形成，正如斯宾塞所言："发展……不是一种偶然的，而是一种必然的现象。"①然而，我们需要注意的是，在对温州区域基层民主创新与发展的诸多回应中，区域法治文明是其中一个方面的内容。而且，在某种意义上，区域法治文明是其中最为重要的一种回应形式，因为法律代表的是国家的权威及其强制力在温州区域经济社会的直接影响力，这种直接的影响力也决定了温州基层民主的基本形式和发展态势。

从国家层面看，我国制定了一系列涉及基层民主建设的法律法规，它们为温州区域基层民主制度的创新提供了基本的指引，在区域范围内，温州地方政府制定了大量的规范性法律文件和相关政策，为回应温州基层民主制度的创新与发展，产生了许多积极的、良好的效应。例如，我国《宪法》《村民委员会组织法》和《村民委员会选举法》等对农村村民的自治选举和罢免等相关问题做出规定，为温州基层村民选举和罢免村官提供了具体的法律依据。我国《劳动合同法》《劳动合同法实施条例》以及温州地方性的规范文件为温州广大外来务工人员参与所在民营企业的基层民主管理，以及维护外来务工人员的合法权益，提供了基本的法律和政策方面的保障。因此，温州区域法治文明既可以被看作对温州区域基层民主创新与发展的一个方面的回应，也可以被视作温州基层民主的创新与发展的助推器。换言之，温州区域法治文明是基层民主创新与发展的基本保障。

---

① [英]赫伯特·斯宾塞：《社会静力学》，张雄武译，商务印书馆1996年版，第27页。

　　如果将温州基层民主制度的创新与发展视为区域经济社会变迁的产物，那么，温州区域法治及其逐步确立起来的区域法治文明作为社会变迁工具的角色日益明显。正如弗里德曼所言："法律——通过立法或者行政对新的社会情形进行回应，通过对宪法、法规或先例重新进行司法解释——不仅继续体现主要的社会变迁，而且逐渐为社会变迁铺平道路。"①因此，"有意识地通过法律进行社会变革是当今世界的基本特征"。同样，耶海兹克尔·德罗尔也认为："通过法律来实施有组织的社会行为，以此来完成特定的社会变迁，这似乎是现代社会的特征之一。"许多研究者将法律视为一种可取的、必要的、高效能的变迁引导工具，并且比其他的变迁工具更具优势。②

　　霍姆斯在《普通法》一书中断言："法律的灵魂从来不是逻辑，而始终是经验。"③温州区域法治的实践及其逐步建立起来的区域法治文明，其法律的灵魂从来不是逻辑，而是始终以温州基层民主制度的创新与发展，以及整个温州区域经济社会的发展实践为基础。温州区域法治文明在推进基层民主制度创新与发展中，主要包含两个相互关联的过程：确认基层民主行为方式的制度化和推动基层民主行为方式的内化。基层民主行为方式的制度化是指为法治基层民主行为建立规范并且为规范的执行提供保障；基层民主行为方式的内化是指基层民主制度接受法律所蕴含的价值观。正如学者所注意到的："在法律命题中，必然或多或少地体现着一定的政治理想。在斗争中获得了胜利的力量，会通过创造法律命题的方式来强制保护自己利益的规范实现。因此，法律命题通常总是带有政治色彩的。"④

①FRIEDMANN W, 1972. Law in a Changing Society. 2nded [M]. New York: Columbia University Press. 513.

②[美]史蒂文·瓦戈：《法律与社会》，梁坤、邢朝国译，中国人民大学出版社2011年版，第249页。

③[美]霍姆斯：《普通法》，冉昊、姚中秋译，中国政法大学出版社2006年版，第3页。

④[日]川岛武宣：《现代与法》，王志安等译，中国政法大学出版社1994年版，第230页。

第八章
民间组织中的温州区域法治文明

行业组织作为民间组织，其兴起对市民社会的成长和法治建设的意义，学者多有研究和论述。然而，这些研究均主要以西方国家行业组织的发展模式为素材来展开。与西方国家的行业组织多为"自下而上"的纯民间组织不同，我国自20世纪70年代出现的民间组织很大程度上是依赖国家"自上而下"形成的半官方组织。因此，对于西方国家理论研究中形成的行业组织与法治建设之关系理论，在我国并没有足够的解释空间。形成于温州的行业协会和商会等民间组织，则主要经由"自下而上"的方式产生，具有较强的民间性。学者研究发现，温州的民间组织尤其是温州商会的产生和发展，对于温州市民社会的形成和法治化建设具有重要的推动作用。

第一节 民间组织发展
是对温州区域法治文明的另一种解读

以行业协会和商会等为代表的温州民间组织成长于区域公民社会之中，改革开放之后，温州的这些区域民间组织获得了较大的发展，并作为一种自治自理地实现自我保障的体系发展起来，温州民间组织的成长有意识地保证了区域经济社会的发展目标，为实现区域内经济主体发展任务提供了一种有效的组织手段。按照区域法治文明建构起来的民间组织，已将区域范围内很大一部分的经济社会管理职能承接下来，在保障行业协会或者商会等民间组织及其组织成员的合法利益、促进区域经济社会的充分发展上发挥了不可估量的作用。温州民间组织的快速成长，既是温州区域法治文明的一个最具特色的成果，也是推动温州区域法治文明逐步发展完善的重要力量。温州民间组织是对区域法治文明的另一种解读，民间组织的发展对于温州区域法治文明的建设意义重大。

一、温州民间组织参与区域法治文明建设

以行业协会和商会等为代表的温州民间组织及其良性发展，对于我国公民社会的建构、民众民主自治意识的培植、社会民主程序价值的弘扬，能够起到很好的促进作用。在温州区域法治文明建设过程中，温州行业协会（商会）等市民社会组织与温州区域法治建设既相互制约又互为促进，构成一种双向进程。①一方面，区域法治功能的整合提升，是以满足公民社会多元化与多样化的需求为基本前提的；另一方面，公民社会组织自主化的发展，将较好地对温州区域法治建设中的公权力进行分割与制衡。具体来看，温州政府为推动民间组织参与区域法治文明建设，着力采取了以下两个方面的工作：

一方面，通过制定地方性规范文件，为温州民间组织的建立、运行和管理提供基本制度框架。早在1999年，温州市政府就出台了《温州行业协会管理办法》，该规范性文件正式确立了民间商会的社会团体法人地位，对民间商会的办会宗旨、原则和方针，设立条件和程序，组织机构和职能，会员权利和义务，行业组织的监管体制等，都做出了具体而明确的规定。这一地方规范性文件同时赋予了温州民间商会和行业协会16项职能，从而为民间商会的自主治理提供了一些较为具体的法律依据，使温州地区民间商会的发展逐步进入法治的轨道。2008年，面对全球金融危机的来袭和严峻经济形势的挑战，温州市政府颁发了《关于温州市经济创新发展综合配套改革试点第一阶段的实施意见》，提出创新实施政府技术性服务性职能向行业协会转移机制。2010年，温州市政府办公室发布了《关于开展政府技术性服务性职能向行业协会商会转移试点的实施意见》，确立了政府与民间组织之间"授权与合作"的新型关系。该意见还明确了政府技术性

---

① 肖磊：《公民社会参与区域治理：一种双向进程——兼与汪伟全先生商榷》，《探索与争鸣》2011年第7期。

服务性职能向民间组织商会转移的范围、试点方案、保障措施等，成为温州政府职能向民间组织转移的全方位指导性文件。温州市环保局2010年发布了《行业协会参与环保管理试点实施方案》，选择电镀行业协会、电子电路行业协会、化工行业协会、合成革商会、服装商会印染水洗分会等五家行业协会和商会为试点单位，承接技术性服务性职能，明确了合作渠道和保障措施。该办法为温州行业协会的建立、运行和管理提供了一个基本制度框架。①

另一方面，注重规范和完善民间组织的制度建设，发挥其在政府与企业之间的桥梁与纽带作用。2001年，温州市经委就出台了《关于组建、规范和完善温州市30个行业协会（商会）实施意见》（试行）。对于列入组建、规范和完善的30个行业协会进行规范。主要涉及健全行业协会组织机构、自律机制和规章制度；加强行业协会自身建设，拓展其工作范围；行业协会如何协助政府做好管理工作，发挥行业协会在政府与企业之间的桥梁与纽带作用等内容。该实施意见不仅要求行业协会完善运行机制，还提出要扩展服务职能。2005年，温州市政府办公室又出台了《关于进一步促进行业协会（商会）规范化发展的若干意见》，其指导思想是建立政府与行业协会之间"授权与合作""监督与平等"的新型关系，在行业协会与产业发展之间形成良性互动机制。该意见内容全面而广泛，既致力于推进行业协会参与行业治理和社会管理，又关注和限制行业协会的权力越位，还为完善行业协会的评价机制提供了指导性意见。2017年，温州市启动行业协会商会与行政机关脱钩试点工作，根据《温州市全市性行业协会商会与行政机关脱钩第一批试点工作方案》的规定，各行政机关与其主办、主管、联系、挂靠的全市性行业协会商会共同开展脱钩试点工作。脱钩工作进一步切断了行业协会商会与行政机关之间的直接利益联系，理顺了行业协会商会的内部治理结构和外部监管体系，促进了行业协会商会成为依法设立、自主办会、服务为本、治理规范、行为自律的社会组织。

杰瑞·斯托克（G. Stoker）指出："治理理论始于认识到公共行政的主体已经超出了多层级的政府机构，而延伸至社区、志愿部门和私人部门，这些部门在

---

① 陈剩勇、马斌：《温州民间商会：自主治理的制度分析——温州服装商会的典型研究》，《管理世界》2004年第12期。

公共服务及项目实施中所扮演的角色是治理视角关注的重要领域。"①詹姆斯·罗西瑙(James N.Rosenau)主张授权给公民（或公民社会）："假定存在一个这样的世界，在其中没有政府的治理日益发挥作用，权威的体现方式变得更加非正式，合法性变得不断模糊，那么公民通过获知在什么时候、在什么地方如何参与集体行动来把握自己的能力就会不断提高。"②俞可平则从治理与善治的角度指出："善治的基础与其说是在政府和国家，还不如说在公民或公民社会。从这个意义上说，公民社会是善治的现实基础，没有一个健全和发达的公民社会，就不可能有真正的善治。"③区域治理的理论和实践离不开公民社会组织的参与，传统的管制模式急需向公民社会的自治模式转换，区域法治能力的提升，应以满足公民社会多元化与多样化的需求为基本前提。

对照其他地区民间组织的发展和政府对民间组织的职能转移状况，可以看出，温州民间组织发展领先全国一步。这得益于温州民营经济发展，也与政府职能转移与下放密切相关。或者说，在民营经济发展的基础上，政府以促进经济增长和完善行业管理为中心，通过持续转移与下放民间组织专业职能，提高了温州民间组织参与区域法治的能力。温州政府部门之所以能实现区域公民社会组织自治模式的目标，关键是尽快转换了对民间组织规制的基本范式，建立了一套以谋取民间组织利益最大化为行动基准的法律自治规范体系，从而提高了政府效率，保证了政府独立于民间组织的自治空间，实现了由区域自治到区域法治的初衷。

二、温州民间组织自治模式的拓展：两种发展模式

发展利益代表模式——确立民间组织法律主体资格

在利益代表模式中，确定的法律程序性问题将为所有利害关系人提供代表和司法保障；法律实体性问题则是在不同情形中实现这些利益之间的公平调和。

---

① ［英]杰瑞·斯托克：《地方治理研究：范式、理论与启示》，《浙江大学学报》（人文社会科学版）2007年第2期。

②［美]詹姆斯·N.罗西瑙：《没有政府的治理》，张胜军等译，江西人民出版社2001年版，第334页。

③俞可平：《治理与善治》，社会科学文献出版社2000年版，第327页。

　　温州政府广泛下放服务性技术性管理职能，主管行政机关不仅适当考虑到每一民间组织及其会员的合法利益，而且充分保障了有资格参与行政程序的民间组织的利益，制定的政策反映出这些利益之间适当的妥协，发展了一种利益代表模式。美国行政法学家斯图尔特教授认为，行政决定的做出应成为一个逐案平衡各种相互冲突的利益的过程，这些利益都是可适用的制定法所认可的政策选择中的相关因素。温州政府部门对民间组织职能下放的过程已经变得非集权化，规制策略在很大程度上已成为行政机关与其所治理的、并可能与其形成相互竞争的利益主体之间协商和对话的结果，民间组织作为利害关系主体，通过法定的程序和实体的规定所确定。

　　当然，基于权益保障的需要，法院对于民间组织自治行为的适度审查是必然存在的，这也是法院干预自治获得正当性的主要理论依据。但是，司法介入行业自治时应尽量避免干涉组织成员的内部纠纷，除非是真正利害重大的问题。

促成交往形成模式——提升民间组织行政参与权利

　　民间组织的行政参与权利所涉及的，是用法律形式对公开的意见形成和意志形成的过程——其结果是将涉及民间组织的有关政策和法律的决议加以建制化。

　　温州政府部门下放服务性技术性职能的过程以一种交往形式发生，而这种交往形式从两个角度采取了行政商谈原则，使其发挥法律效力。一方面，商谈的原则具有认知意义，即对涉及民间组织的有关提议和主题、理由和信息进行筛选，筛选使所达成之结果被假定是合理的、可接受的，筛选的民主程序为法律的合法性提供了依据。另一方面，商谈的性质还具有实践的意义，在涉及民间组织的行政管理领域以及其他民间商会组织的意见形成和意志形成过程，确立了一种阿伦特所理解的"无暴力"的、将交往自由的生产能力释放出来的相互理解关系。在这种对等的主体关系之间，产生了共同信念的交往权力。商谈规则的法律制定和交往的权力构成相互渗透。

　　温州民间组织享有行政参与权的法律程序，并不是调节一般意义上的参与互动关系，它是民间组织这样的法律共同体自我组织的体现。民间组织参与法律规则的制定过程，既表达了组织共同体各成员的特殊意志，也表达了民间组织作为特定法律共同体共享的生活形式，还表达了民间组织成员既定的利益状况和从自身实用角度选择的目标。

政府规制民间组织是一把"双刃剑",其实际功效取决于政府的施政理念和具体的规制手段,也取决于规制实施的具体法律环境。面对民间组织规制的困境,我们要做的不是简单的放松规制,而是需要确立一种法治框架下的合作协商机制,并有效强化民间组织的参与程序,实现良好规制,这应成为我国政府规制改革的路径选择。

从法律意义上说,温州政府向民间组织逐步转移服务性技术性职能的做法,为我们探寻了一条有效的规制变革之路:通过法律的授权委托放权,明确民间组织法律的主体地位,发展了一种利益代表模式;设定规制的制度保障,提升民间组织参与公共行政的能力,促成了一种交往形成模式。实践证明,温州政府重塑规制模式的变革适应了经济社会的发展,也使得政府对民间组织的法律规制复归到其应有的位置,两种发展模式为逐渐走向成熟的政府规制民间组织的法律理论和实践提供了一个可行的方案。

第二节 温州民间组织的兴起及其对区域法治的意义

在改革开放之后,温州的民间组织取得了长足的进步和发展。笔者选取温州服装商会、温州异地商会和温州眼镜协会的典型发展和重点事件进行一些有针对性的法律分析和典型个案分析。通过对这些典型的发展中的行业协会或者商会的一些经济行为和有关的国际反倾销诉讼活动的深入分析,可以有力地彰显这些行业协会组织或是商会组织在发展过程中逐渐增强的法律意识。

一、温州民间组织的兴起及其法律分析

(一)温州服装商会的发展及其法律分析

温州服装商会成立于1994年3月25日,是温州市范围内从事服装生产经营的多种经济成分的工商企业自愿参加的非营利的具有法人资格的行业社团组织。与许多民间商会的成立背景相同,其成立也是基于行业的混乱无序,而政府一时无力解决这一困境的情形。因而,相关业内人士通过成立民间商会来规范行业秩序。温州服装商会属于温州第二大支柱产业的服装行业,自成立以来,经过二十

多年的努力，已经发展成为一个拥有1250多家会员企业，覆盖了全行业80%的大中型企业，有健全的组织机构和行业自律机制的自治性行业组织。近年来，温州服装产业结构调整全面铺开，产业经济增长方式转型快速推进，产业升级再上新台阶。对温州服装商会的法律考察和分析，主要涉及组织结构的安排和治理机制的问题，即合理的组织结构安排和民主化的治理机制是服装商会实现有效自治的关键。

1. 领导机构的产生。温州市政府《温州市行业协会管理办法》以及协会业务主管单位尤其是工商联对协会领导机构产生的程序、条件等做了制度上的规定。2000年4月，温州市工商联颁布了《关于加强和规范行业商会工作的通知》，对行业商会的换届程序、理事会成员的任职条件、理事会产生程序等都做了明确规定。但对具体的领导人选，业务主管单位一般都不加干涉。

温州服装商会是第一个采取差额选举的方式产生正副会长的商会。2016年12月8日，温州市服装商会七届一次会员大会顺利召开，并通过投票选举产生了新一届会长班子，东蒙集团有限公司董事长池慧杰被推选为新一届会长。与往届不同的是，此次换届，商会还通过选举产生了由8人组成的常务副会长团队和由4人组成的监事会团队。

由于服装行业是温州的主导产业，因此，服装商会实行差额选举产生会长的民主实践所产生的社会效应尤为明显。现在，采用差额选举办法选举商会领导人的做法受到了越来越多的商会会员们的欢迎。可以说，领导机构产生的民主化、公开化是温州服装商会的一大重要特征，它使得那些有能力、有威信、有热情的企业家能够进入协会的"核心圈"，他们的有效聚集提高了协会的社会影响力和资源动员能力，增强了协会组织集体行动的能力，从而有利于行业的整体发展。

2. 组织结构与权力配置。[1]温州服装商会是一个结构完善、各层级职权界定清晰、会议制度健全的自治性组织。温州服装商会的章程规定，会员大会是民间商会的最高权力机构，其职权包括：制定和修改章程；选举和罢免理事；审议理事会的工作报告和财务报告；决定终止事宜；决定其他重大事项。会员大会每届三年，每年举行一次。召开会员大会由理事会决定，会员大会须有2/3以上的会员出席方能召开，其决议须经到会会员半数以上表决通过方能生效。

---

[1]参见陈剩勇、马斌：《温州民间商会：自主治理的制度分析——温州服装商会的典型研究》，《管理世界》2004年第12期。

理事会是会员大会的执行机构。会员大会闭会期间，由理事会领导本会开展工作，对会员大会负责。其职权包括：执行会员大会的决议和工作计划；选举和罢免会长、副会长、秘书长；筹备召开会员大会；向会员大会报告工作和财务状况；决定会员的吸收或除名；决定设立办事机构、分支机构、代表机构和实体机构；决定副秘书长、各机构主要负责人的聘任；领导本会各机构开展工作；制定本会内部管理制度；决定其他重大事项。理事会须有2/3以上理事出席方能召开，其决议须经到会理事2/3以上表决通过方能生效。截至2018年年初，服装商会有理事单位122家，基本上集中了本行业的骨干企业，理事会每半年召开一次，情况特殊的可采用通讯形式召开。

为了便于经常商讨事宜，由理事会选举产生出常务理事会。人数一般不超过理事人数的1/3，在理事会的闭会期间，行使其绝大部分的职能，并对理事会负责。常务理事会必须有2/3的常务理事出席方能召开，其决议须经到会常务理事的2/3以上表决方能通过。服装商会目前共有常务理事45家，常务理事会每季度召开一次。

（二）异地温州商会的发展及其法律分析

异地温州商会是温州民间组织发展的另一种重要载体，温州商人把他们在本地组建民间商会的成功经验推向全国，在全国各大中城市组建了上百家异地温州商会。异地温州商会的兴起，是对现行社团管理体制和行业管理体制的一大突破，对中国大范围的市场格局和多中心治理的形成起到了积极的推动作用。[1]异地温州商会的大量涌现及其在社会经济领域的作用日益突显，大大增强了社会的自组织化程度，并以其独特的组织优势公开地介入社会公共事务的治理之中，成为不同于国家力量的一种自下而上的组织力量，对社会的运作甚至是政府的决策和目标都产生了重要影响，有效地促进了地方治理的转型。

20世纪90年代以来，与蓬勃发展的温州民间商会和行业协会相呼应，全国各地的温州人开始自发组建自治性的社会团体——异地温州商会。自1995年第一家异地温州商会在昆明成立以来，全国各地经商办厂的温州人纷纷在各个省和自治区的大中城市组建异地商会。2015年9月28日，在异地温州商会成立二十周年之

---

[1]陈剩勇、马斌：《民间商会与地方治理：功能及其限度——温州异地商会的个案研究》，《社会科学》2007年第4期。

际，全国各地成立了268家温州商会，覆盖了全国80%地市级以上城市，形成了一个覆盖全国、连接世界的温商网络。这些民间组织活跃在中国所有省、市、自治区，成了温州商人在异乡合作创业以及与当地政府和民众沟通联络的"娘家"，其中51个商会成为温州市政府招商引资的联络机构。甚至，在异国他乡即欧盟、美国、阿根廷等国家和地区，也建立了温州商会。截至2018年5月，共有70多家温州海外投资促进联络处分布在全球43个国家和地区。这些海外投资促进联络处的设立，为温州市的民营企业实施"走出去"战略提供更好的交流平台。

民间组织的产生和发展，与一定的政治结构是分不开的，只有在一定的政治结构能容纳它即允许它合法存在的条件下，它才能产生和发展。温州人在全国各地异地商会获准成立，是地方政府（包括各地政府和温州政府）共同支持的结果。当时，温州的第一家异地商会申请成立却遭遇到了体制性障碍，当时实行的社团登记管理条例不鼓励成立异地商会和同乡会性质的民间社团，有关部门还担心温州人成为帮派、扰乱市场。此后一年多时间里，经发起者和温州市经协办等部门的多方努力，云南省的民政局终于允许其登记，这是中华人民共和国成立后第一个合法登记的异地民间商会。异地温州商会发展的现实与制度之间的紧张关系表明，尽管中国社会组织发展的制度环境已经有所改善，但社会组织的实际存在空间要大于国家法律法规所允许的存在空间。

出于实施开放型经济发展战略、促进国内外合作的需要，温州市委、市政府从一开始就支持在外工商业者自发依法建立温州商会，甚至提出"先发展，后质量"的思路，加快促成异地温州商会的建会。2000年5月，温州市委、市政府下发了《关于加强对外地温州商会工作指导的若干意见》，就如何加强对外地温州商会的联络、服务和指导提出系统要求，对引导外地温州商会坚持为会员服务、为两地经济发展服务，创造性地开展工作提出了指导性意见，要求全市各级党委、政府把外地温州商会和在外温州人工作作为一项新的重要工作，提到议事日程上来。2000年7月，温州市政府办公室又下发了《关于加强在外温州商会规范化建设有关问题的通知》，2012年年初，温州市委市政府印发了《关于进一步加强异地温州商会建设的实施意见》，2014年又出台了《关于进一步加强温商回归工作的若干意见》，加快构建全国温州商会"1+31+X"的网络新格局，让温商的群体优势得到充分发挥，为温商经济推波助澜。

在现有的商会管理法律体制下，地方政府努力在政策与法律的缝隙中为地方经济社会的发展创造条件。正是在这一制度环境中，异地温州商会得以迅速发展。但我们也发现，既有的异地商会管理制度弱化了异地商会存在的合法性，阻碍了异地商会的进一步发展。在这个意义上，其他异地商会也将面临异地温州商会所遭遇的制度困境。异地温州商会的发展经验表明，有必要创新异地商会管理体制，满足旅居外地工商业者利益组织化的需要。其意义不仅仅是针对温州商会而言，而是在更高层面上为异地商会提供制度保障，推进我国异地商会的健康发展。[①]

（三）温州眼镜商会应对国际贸易壁垒案

自2001年温州眼镜遭遇"土耳其眼镜保障措施"以来，温州眼镜遭遇8起国家贸易壁垒，其中眼镜商会第五届理事会期间遭遇到5起贸易壁垒案件。[②]每当遭遇国际贸易壁垒时，温州市眼镜商会都在第一时间组织涉案企业召开应诉协调会，聘请应诉律师，组织企业应诉。在商会、律师、应诉企业及广大会员企业的共同努力下，8起国家贸易壁垒，温州市眼镜商会应诉了6起，已取得2起胜诉、1起立案国主动撤诉的佳绩。通过应诉国际贸易壁垒，充分维护了温州市眼镜行业企业的权益，同时对案件应诉进行总结与分析，汲取经验与教训，促使温州眼镜行业整体提升。近年来，温州眼镜出口增速均保持在两位数，尤其是对"一带一路"沿线国家的出口量一直保持高位增长。2017年5月，浙江瓯海区眼镜产业获批创建国家级产品质量提升示范区。[③]

为了规避预防国际贸易壁垒，做好温州眼镜行业对外贸易的预警工作，并及时为温州市眼镜出口企业服务，"温州市眼镜商会对外贸易预警工作站"于2007年成立，该站配备了专职和兼职工作人员，聘请法律顾问，制定了《温州市眼镜商会对外贸易预警工作站工作制度》，并相继创建了"预警工作网站"、《眼镜导刊》外贸预警专栏及"外贸企业预警联络员机制"。2009年，为适应国际贸易新形势，

①江华、周莹：《异地商会发展中的制度滞后与政策推进——基于温州异地商会的研究》，《中国行政管理》2009年第4期。
②2006年9月15日，温州眼镜遭巴西反倾销调查；2007年2月11日，土耳其对进口眼镜框架产品进行一般保障措施调查；2008年8月22日，印度对塑胶光学镜片进行反倾销日落复审立案调查；2011年3月7日，土耳其对进口眼镜框架产品保障措施进行复审调查；2011年4月11日，阿根廷对我国出口眼镜进行反倾销调查。
③柯哲人：《温州眼镜，扬帆出海创天下》，《温州日报》2018年4月10日。

第一时间获取境外市场信息、政策动态及预警信息，温州市眼镜商会先后创建了土耳其、美国、巴西三大海外预警联络点，初步拉起海外预警网。自成立外贸预警工作站以来，温州市眼镜商会每年都召开两次外贸预警联络员会议，根据海关出口数据每年编制4期《温州眼镜出口统计分析》，根据国际经济形势结合行业实际每年编写6篇原创性外贸综合分析文章，并时刻检测眼镜出口动态，及时编制《预警快讯》，同时经常下企业宣传行业自律、规范外贸行为，努力将预警工作做到实处。此外，还加强与国外行业同行的沟通交流，尽量把贸易壁垒化解在萌芽状态。通过预警工作，在一定程度上规避了国家贸易壁垒，维护了温州眼镜行业的权益。预警工作站的另一职责是：当温州眼镜企业遭遇国际贸易壁垒时，第一时间组织企业积极应诉，维护温州眼镜的外贸权益。如2011年4月11日，温州眼镜遭遇阿根廷反倾销调查，温州市眼镜商会第一时间组织企业召开应诉协调会，积极进行应诉。

温州眼镜协会积极应对国际壁垒的案件说明以下三点：

第一，温州眼镜协会的集体行动在国际反倾销诉讼中将其优势发挥得淋漓尽致，并且对最终的胜诉起到了关键性的作用。眼镜协会在整个案件过程中，自始至终承担了大量的公共服务：统一聘请应诉代理律师；成立应诉小组，为各应诉企业提供应诉所需要的行业材料；温州眼镜商会早在2007年就建立了"温州市眼镜商会对外贸易预警工作站与对外贸易预警工作网站"，及时掌握提供发生在国外相关的贸易壁垒讯息，尤其是对重点市场的出口动态进行监测分析、研究，引导温州眼镜企业及时调整外销策略，规避贸易壁垒风险。当贸易壁垒发生时，商会第一时间掌握信息，及时有效地组织涉案企业进行应诉，形成企业为主、协会牵头、政府支持、选好律师的应诉模式，最终取得胜诉，保护市场。

第二，充分运用WTO知识与进口国经济贸易政策法律，并通过眼镜商会有组织地向政府进行表达，以争取政府支持。世界贸易组织（WTO）是致力于监督世界贸易和使世界贸易自由化的国际组织，其核心是《WTO协定》，基本职能是实施《WTO协定》、组织多边贸易谈判，以及解决成员间可能产生的贸易争端和审议各成员的贸易政策。温州眼镜出口企业应充分了解运用WTO知识，维护自身合法权益，积极应诉各类不公平不合理的国际贸易壁垒。同时，温州眼镜企业还应充分了解进口国（特别是发展中国家）的贸易法规，避免因冲击带来的贸易壁垒。温州眼镜先后与土耳其、印度、阿根廷、巴西等国家发生贸易摩擦，他们都是一些发展中国家，民族工业底子本来就十分薄弱。因此，这些国家往往从国内政治考虑，一方面，采取各种措施对受到冲击的产业进行扶持，延续其生命力和竞争力；另一方面，对进口采取各种临时限制措施。这样，很容易产生对温州眼镜不利的结果。因此，温州眼镜商会应充分发挥自治性治理组织的优势，尽量与政府有关部门沟通，力争取得政府的支持与配合，甚至通过媒体来表达自己的利益诉求，以便于日后能够更有效地应对类似的反倾销事件。

第三，为了使商会组织发展成为规范的、具有广泛社会基础的、法人治理结构完善的协会组织，从而在最广泛的意义上代表工商界的利益，使其具备进行利益表达、服务企业和行业内协调自律的功能，并能够真正作为社团性利益集团去影响和参与政府对外贸易政策的制定与实施，建议首先应加强对我国行业协会和商会的立法工作，明确规定行业协会（商会）的法律主体地位，进一步明确其自治自律的法律关系，改革目前由政府部门主管商会（行业协会）的管理体制；其次，要完善我国行业协会和商会的行政登记制度，清理对行业协会的发展构成阻碍的各种法规和文件，允许建立跨行业、跨区域的商会组织，允许自愿加入各类行业协会。再次，要进一步深化经济体制改革，逐步放权，赋予行业协会和商会更多的行业自治权限。对政府的经济职能按照市场经济原则进行界定，减少政府对企业微观经济活动的直接干预。

二、温州民间组织参与社会治理对区域法治文明的意义

首先，我国选择了市场经济导向的法律制度，这种法律制度保障和加强了经济和社会公共事务管理的基本权利。因此，以行业协会和商会等为代表的民间组织积极参与区域法治的过程，既是公民社会组织实现自主自治的基本形式，也是经济界和行政法学界对于公共事务管理及其实现其经济利益所承担的自我责任和共同责任的体现。[1]随着温州民间组织的不断发展和壮大，民间组织参与区域法治的形式出现了很大的不同，但它们都以自己的方式，推动温州区域法治文明的发展与进步。经过多年的发展，温州民间组织迎来了一个蓬勃兴起、快速发展的时

---

[1]肖磊：《自治到合作：公共行政组织自治性问题研究——以温州民间商会为考察视角》，《政治与法律》2009年第10期。

期。温州民间组织正根据自身的优势和特长，多样化地进行区域法治文明宣传，身体力行地推进温州区域法治文明。

其次，温州民间组织参与区域法治文明建设，有利于构建法治框架下的协商沟通机制。温州民间组织参与区域法治建设，提高了区域内公共权力在治理过程中运作的透明度，防止了公共权力的非公共运用。区域政务公开、行政透明是健全民间组织与政府互信互动的区域协商沟通机制的前提。与此同时，温州民间组织参与区域法治文明建设的过程，应是一个不断地协商合作，不断激励双方采取有力措施，确保双方遵守区域法制、互信合作的过程。温州行政区域内政府和民间组织中多种力量的动态协作过程，最终将形成一种多中心、互动式的区域治理模式。

再次，从转型期的实际出发，温州民间组织参与区域法治文明，完善了对区域治理的行政参与程序。随着我国市场经济的发展，多元利益集团的形成与壮大是客观事实和必然趋势。这为制约和规范区域治理中公权力的运行提供了有利的外部环境。同时，在区域治理过程中，强化公民社会组织的知情权、参与权，提高区域治理中公权力的公信力和外部监督能力，完善民间组织参与区域行政决策、执法的基本法律程序，是解决当前"区域治理利益本位化"现象的重要制度性保障。

最后，温州民间组织参与区域法治文明建设的过程，是一个与区域内行政机关之间直接且连续不断的协商合作过程，也是一个不断激励双方采取有力措施，确保双方确实遵守法律规则、互信合作的过程。这种全新的开放型、参与式的区域协作治理模式，必将有效地促成温州区域经济社会建设"两条腿走路"的战略新格局，即由"政府主导"逐步转向"与民间组织协力合作"。二者相辅相成，共同提高区域内行政管理效率和法治文明程度。这既是社会转型的必然选择，也是区域法治文明的基本进路。

第三节　合作治理：民间组织推动区域
法治文明的变革与发展

传统研究认为，温州经济的发展及形成的温州模式是在中国经济体制改革和发展中，借助需求诱致、超前的局部经济体制改革所形成的区域经济社会发展模式，其核心是充分尊重和发挥民众的首创精神，将经济体制改革和经济发展有机结合，在区域经济社会变革中成为一个互进的动态过程。然而，事实证明，无论是研究的立足点，还是温州模式自身发展的内涵把握，都面临着一场革命。因此，需要跳出传统研究从政府主体的角度认识温州模式的视角局限，补充公民社会的新视角，将区域公民社会的发展与区域经济的发展统一于温州模式之中，使温州模式的研究更具意义。区域治理是建立在治理和善治理论基础上的对区域经济社会的宏观管理。它特别强调以行业协会和商会等民间组织为代表的公民社会在区域治理中的作用。塑造新型的区域合作治理模式，关键是从制度层面合理规约政府与民间组织的治理边界。

一、民间组织参与区域法治文明建设：一种新型的合作治理模式

J.弗兰克指出，法律现实主义者的一个主要目的就是使法律"更多地回应社会需要"。庞德作为美国法律现实主义运动的早期代表人物，认为社会学法学的目标是使法律机构能够"完全、更理智地考虑那些法律必须从它们出发，并且将被运用于它们的社会事实"。[1]庞德的这种社会利益理论，为发展一种合作型的法律治理模型做出了直接的努力。在这种理论看来，好的法律和好的政府管制应该提供的不只是程序正义，它应该既强有力又公平；应该有助于界定公共利益并致力于达到实体正义。探讨政府与民间组织的合作治理模式已经成为现代法律理论的重要关注点，区域法治文明建设需要迈向新型的合作治理模式。

有机团结的社会必须建立回应型行政，以回应社会的多重需要。这种行政模式尊重行政相对方的主体性，以非强制行政行为为主要手段，以实现社会合作为基本目标，以统和行政主体和行政相对方的能力和资源为基本内容。现代行政国家的政府职能既广泛又繁复，为了达到特定的管制目的，往往必须介入企业活动的各个细节进行管制，尤以涉及公众健康与公共安全的事务为重。然而，由于人力与预算上的限制，管制机关在实际的做法上无法事必躬亲，而必须赋予被管制者就特定事项申报许可等义务。主管机关一方面仰赖业者提出的申报资料，另一方面亦自行进行选择性的稽查，以作为管制的基础。由于此等申报资料的存在，

---

① [美]P.诺内特、P.塞尔兹尼克：《转变中的法律与社会：迈向回应型法》，张志铭译，中国政法大学出版社2004年版，第81页。

主管机关便能较清楚地掌握管制的实际状况，进而将有限的人力与物力资源投入切要之处。若说此种申报义务的实施构成管制工作上的重心，亦不为过。然而一旦主管机关开始对受管制单位的申报资料失去信心，整个管制制度的原始设计精神便发生动摇，非但造成管制工作的极大困扰，亦非受管制单位之福，当然，最大的受害者仍是国民大众自身。

在合作治理模式的指引下，政府管制需要顾及复合目标和利益，以统和多元利益，使利益冲突的正统性得到承认。行政主体与相对方的关系呈现出权利本位的特质，行政相对方的权利得到了充分的保障，并成为行政权的来源和运作目的。政府行政立法肯定多重社会利益，重视行政相对方的特殊利益，承认这些利益的正统性。由于利益机制的启动，行政相对方不再是实现行政目标的手段，而成为行政主体的合作者。合作型行政治理模式特别关心的是，在一种肯定和承认个性、多样性和由此而来的冲突的政治场合下，维持一种道德共同体。

从上述温州一些民间组织的成长和壮大的过程来看，温州作为经济制度先发地区，在区域法治的发展路径上，更可能趋向诱致型、渐进型的发展道路。当然，在温州民间组织自发的参与区域法治文明建设的制度安排中，往往也需要政府的行动来促进合作性治理的变迁过程，在这一区域法治化进程中，温州政府是推动温州法治文明发展的重要辅助力量。温州民间组织参与温州区域法治化道路的特征大致如下。

（一）政府行政机关给予民间组织有效的支持

在这方面，温州各级行政机关为民间行业协会和民间商会组织的成长壮大创造了条件。如温州市发改委、温州工商联合会和温州工商局等行政机关不但为行业协会提供办公场所，给予一定的财力支援，而且经常对该协会开展活动进行必要的配合，温州市工商联合会成员还担任了一些协会的名誉会长。从民间组织活动的性质和特点看，一些与行业协会和商会联系比较紧密的行政主管部门以及共青团、妇联等社会团体，都可以也完全有条件以各种方式为民间组织的活动提供方便和支持，并积极出台地方规范性文件加以规范和引导，体现出对民间组织参与区域社会管理的支持。

（二）社会舆论界的声援和支持是不可或缺的因素之一

舆论的影响是巨大的，所以应充分发挥舆论的力量给成长中的民间组织以鼓励和声援。温州的这些民间组织开展的各项活动，得到了市、省直至国家级舆论单位的广泛支持，《浙江日报》《温州日报》和"浙江在线"网站等媒体还以专题的形式进行深度报道。舆论的大力支持使得温州市眼镜协会、温州服装商会等民间组织扩大了知名度，引来了众多关注的目光，使它们比较容易取得政府机构物力和财力方面的支持，对它们开展工作是莫大的帮助。

（三）民间组织需要加强自身建设，进一步规范组织行为

在组织结构表现上，其人数还不多，联系比较松散；在工作表现上，其开展、组织的活动能力还不强，所起到的实质性作用还有限，有些甚至还不排除有商业性或某种功利性的目的和倾向。因此，完善和规范民间组织是必须的工作，也是民间组织成长壮大必不可少的步骤。政府部门尤其是行政主管部门，应当给予必要的指导。民间组织自身也必须不断地学习，在前进中不断完善自己。当前最重要的任务之一是必须学会在国家法律法规范围内开展活动，在提高自身活动能力的同时又要防止商业化、功利化的趋向。

二、民间组织参与区域法治的变革：政府法律规制的范式转换

实践证明，区域政府部门需要达到对行业协会和商会等民间组织的规制目标，关键仍然应该是在法律的框架内，尽快转换对行业协会和商会等民间组织的法律规制的基本范式，建立一套以谋取民间组织利益最大化为行动基准的法律规范体系，有效提高政府效能，保证规制者独立于民间组织，实现政府规制的初衷。基于我国民间组织当前的发展现状，以及我国政府规制民间组织法治化的进程，可以构想针对民间组织法律规制的变革趋势和基本路径如下：

（一）在社会和经济发展过程中，明确民间组织与政府之间的界限和责任

规制研究领域最负盛名的桑斯坦教授认为，政府规制失灵可能是因为政府规制所依据的制定法本身存在的缺陷，也可能是因为制定法实施中的问题。[1]对此，笔者深以为然。就我国民间组织的规制问题而言，相关制定法的先天性缺失，以及政府在法律和政策实施过程中的规制过度或规制不足等问题，导致政府规制角色错位。为改变现状，必须从思想上转变观念，确立有限政府理念，依法界定政府权力，规范政府行为，明确政府责任，从根本上确立"规制者必须受到规制"的法理依据。

---

[1][美]凯斯·R.桑斯坦：《权利革命之后：重塑规制国》，李洪雷、钟瑞华译，中国人民大学出版社2006年版，第95—96页。

（二）政府应该有所为有所不为，适当下放服务性技术性职权

政府对民间组织实行民主化规制，使相关利益方依照法定程序进行磋商和协调，将政府规制权力的行使限定在不侵害民间组织的自治权范围之内。政府不再是传统"三位一体"（社会管理者、市场管理者、经济运行的参与者）的操作主体，而是市场经济利益的协调者和始作俑者。随着行政社会化趋势的加强，政府对民间组织的规制应该"拿得起放得下"，适时适度地将技术性服务性职能向民间组织或商会转移。如温州市环境保护局创新环保管理模式，将建设项目环境影响报告书（表）专家评审和环保治理方案评审等政府职权"授予"给一些民间组织。[1]2016年5月，温州市质监局与6家行业协会签订政府职能转移协议，将温州名牌产品初审和推荐职能转移给鞋革、市服装商会等6大行业协会。[2]适度的管理职能下放，既促使政府有所为有所不为，也能激化民间组织的活力。

（三）尊重并赋予民间组织的法律主体地位

政府规制机构必须超脱于具体的利益纠纷之外，真正成为民间组织发展的利益协调者，尊重并赋予民间组织法律主体地位。尤其在社会转型时期，民间组织既可能受到政府的控制而失去民间性，又可能受到企业的控制而实行寡头治理。因此，民间组织自主性的培育既需要"政会分离"，又需要政府出台政策规范运行，以保证民主机制落实到位。这就要求逐步规范或取消不合理的规制机构，打破原有的"一业一会"和"双重负责"体制的局限。借鉴美国经验，组建独立的民间组织规制委员会作为规制的主体，委员会下设担当行政事务的秘书处和反映民间组织意见的听证会组织。在我国，可以考虑剥离民间组织与国家发改委、商务部、工商局及工商联合会的原有行政隶属关系，制定相应的法律，组建更加独立的规制机构。同时，在一些重要的、技术性较强的社会性规制领域，设立一批直属于全国人大的执法机构，在全国各地设立垂直领导的执法机构，以排除地方政府的干扰。

（四）进一步收缩政府对民间组织规制范围

收缩对民间组织的规制范围，是提高政府规制行政效能的需要。20世纪80年代以来，传统的政府规制模式有了较大改变，特别是《行政许可法》实施以来，

---

①肖磊：《论行业协会法律规制的困境与路径选择：以温州为实证研究对象》，《首都法学论坛》2011年10月。

②聂伟霞：《温州转移252项政府职能：让社会组织参与更多公共服务领域》，《浙江日报》2016年5月12日。

除涉及国家安全、自然资源、少数公共产品生产和公共服务提供的领域外，政府对民间组织等微观领域的干预减少，正在逐步规范民间组织的管制秩序。该法第13条明确规定，行业组织能够自律管理的，可以不设立许可事项。国际经验表明，对民间组织的管制不仅要把政府部分职能从传统管制模式中剥离出来，而且要求政府能够进一步将职能适度下放转移，使得政府的政策制定权、调控权与民间组织所享有的自治权三者实行职能分离。因此，进一步收缩政府规制范围，实现民间组织自主治理的模式，成为规制体制改革的重要思路。正是基于规制收缩的思考，2017年，温州正式全面启动行业协会商会与行政机关脱钩试点工作。

（五）民间组织的和谐发展需要法治框架下的行政合作协商机制

"自我管理与国家干预之间的对立是在有关政治秩序的谈论中经常被提到的，现在这种二分法已经过时。"[1]通过温州民间组织自治性问题的调查，可以看到，民间组织在进行自治管理的过程中，制定的自治规则大多建立在国家行政权与民间组织自治权之间的资源相互转换基础之上。民间组织自治性规则的运用及其解决问题的能力，应该以国家行政权和民间组织自治权的相互合作为框架。一方面，公共行政组织的自治权在与政府的行政协商沟通中形成，并且通过二者的互信互动的过程获得法律的形式；另一方面，自治的实质就在这种行政协商沟通过程得以存在于法律建制化的形成条件之中。

政府规制民间组织是一把"双刃剑"，其实际功效取决于政府的施政理念和具体的规制手段，也取决于规制实施的具体法律环境。当前，民间组织参与区域法治的进程中，还存在一些体制和机制方面的困境。政府与民间组织之间的规制关系，要做的不是简单的放松规制，而是需要确立一种法治框架下的合作协商机制，并有效强化民间组织对区域公共事务的参与程序，实现良好规制，这应成为区域范围内政府规制改革的变革趋势和路径选择。

---

①俞可平主编：《治理与善治》，社会科学文献出版社2000年版，第214页。

第九章
司法维权中的温州区域法治文明

矛盾纠纷是现代社会的伴生现象。为解决这一问题，国家与社会创设了为争端双方提供的纠纷解决机制、为弱势群体提供的法律援助、对罪犯做出不同程度的处罚和教育的改造方式，均体现了现代法治文明。这其中，诉讼是普遍的现象，但是如果一切矛盾纠纷都要通过诉讼解决，一切诉讼当事人都要通过有偿法律服务得到帮助，一切罪犯都要在监狱中服刑，社会就会背起沉重的负担，弱者就会失去神圣的保障，法治文明就无从谈起。本章选取改革开放以来，对温州经济社会平稳发展予以保障的人民调解、法律援助和社区矫正等三大制度，将之作为司法维权中的重要力量进行研究分析，从中了解温州区域法治文明的进程。

第一节 坚持人民调解制度，促进社会和谐稳定

人民调解作为一项有中国特色的制度，长期以来在推进基层民主自治、化解矛盾纠纷、维护社会和谐稳定中发挥着重要作用，是社会平安建设的第一道防线，被世界各国誉为"东方一枝花"。如今，西方司法界普遍认为，"再胖的诉讼也不如瘦的调解"。西方流行的"选择性纠纷解决机制"，即ADR（Alternative Dispute Resolution）就是在借鉴、吸收了我国人民调解经验的基础上发展起来的。[1]党的十九大报告指出："加强预防和化解社会矛盾机制建设，正确处理人民内部矛盾。"《中共中央关于构建社会主义和谐社会若干问题的决定》提出了"更多

---

[1]缪蒂生：《司法行政机关要在化解矛盾纠纷中发挥主力军作用》，《中国司法》2009年第1期。

采用调解方法"的要求，2014年，《中共中央关于全面推进依法治国若干重大问题的决定》则明确提出："加强行业性、专业性人民调解组织建设，完善人民调解、行政调解、司法调解联动工作体系。"由此可见，中央和国家立法层面无不体现着人民调解在促进社会和谐稳定方面所发挥的作用。以下，我们将分析研究改革开放以来温州人民调解工作的演变。

一、人民调解在矛盾纠纷演变中的自我审视

改革开放后，特别是20世纪90年代，温州区域经济迅速崛起，温州商品经济迅速发展，尤其是民营企业，纷纷实现了从家庭作坊到股份合作、现代企业的跨跃式发展。经济社会的变迁，导致利益主体多元化、利益关系复杂化、利益冲突经常化，由此带来的新类型矛盾纠纷，对人民调解组织、人民调解员业务能力及工作方式提出了新的要求，此时，温州市上下开始对人民调解的对象、自身的功能、调解的优势进行全面检讨和审视。

在分析了新时期人民调解工作在实际中存在组织弱化、队伍不精、手段不多等诸多缺点和问题后，人们对人民调解这项制度在新时期温州发展中所起的作用和承担的功能提出了质疑，但从以下的分析可以发现，人民调解的功能依然是强大的，优势依然是明显的。

（一）人民调解的低成本、高效率，发挥了其在构建和谐社会中的作用。在诉讼或仲裁活动中，虽然矛盾纠纷得以解决，诉讼费、律师代理费等成本却很高，一些小额的纠纷，对中等以下收入者而言是不低的负担。群众更乐意通过信访途径解决，其主要原因之一就是诉讼和仲裁需要较高成本。人民调解委员会受理调处矛盾的无偿性，决定了其在调解过程中，会对成功调处产生正面影响。因为零成本的调解，更易于让纠纷双方当事人接受调解员提出的退让建议。

（二）人民调解深耕基层，解决矛盾纠纷，预防各类犯罪，凸显了其在建设"平安温州"中的作用。民主与法治是"平安温州"的应有之义。建立健全基层民主政治制度，培养人民群众的民主政治意识和习惯，提高他们的民主政治素质，是社会主义民主政治建设的基础性工作。人民调解组织通过长期卓有成效的工作，在基层群众中逐步形成了社会主义民主政治建设的浓厚氛围，从而为实现

人民群众管理国家事务和社会事务这一长远的民主政治目标打下了坚实的基础。

（三）人民调解的自愿性、居中性，决定了其在巩固执政基础中的作用。人民调解符合中国"和为贵"的传统社会文化和思想心理。人民调解处理的矛盾纠纷，大部分属于人民内部矛盾，如果用行政、诉讼的手段加以处理，即便解决了，当事人之间的对立情绪一时之间也很难消除，或多或少会留有后遗症。而用人民调解的手段去解决，运用说服教育的方法，情、理、法结合，有利于取得圆满的结果。人民调解由此成为温州市、县两级党委、政府选择解决社会矛盾纠纷的重要手段。

二、温州人民调解工作在新时期的艰难探索

由于人民调解在组织、人员、工作方式等方面，难以适应新形势下人民内部矛盾的纠纷调处，温州市、县两级求新求变，不断创新，合力突围，在走专业化道路、构建大调解体系和促调防结合方面进行了艰难而有益的探索。

（一）探索专业化建设道路。1996年，瓯海区瞿溪牛皮市场设立了人民调解委员会，这是温州市第一家在有形的集贸市场设立的调解委员会，也是第一家在村（居）之外设立的人民调解委员会。随后，温州各地开展了一轮建设非传统型调解委员会的浪潮。到2001年，温州市平阳县已建立了8个专业市场联合调解中心。[1]从2001年到2005年，温州市开展"人民调解年"和"人民调解宣传年"活动，大面积开展非传统型调解委员会的建设。[2]此外，乐清市率先实现调解室与警务室合署办公，实行人民调解与公安的联防联调。这一时期，温州共建成区域性行业性调委会54家、企事业单位调委会304家。

从2003年乐清市出现温州市第一位专职人民调解员以来，温州市各地开展了

---

[1]这8个专业市场联合调解中心包括：瑞安市在物业管理公司和居民小区建立调委会，苍南县和泰顺县与福建省福鼎市成立了省际接边调解组织——浙闽边界民间纠纷联合调处指挥中心，乐清市大荆镇、湖雾镇同台州温岭市大溪镇成立了市际接边调解组织，即大荆—湖雾—大溪社会治安防控委员会。

[2]比较具代表性的有苍南县组建的辐射苍南、泰顺、福鼎、拓荣、霞浦两省五县的跨省联防联调体系调解组织——闽浙接边地区调解委员会，鹿城区的德政公寓人民调解委员会、五马街蝉街商厦住户人民调解委员会，永嘉县的奥康集团有限公司调解委员会和永嘉县拉链商会调解委员会，龙湾区的养殖协会调解委员会等。

专职人民调解员队伍建设的探索。到2017年，市本级和11个县（市、区）聘有专职人民调解员697名。[①] 2007年4月5日，温州市社会治安综合治理委员会办公室、温州市司法局联合印发了《关于在乡镇（街道）设立专职人民调解员的意见》。该意见下发后，温州各地深化和完善了专职调解员制度。专职调解员制度的出台，有力地调动了人民调解员的工作积极性，人民调解的工作效率比过去明显得到提升，公信力明显得到增强。2012年，出台《温州市专职人民调解员等级评定办法》，明确各等级的评定条件和办法。2015年，温州及时出台《关于进一步加强人民调解工作的意见》，要求乡镇（街道）党委、政府严格落实专职人民调解员工作机制，选聘2名以上专职人民调解员专门从事辖区内纠纷化解工作。截至2017年，温州全市共有人民调解员24594名，其中只占总数2.8%的专职人民调解员，参与化解的纠纷数却占全市人民调解员化解纠纷总数的78.9%。[②]

人民调解组织机构和人员实现专业化后，如何开展专业化调处、如何形成卓有成效的专业化调处工作模式成了各方的主攻方向。这期间，温州出现了两种有益的探索：一是推行流动调解庭边调解边指导；二是加强诉调一体化建设以提高调解实效。

（二）探索建立大调解机制。1999年，温州在乡镇一级普遍建成司法所后的一个月，掀起了建立以司法所为依托、有关职能部门参加的乡镇联合调解中心的热潮，人民调解工作开始向乡镇一级直接延伸。2003年9月底，温州291个乡镇全部成立乡镇（街道）人民调解委员会，基本实现人员、制度、办公场所、经费四落实。2014年，温州开始探索县级人民调解委员会建设，各县（市、区）司法局建立的人民调解中心，统一改名为"××县（市、区）人民调解中心"，在设立的"人民调解中心"内增挂"××县（市、区）人民调解委员会"牌子，县级人

---

① 《北京日报》《法制晚报》等各大报纸媒体都对这项创新性工作予以全面报道，给予温州这一新举措高度认可，进一步扩大了社会影响，为专职人民调解员制度的深化奠定了舆论基础。《法制日报》评论指出，温州推出发展"职业调解员"的应对之策，体现了调解专业化的趋向，是细化调解专攻方向的务实之举。

② 人民调解员专职化后，纠纷当事人在选择纠纷解决途径时，愿意避开程序烦琐、成本较高的诉讼、仲裁而选择人民调解，将人民调解的优势充分发挥出来。龙湾区永中街道专职调解员刘万定，受聘第一年就调解成功各类矛盾纠纷189起。当地1起经济诉讼案件，从基层院到省高院，官司打了7场仍然没有了结；刘万定介入后，用了5天时间就成功调处了这一棘手案件，被媒体誉为"一张嘴胜过7场官司"。

民调解委员会作为县（市、区）人民调解中心化解矛盾纠纷的具体职能机构，主要承担本辖区内重大或典型性矛盾纠纷的受理和调处工作。

新时期矛盾纠纷的复杂性，推动了人民调解部门协作机制的形成。一是以公证介入实现调解内容与执行效力的衔接。规定调解人员应向纠纷当事人建议，将具有明确债权债务内容的调解协议书予以公证，以保证该协议书的执行效力。二是以诉讼内调解规范人民调解与民事诉讼的衔接。三是加强人民调解与轻微刑事处罚的衔接。[1]此三项措施提高了调解工作质量，赋予其法律效力，贯彻了慎用强制措施的现代法治理念，实现了法律效果与社会效果的统一。规定出台的最初两年，温州市人民调解组织调处轻伤害案件307件，协议赔偿金额582万元。

（三）调防结合促社会稳定。20世纪90年代末，针对矛盾纠纷多发、高发的态势，逐渐形成了做好预防工作乃人民调解工作最高境界的共识。温州市各地坚持"调防结合、以防为主"的方针，在做好日常调解工作的同时，把预防社会矛盾纠纷激化作为工作的重点，建立健全民间纠纷排查调处制度，开展多种形式的排查活动，分析社会矛盾纠纷并发现其规律，做好预测和预防工作。具体制度包括：（1）每季度一次的民间纠纷大排查。温州市各调解组织坚持开展每季度一次的民间纠纷大排查活动，以切实掌握基层社会的不安定因素，做到发现早、掌握早、处理早。（2）重大节假日和重大事件期民间纠纷的排查和调处。开展了以"迎新春""迎国庆""跨世纪"为主题的"保平安"排查调处活动，通过认真细致的排查、调处，努力保证节假日期间群众祥和欢乐。（3）专项排查和调处。各地结合本地和一段时期的实际情况，进行各种有针对性的专项排查和调处。[2]

在民间纠纷大排查、大调处工作局面的形成过程中，温州市各地形成了一批好经验。如苍南县的"四早""六抓""三不放过"方法，永嘉县的社会矛盾纠

---

①2003年12月，温州市公、检、法、司多部门联合出台《关于办理轻伤害案件暂行规定》。该规定明确，对邻里、亲属、同事等有密切关系的当事人之间因民间纠纷引起致1人轻伤，被害人自愿放弃诉权并书面请求免除对方刑事责任、撤回控诉的案件，可申请人民调解。如达成协议，公安机关对未立案的不予立案，对已立案的撤销案件。
②1999年9月温州市遭受百年未遇的特大暴雨袭击后，各类民间纠纷急剧增多，各地司法所和基层调解组织迅速行动，投入到灾区的民间纠纷调处工作中去，灾后半个月期间就排查出与水灾有关的民间纠纷312件，并调处276件。

纷排查调解工作长效机制等。2001年，时任浙江省委副书记周国富同志批示："永嘉县推行社会矛盾纠纷排查调解工作长效机制的经验很好，值得全省学习。此经验好，好在领导重视认识高，好在一年四季经常化，好在建章立制度化，好在组织健全有保障，好在有的放矢效果佳。希望各地各单位因地制宜，认真去做，一定会取得好的效果。"

三、温州人民调解架构的完善

如果说，20世纪90年代和21世纪前十年，温州人民调解仅仅是在探索如何适应新形势下矛盾纠纷的新变化，其主要推动力量是司法行政机关的话，那么在二十年如一日的敬业精神推动下，2011年7月11日温州市委和市政府办公室印发的《关于全面构建社会矛盾纠纷"大调解"体系的意见》《关于进一步加强人民调解工作的意见》就是对这种精神的肯定，也是对这种艰难探索的肯定，更是对人民调解大发展的支持，人民调解打开了各级党委政府组织协调、司法行政机关牵头落实、有关部门配合推进的新局面。改革开放四十年来，随着中国特色社会主义法治建设不断向前推进，温州人民调解制度在新时代背景下，与时俱进，形成了具有全国示范意义的"大数据＋人民调解"的温州样本。

（一）大调解机制的建成。面对社情民情相对复杂、矛盾纠纷相对多发的客观实际，温州市走出了一条党政主导、各方参与的调解工作路子，形成"大调解"工作机制，织成三大工作网络——通过健全规范各级人民调解委员会和建设县级大调解协调中心、镇级矛盾联调中心、村级调解室，实现"大调解"工作体系的纵向架构，通过专业性、行业性调委会和企事业单位调委会的建设实现"大调解"工作体系的横向覆盖，通过医调、诉调、交调、警调、检调、劳调等六大调解衔接机制的建设，实现"大调解"工作体系的全面发展。截至目前，温州市已经基本建成了多元化、宽领域、广覆盖的"大调解"工作体系。

在"大调解"工作机制建设的推动下，截至2017年年底，温州全市建成11个县级人民调委会、185个乡镇（街道）人民调解委员会、5434个村级人民调解委员会、464个居民区人民调解委员会、209个行业性专业性人民调解组织。2017年，全市各类人民调解组织受理社会矛盾纠纷101147件。其中，疑难复杂纠纷9171

件，非正常死亡纠纷1047件。"大调解"工作机制的有效实施，为温州市"平安大市"建设和"平安夺鼎"工作做出了重要贡献。

（二）专业化调解的确立。除少数为海渔事纠纷诉调、婚调、异地在温商会调解委员会外，在温州市县范围内普遍建立的行业性专业调解委员会，主要体现在医调、诉调、交调、警调、检调、劳调等六大调解机制。目前，六大调解衔接机制已经初显效果。此外，温州各县（市、区）法院立案大厅和28个基层法庭都建有人民调解窗口、配备专兼职人民调解员，开展诉前先行调解、诉中参与调解、法官辅助调解。在检调衔接方面，温州市检察院及时成立了以检察长为组长的检调衔接工作领导小组，与市司法局建立了联席会议制度，11个县（市、区）检察院都建立了人民调解室。通过警调衔接工作，基层派出所信访量明显下降。以瓯海区梧田派出所警调室为例，2010年共受理矛盾纠纷432件，调解成功425件，调解成功率为98.3%，当年辖区涉及派出所的信访案件同比下降78%。温州六大调解机制发挥的成效，得到了省市领导的关注，时任浙江省委常委、省公安厅厅长王辉忠同志专门就警调衔接工作做出批示："此举是一个有益的探索，效果也比较明显，温州市要在总结的基础上予以推广。"

为了与专业化的调解制度相适应，温州加强了专职人民调解员队伍的建设，具体包括：一是建立人民调解工作参阅案例发布制度。[1]该制度是实现人民调解工作科学发展的重要途径和现实需要。二是建立人民调解员等级评定管理制度。[2]等级评定管理制度的实施，能提高人民调解员的政治、业务素质，增强指导管理人民调解工作的针对性。三是加强人民调解员队伍能力建设，加强业务交流，组织人民调解员开展座谈、观摩、模拟调解，交流在人民调解工作中的好经验。

（三）"以外调外"——另类专业调解模式。近年来，随着外来人口的急剧增加，温州市外来人口矛盾纠纷发生率呈逐年上升趋势。针对这一情况，乐清市积极探索，从2005年开始在乐成镇盖竹村、天成乡巨光村、虹桥镇邬家桥村等3个村建立外来人口人民调解委员会（以下简称外口调委会）。2009年，柳市、北白

---

[1] 2012年4月24日，温州市司法局印发了《关于印发〈温州市人民调解优秀案例发布制度〉的通知》（温司发〔2012〕14号）。

[2]2012年4月，温州市司法局制定了《温州市专职人民调解员等级评定办法》，决定成立专门等级评审机构，对全市专职人民调解员，按调解经历、业务水平、调解技能、调解质量、思想品德等状况进行等级评审（分为"高级、一级、二级、三级"等四个等级），以优化人民调解队伍结构。

象等镇建立了外来人口调解工作室，在镇一级引入"以外调外"的工作新机制，成功化解大量外来人口矛盾纠纷。"以外调外"模式的基本做法是：（1）健全组织，配置调解队伍；（2）以外调外，化解矛盾纠纷；（3）完善制度，加强规范管理；（4）注重提高，探索长效机制。

"以外调外"模式实现了外来人口自我管理、自我服务和自我监督，使其在异乡倍感亲切，具有归属感；"以外调外"模式实现了矛盾纠纷调解效果的最优化，充满人性化，使外来人口遇到矛盾纠纷时有可信赖的人进行调解，达到本地调解员难以实现的效果；"以外调外"模式实现了服务管理成本的降低，节省了政府资源，实现了资源的最优配置；"以外调外"模式实现了外来人口和当地人"共建和谐"的新局面，营造了外来人口和当地人和谐相处、共创繁荣、共享发展的良好社会氛围。

（四）温州"大数据＋人民调解"经验。大数据作为国家战略，正日益成为推动国家治理体系和治理能力现代化的核心驱动力。推进"大数据＋人民调解"工作，是加快发展人民调解、升级"枫桥经验"的有效途径。[1]2012年，温州市司法局启动了"温州市人民调解信息管理系统"试点工作，2013年该系统正式运行，之后一边运行一边完善和升级，最终建成温州市人民调解数据管理平台系统。这一平台目前建立了九大数据库，这些数据库的建立和使用，真正让人感觉到了智慧司法带来的便利和威力。运用"大数据＋"，不仅有利于温州市司法局对全市人民调解工作动态的全面掌握，更有利于对案件进行精准调解。"大数据＋人民调解"的广泛应用，极大地推动了温州人民调解工作的效能，取得了令人瞩目的成效。2017年1月，"大数据＋人民调解"工作在全国政法工作会议上交流。2017年全年，温州市矛盾纠纷调处量首次突破10万件大关，同比上升13.06%，而调解成功率则高达99.35%，位于浙江省前列。2018年5月10日至11日，司法部在温州召开全国人民调解工作会议，推广温州的"大数据＋人民调解"工作。

第二节 发展法律援助事业，推动社会公平正义

社会贫、弱群体权利的保障力度，是现代国际社会衡量一个国家社会制度文明进步程度的重要标志，法律援助就是保障社会贫、弱群体权利的一项重要制

---

[1] 陈东升：《大数据＋人民调解"温州样本"》，《法制日报》2018年5月7日。

度。法律援助，是指由政府设立的法律援助机构组织法律援助人员和法律援助志愿者，为经济困难的公民或某些特殊刑事案件的当事人提供无偿法律帮助，以维护其合法权益的一项法律保障制度。温州市的法律援助工作，始于1998年温州市编委批准设立温州市法律援助中心；2000年6月29日，温州市举行了市、县两级法律援助中心统一挂牌、授牌仪式；2002年温州市12家法律援助中心先后从律师管理部门分立，独立承担政府责任，法律援助工作开始在创新中推动社会公平正义事业，推动温州区域法治进程。截至2018年，温州法律援助持续推进多个领域的改革创新工作，如率先制定全国首个法律援助服务指数评价标准，深入实施刑事案件律师辩护全覆盖试点。因此，可以说，温州法律援助以改革创新之姿引领我国地方司法行政体制机制改革前沿。

一、扩容拓面：拓展法律援助范围以实现"应援尽援"目标

法律援助覆盖面是衡量一个国家（地区）法律援助制度发达程度的重要尺度，也是衡量该国家（地区）保障弱势民生的重要指标。西方发达国家法律援助覆盖面很广，比如法国的法律援助覆盖面达到总人口的70%，瑞典达到90%，英国达到60%，美国达到50%，芬兰达到45%。[1]而温州市在2009年到2011年之间，总共指派办理法律援助案件12862件，平均每年每万人法律援助案件数为4.7件，这离西方发达国家的标准还相差很远。为深入贯彻落实科学发展观、保障和改善民生需要，为满足社会公众法律援助之需要，为实现法律援助制度终极目的之需要，必须扩大法律援助范围，力求"应援尽援"。在新时期新形势下，温州法律援助工作锐意改革，取得了优异成绩。据统计，2017年上半年，全市共办理法律援助案件6025件，同比增长18.6%；受援总计6025人，累计为受援人挽回经济损失或取得利益4900余万元。[2]

（一）刑事指定辩护法律援助案件范围的扩大。刑事指定辩护法律援助，对于保护人权、实现司法公正具有特殊重要意义。2012年，温州市司法局联合市中级人民法院印发了《关于加强刑事案件指定辩护工作暂行办法》（下称《暂行办

---

[1]刘趁华：《关于扩大法律援助覆盖面的几点思考》，《中国司法》2009年第10期。
[2]潘秀慧：《温州市出台"实施方案"：试点刑事案件律师辩护全覆盖》，《温州日报》2017年10月20日。

法》）。《暂行办法》共16条，既充分吸收了新刑事诉讼法对法律援助工作所提的新要求，又结合司法部发布的《办理法律援助案件程序规定》，还落实了《浙江省高级人民法院、浙江省司法厅关于加强刑事案件指定辩护工作的若干意见》。具体做法有：一是大幅扩大刑事法律援助案件范围；二是及早对接新刑事诉讼法有关刑事辩护的规定；三是建立援审对接以保障刑事辩护援助增量提质。

"法律援助案件质量是法律援助工作的管理直至整个法律援助制度得以存续和保持可持续发展的核心和关键。"[1]2017年10月16日，温州市中级人民法院与市司法局联合出台《温州市刑事案件律师辩护全覆盖试点工作实施方案》（以下简称《方案》），《方案》就扩大刑事法律援助范围、完善刑事法律援助申请受理机制、完善通知辩护工作机制、完善人民法院保障辩护权利工作机制、强化法律援助人才队伍建设等方面做了明确规定。[2]

为推进以审判为中心的刑事诉讼制度改革，加强人权司法保障，促进司法公正，充分发挥律师在刑事案件审判中的辩护作用，2017年10月11日，最高人民法院、司法部出台《关于开展刑事案件律师辩护全覆盖试点工作的办法》，在全国开展此项试点。浙江省是此次试点的8个省份之一，而温州市是省高院和省司法厅确定的首批试点城市。[3]对刑事案件援助范围的扩大，大幅提高了法律援助案件量和指定类案件在法律援助案件总量中的占比。2018年上半年，温州市法律援助案件总量同比增长28.8%，但刑事辩护法律援助案件量却同比增长159.2%。（见表一）

表一　2017年上半年与2018年上半年温州市法律援助案件指派量及同比增长率

案件量增长率	全部援助案件量		指定类案件量		申请类案件量	
	全市	市中心	全市	市中心	全市	市中心
2017年上半年	6016	550	1333	355	4683	195
2018年上半年	7748	711	3455	459	4293	252
同比增长率	28.8%	29.3%	159.2%	29.3%	-8.3%	29.2%

[1]杨秀环、杨秀君：《建立和完善法律援助质量监督体系对策研究》，《中国司法》2011年第7期。
[2]余建华：《温州启动刑事案件律师辩护全覆盖试点，并就扩大刑事法律援助范围等做出明确规定》，《人民法院报》2017年11月8日。
[3]同上。

（二）司法鉴定法律援助困局的破解。2005年10月1日起，《全国人大常委会关于司法鉴定管理问题的决定》开始实施。该决定规定司法鉴定归口司法行政部门管理。[①]但是直到2006年年中，温州市司法鉴定机构才逐渐归口温州市司法局管理。同时，司法局管理的温州市法律援助中心立即根据《浙江省法律援助条例》有关"法律援助机构可以给予适当补助"之规定，[②]与有关部门沟通，决定提供司法鉴定法律援助。2006年12月，温州市指派了全省第一件司法鉴定法律援助案件，从2006年到2017年，温州市指派司法鉴定机构办理法律援助案件从1件增至241件，为需要司法鉴定服务的受援人维权工作带来曙光。

但是，三大问题一直困扰着司法鉴定法律援助。一是受援人败诉后的鉴定费用承担问题，按规定受援人可不予交纳鉴定费用，但有关法律又没有规定这笔费用由什么机构支付，这就使鉴定费用变得无法落实，严重挫伤了司法鉴定机构办理法律援助案件的积极性，进而影响其办理质量和服务态度。二是受援人胜诉案件的鉴定费用承担问题。判决生效后，对方当事人如拒不支付鉴定费用，该由哪个机构或个人去落实或提起执行，法律没能明确，即使予以明确规定也会出现执行不到位的情况，这仍然会遇到上述同样问题，即挫伤鉴定机构的工作积极性。三是申请司法鉴定法律援助成本问题。由于司法鉴定机构都归市级司法局管理，导致县域范围内的受援人必须到温州市法律援助中心申请司法鉴定，这显然提高了其维权成本。

为破解以上困局，经过五年多时间的试行，经过职能部门的不懈沟通与协调、对司法鉴定机构经常开展宣传与教育，2012年8月，温州市司法局出台了《关于加强司法鉴定法律援助工作的意见》（温司法〔2012〕32号），并随该意见下发了《司法鉴定法律援助申请审批表》《司法鉴定法律援助案件指派通知书》

[①]《全国人大常委会关于司法鉴定管理问题的决定》第三条规定："国务院司法行政部门主管全国鉴定人和鉴定机构的登记管理工作。省级人民政府司法行政部门依照本决定的规定，负责对鉴定人和鉴定机构的登记、名册编制和公告。"
[②]《浙江省法律援助条例》第二十三条第三款规定："鉴定机构应当对法律援助案件先行缓收鉴定费用，待案件审结后根据人民法院或者劳动仲裁机构的裁决由当事人承担鉴定费用。受援人交纳鉴定费用确有困难的，由法律援助机构给予适当补助。"

《司法鉴定法律援助案件结案报告表》，附上温州市各司法鉴定机构及联系人名单。该意见是浙江省第一个关于司法鉴定法律援助工作的规范性文件，就加强司法鉴定法律援助工作提出五点创新性意见，使司法鉴定法律援助有了明确的依据：一是明确司法鉴定法律援助的对象与事项；二是明确司法鉴定法律援助的实施流程；三是明确司法鉴定机构办理法律援助案件的内容与程序；四是明确司法鉴定法律援助案件的补贴数额；五是明确司法鉴定法律援助工作的监督与管理。

（三）援访对接工作机制的建立。温州当前正值社会转型期，各种社会矛盾日益凸显，其中很大一部分矛盾是在法律层面可予解决的，其当事人则是亟须法律援助服务的弱者。温州市法律援助机构结合温州实际情况，采取一系列积极措施，在推动"三生融合、幸福温州"建设的同时，扩大了法律援助的范围。

首先，组织由律师组成的信访团长期坚持参加地方党政领导每月信访接待日活动。每月15日，温州市、县两级都要举行党政领导信访接待日活动，温州市两级法律援助中心长期坚持组织律师参与当天的信访接待日活动，帮助领导现场决策。

其次，组成各类临时涉法涉诉信访团不定期到基层开展涉法涉诉信访工作。一是法律援助机构指派具有特殊身份的律师到基层接访，如担任人大代表和政协委员的律师，借视察调研之机，到基层参与涉法涉诉信访。二是信访团律师根据法律援助机构指派，跟随地方党政领导下访，在随访过程中开展涉法涉诉接待工作。三是法律援助机构组织律师参与大型活动，开展涉法涉诉信访接待。[1]

（四）召集法律援助律师信访团开展专门性涉法涉诉信访工作。这些专门性涉法涉诉信访工作，有参与重大灾害或交通安全生产事故的涉法涉诉信访工作，有党政组织的重大活动（如市政府组织开展的"阳光投诉"大型广场活动、宪法宣传日活动）的涉法涉诉信访，有重大会议的涉法涉诉信访等。[2]

---

[1] 如2006年联合温州日报《党报日线》栏目、温州电视台《第一时间》栏目组织的"党员律师与你同行"——法律援助进社区活动，70名执业党员律师涉法信访团共为群众解答法律咨询610件，其中大部分为涉法信访问题，37件转为法律援助案件。

[2] 2012年5月12日，温州市成立第二届市领导信访接待日随访律师团，召开座谈会、举办业务培训班，规范了随访工作，强化了援访对接工作。

二、健全网络：构建"一小时法律援助服务圈"以覆盖各类困难人群

2008年8月，温州市司法局印发了《关于深化推进法律援助"一小时服务圈"构建工作的意见》，对构建法律援助"一小时服务圈"工作的意义、制度、内容、目标和要求，做了深入明确的要求，"这标志着这项创全省之先的'一小时法律援助服务圈'构建工作正式启动"。[1]所谓"一小时法律援助服务圈"构建工作，是指每一个符合法律援助条件的困难人员，步行在一小时之内可以找到一家法律援助工作机构提出申请或求助，并在符合条件和材料齐全的情况下，得到"一站式服务"，办妥申请、审批等手续。这项工作，其形式是法律援助中心在乡镇和村居一级建成法律援助工作站点，其内容是在法律援助工作站实现"一站式服务"、在村居法律援助联络点提供法律援助信息服务，其实质是创新法律援助便民服务方式、加强法律援助窗口服务能力，其前提是广泛建立法律援助工作站。由于乡镇（街道）法律援助工作站的建立相对容易（温州市已经依托乡镇街道司法所全部建成法律援助工作站），这里重点介绍三种有创新意义的其他行业法律援助工作站。

（一）异地在温商会法律援助工作站。温州有350万新温州人，占温州总人口的38%，他们中的大多数经济收入低，处于弱势地位，为这一群体提供优质、便捷、到位的法律援助十分重要。[2]2007年5月31日，温州市"法律援助进商会为农民工服务"签约授牌仪式在位于温州经济技术开发区的美丰农化公司举行，时任温州市委副书记赵一德等领导出席会议，为5家外地在温商会授发法律援助工作站牌子，对下一步开展"法律援助进商会"工作提出要求。赵一德同志指出，"法律援助进商会"工作，是对法律援助方式方法的有益探索和创新，是推进构建和谐社会服务主题实践活动的有效载体。希望各级司法行政机关、律师协会、公证

---

[1] 李扬、宋园园：《温州建"一小时法律援助服务圈"》，《浙江日报》2009年12月7日；李扬、宋园园：《国内新闻》，《温州建"一小时法律援助服务圈"——弱势群体在最短时间内得到法律援助，降低了维权成本》，http://news.sina.com.cn/c/2009-12-07/092416730400s.shtml（上网时间：2012年10月3日）。

[2] 2006年，温州市2364件法律援助案件中，有近1700件受援对象是外来务工人员，占全部法律援助案件的72%。

协会和广大法律服务、法律援助工作者，进一步增强创建和谐、促进和谐、维护和谐的自觉性，进一步提升素养、转变作风，整合资源、凝聚力量，抓维权、办实事，抓教育、提素质，抓网络、建机制，充分发挥法律服务和法律援助工作的整体效应，在更大的范围、更高的程度、更强的力度上促进和谐社会建设。目前，温州法律援助中心已在19家异地温州商会设立了法律援助工作站。2007年以来，年均解答法律咨询问题102个，提供法律援助初审案件50个。这项在全国首创的新举措，对于促进和谐社会的建设起到了推动作用。①

（二）行业性专业人民调解委员会法律援助工作站。2011年7月11日，温州市委办、市府办印发《关于全面构建社会矛盾纠纷"大调解"体系的意见》（温委办发〔2011〕96号）后，温州形成了"大调解"工作体系，153家行业性专业调解委员会在有关部门的支持下调处了大量矛盾纠纷，但也有少数纠纷调解不成。这些纠纷，或者是案件十分疑难、责任难以区分，或者是双方认识不同、要求差距过大，又或者是纠纷当事人一方或双方为偏执型人格，无论哪种情况，如果调解不成，双方的矛盾就有可能激化，此时若不予以引导，就容易出现群体性事件，甚至激化为刑事案件，这类纠纷数量虽少，但若调解后引导不力，容易导致严重后果。

为此，2012年年初，温州市法律援助中心创全省之先，要求全市法律援助机构在90%的行业性专业调解委员会设立法律援助工作站，切实做到三个有利于：一是有利于提高工作效率、降低维权成本，方便群众在调解不成的情况下，在调解现场即可申请法律援助；二是有利于引导群众走合理表达诉求、依法维护权益的路子，进而维护基层社会稳定；三是有利于充分发挥法律援助工作站的便民作用，因为行业性专业调解委员会法律援助工作站较普通的行业法律援助工作站，具有人员固定、素质更高的特点，既具有初审能力，也可以提供非诉援助服务。②截至2018年6月，温州全市共建成法律援助工作站521个，其中，乡镇村居法律援

①2007年7月14日，瓯海区娄桥镇某服装厂70多名湖北籍农民工，因该厂拖欠其1个半月工资，冒着台风在雨中到市政府静坐上访。温州市湖北商会法律援助工作站得知此消息后，带上姜汤到达现场，在热腾腾的姜汤和乡音中，做好农民工的劝访工作，同时以法律援助工作站工作人员的身份主动与企业进行协商并达成协议，由该厂一次性发放拖欠工人的16万元工资，使这起群体性事件得到了圆满解决。
②吴林勇：《浙江省司法厅副厅长陈志忠到温州调研法律援助工作》，http://www.sifa.gov.cn/art/2012/3/26/art_541_82573.html（上网时间：2012年10月26日）。

助工作站186个，建成其他行业法律援助工作站335个，这些工作站为困难群体提供了就近申请法律援助服务和法律咨询服务，为法律援助的实施提供了便利。

（三）公共法律服务"最多跑一次"改革。为满足基层人员对优质法律服务的迫切需求，继续向基层延伸法律援助触角，赋予"微中心"受理法律援助申请及初审转报的职责，受援人可就近提出法律援助申请，化"长跑"为"短跑"。当前，温州全市129个乡镇街道已全面设置司法所法律援助工作站"微中心"，实现全覆盖。实施"跑改"以来，市司法局以跑赢为标线，积极创新服务模式加快"冲刺跑"。通过深入研究"最多跑一次"改革与"一带一路"倡议契合点，与宁夏固原市司法局签订"一带一路"法律服务六项框架协议，率先开设"一带一路"公证服务专窗，设立绿色通道，有效减少了企业办证国内国外"两地跑"的现象。[1]2018年4月3日，温州司法局充分运用法律援助异地协作机制，实现温州与黄石跨省联动，成功为湖北省黄石阳新籍贫困户提供首例跨区域异地申请刑事法律援助，让受援人家属免去几千公里的奔波。[2]

更值得一提的是，温州市还是全国首个开展刑事案件辩护律师全覆盖试点的城市。市司法局与法院联合开发刑事案件通知辩护系统，实现刑事案件被告申请法律援助"一次都不用跑"，获司法部、省司法厅肯定。

（四）运用互联网技术降低弱势群体维权成本。当前，互联网技术在我国发展迅速，应用范围广泛，利用互联网解决政务，成为一项新生的事物和便民的途径。就温州全市而言，在当前"一小时援助服务圈"构建工作不断完善的情况下，在法律援助工作站"一站式服务"不断推广的背景下，突破传统方式，利用现代科技，打造"三个网络平台"，对于完善以农民和农民工为主要对象的法律援助便民措施，改善民生，塑造政府形象，进而推进社会和谐建设、法治建设等，都具有比传统手段更加积极的意义。温州市法律援助中心从2006年开始，就在温州市司法局门户网站上开设"12348"法律咨询栏目，这是网络技术在法律援助工作中的第一次运用，在全省尚属首创。2011年，温州市司法局印发了《关于深化社会管理创新全面推动"三个网络平台"建设工作的意见》（温司发〔2011〕12号），提出以"法律援助QQ群"为平台，加强视频指导，覆盖青年农民群体；以对接组织部门远程教育V2通系统为平台，推广视频申请，覆盖偏远农村老年农民群体；以门户网站

---

①程潇潇：《"五跑"联动跑出公共法律服务"加速度"》，《温州日报》2018年2月23日。
②陈雯彦：《温州市深入践行法律援助"最多跑一次"改革 提供首例跨区域异地申请刑事法律援助》，《温州司法》2018年4月3日。

网络"12348"法律咨询栏目为平台，提供深度解答，覆盖各类法律咨询问题。该意见有助于网络技术在法律援助服务领域的应用。实际上，就是在国际上，也是近年来才开始注重利用网络技术提高法律援助工作效率。"苏格兰法律援助委员会从2011年开始，要求通过网络在线提交律师账单。同时，积极将网络视频引入到法律援助工作中。"[1]这说明，温州市推行的网络服务于法律援助工作的理念和做法即便在国际上也是领先的。温州推行法律援助的具体做法主要包括：

其一，以"法律援助QQ群"为平台，加强视频指导，覆盖青年农民群体。目前，温州市12家中心全部开通"法律援助QQ群"，受此推动，温州市经法律援助工作站初审后报批的案件也在逐年上升。

其二，以对接组织部门远程教育视频系统为平台，推广视频申请，覆盖偏远农村当中的老年农民群体。在该系统上，采用"一对一"和"多对一"视频互动交流方式，为当事人提供法律援助和法律咨询，进行法律宣传活动。根据当事人的需要，实行法律援助网上受理、预审批等服务。

其三，以门户网站网络"12348"法律咨询栏目为平台，提供深度解答，覆盖各类法律咨询问题。2010年，温州市法律援助中心通过温州市司法局门户网站《"12348"网上法律咨询》栏目，解答网民提出的法律问题和法律援助问题147个，作用明显。该平台弥补了前两个平台时空上受限的缺点，推进了法律援助便民服务工作。

其四，建立起集智能评价、智能监管和智能服务功能于一体的"智慧法援"综合管理平台。坚持"以信息化推动标准化，以标准化实现优质化"理念，全力做好法律援助信息化建设试点工作，建立起集智能评价、智能监管和智能服务功能于一体的"智慧法援"综合管理平台。具体体现在三个方面：一是"智能＋评价"，完善法律援助案件质量科学标准。在温州市法律援助综合管理平台设置质量评估功能，实现案件电子材料上传和百分制案件在线评估，智能评价法律援助案件质量。二是"智能＋监管"，打造法律援助过程管理规范体系。在平台设置过程监督、办案质量展示、日常考核监督等功能，运用信息化手段智能监管法律援助案件办理过程。三是"智能＋服务"，畅通法律援助掌上"申办"便捷通道。以温州市法律援助APP为载体，强化掌上申请和掌上办案两大功能，突出服务群众和服务律师两大主线，为困难群众和法援律师提供贴心掌上智能服务。

---

①夏慧：《第九届国际法律援助组织会议综述》，《中国司法》2011年第9期。

"因为法治社会是一个文明社会，一个文明社会意味着人们行为的规则是法律。"① "在这个社会里，由于法律具体规则能够涉及社会财产的一次和二次分配，涉及对加害行为的处罚和对损害的补偿等社会因素。所以，这种在法律面前的平等有时不仅仅指的是形式意义上的平等，而且包含了实质意义上的平等，从而可以增加社会成员的幸福感。"②法律援助，就是以政府买单的形式，通过程序来实现弱者的正义，将纠纷通过技术的手段化解，而不至于转化为严重的社会问题，从而成为弱势群体追求幸福美好生活的愿望和权利的有力保障。唯此，才能实现幸福、有序与和谐的目标。

第三节 推进社区矫正制度，落实"宽严相济"政策

社区矫正是与监禁矫正相对的行刑方式，是指将符合社区矫正条件的罪犯置于社区当中，由专门的国家机关在相关社会团体和民间组织以及社会志愿者的协助下，在判决、裁定或决定确定的期限内，矫正其犯罪心理和行为恶习，并促进其顺利回归社会的非监禁刑罚执行活动。社区矫正是一种全新的刑罚执行方式，蕴含着刑罚的惩罚性和恢复性双重价值。社区矫正管理的对象，包括管制、缓刑、假释、暂予监外执行和剥夺政治权利等五种罪犯。通俗地讲，社区矫正就是管理好、教育好、矫治好在监狱外服刑的罪犯，就是在没有围墙的监狱里服刑，它是落实我国"宽严相济"政策的重要举措，是司法文明的重要内容。2017年12月12日，温州市中级人民法院联合温州市司法局举行社区矫正信息化联网系统上线运行仪式。2016年6月27日，最高院、司法部下发《关于开展全国法院与司法行政机关社区矫正信息化联网首批试点的通知》，在江苏省、云南省和浙江省温州市开展首批试点工作。温州市因社区矫正信息化工作走在全国前列，作为全国唯———个地级市参加全国法院与司法行政机关社区矫正信息化联网首批试点工作。③

---

①TAMANAHA B Z, 2004. On the Rule of Law. Cambridge: Cambridge University Press.
②王利明：《中国为什么要建设法治国家（节选）》，《法制宣传资料》2012年第6期。
③王春：《温州：实现社区矫正管理无缝对接》，《法制日报》2017年12月12日。

一、社区矫正制度在温州的生根发芽

根据最高人民法院、最高人民检察院、公安部和司法部联合发布的《关于开展社区矫正试点工作的通知》，温州市社区矫正工作以点带面，试点推动全面，短短六年时间便在温州全面推开，生根发芽。2006年8月，瓯海区首次启动社区矫正试点工作；2007年12月，社区矫正工作被推广到鹿城区、龙湾区、乐清市、瑞安市、永嘉县等5个县（市、区）试点；2008年10月，社区矫正工作在温州全面推开。截至2017年12月，温州市累计接收社区矫正人员43349名，累计期满解除社区矫正人员37196名，累计重新犯罪145名，再犯新罪率约为0.33%。至2017年12月底，温州市在册社区矫正人员6153名，其中管制人员9人，缓刑人员4915人，假释人员905人，暂予监外执行人员324人。社区矫正制度在温州的生根发芽，主要体现在以下几个方面：

（一）温州社区矫正起步有序

第一，社区矫正机制不断健全。温州市基本形成了以市、县（市、区）矫正工作委员会、乡镇街道矫正工作领导小组为基本框架的领导体制，在5名以上社区矫正人员村居（社区）建立了社区矫正帮教工作站，健全了市、县、乡、村四级组织网络体系，形成了"党委政府统一领导、司法行政机关牵头组织、职能部门紧密配合、乡镇街道司法所承担日常管理工作、村（居、社区）基层组织和群众广泛参与"的工作机制，逐层强化了对社区矫正工作的组织领导。截至2016年年底，温州共有司法所133家，各司法所共配备社区矫正专职人员384人，所均2.98人，按照在册社区服刑人员20∶1的比例配置社区矫正专职社会工作者，全市共配备社区矫正协理员349人。

第二，社区矫正制度不断完善。试点工作以来，温州市先后制定下发了《关于加强社区矫正衔接管理工作的若干意见》《温州市社区矫正对象处罚办法》，确保了试点工作的正常开展。2012年，温州市委及市政法委、公、检、法、司等部门联合印发《关于进一步加强社区矫正工作的意见》，就法院直接决定的暂予监外执行社区矫正人员的续保、收监执行、审前社会调查、限制出境报备等予以规定；印发《关于规范社区矫正执法文书文号的通知》，以增加延长暂予监外执行类法律文书，弥补法院直接决定暂予监外执行类的对象有关文书的法律缺失，并在温州全市范围内开展社区矫正法律文书的清理工作。

第三，社区矫正管理不断规范。温州市通过组织管理、衔接工作、监督管理、教育矫正、考核奖惩和基础管理等"六大规范"，健全和完善了社区矫正监督管理、教育矫正、帮困扶助等制度，加强了对社区矫正人员的日常监管。2017年以来，围绕集中排查、集中打击、集中奖励、集中宣传等"四个集中"，推进社区矫正规范化建设，累计打击处理801名社区矫正人员，其中警告684人、提请治安处罚13人、提请收监执行104人，促进了管理工作的规范化。社区服刑人员的心理咨询、公益劳动、职业技能培训得到了规范。全市开展集中教育83849人次，个别谈心教育81491人次，开展心理咨询5394人次，社区服务73766人次，为6名社区矫正人员落实低保，为4人落实责任田，开展就业技能培训152人次，指导就业152人次。

（二）温州社区矫正工作"宽严相济"落实到位

第一，温州市社区矫正人员数量呈逐年上升趋势，反映了"宽严相济"政策在判决上的到位。从2008年温州市全面推进时的约2500名社区矫正人员，到2012年的5800名，每年以20%以上的速度递增；从社区服刑人员构成看，在册缓刑对象占比不断上升，以2011年、2012年为例，分别为57.8%、62.1%，上升趋势明显，已经接近全国的占比。到2017年，从执行类别看，社区矫正对象中，管制9人，占0.1%；缓刑4915人，占79.8%。这说明温州法院在刑事判决中，更多地使用了缓刑，充分体现了更宽容的刑事政策。

第二，温州市社区矫正人员的审前社会调查范围和力度不断加大加深，落实了"宽严相济"刑事政策。《刑法修正案（八）》确立审前社会调查制度后，温州市审前社会调查工作全面铺开，2011年审前调查量为1856件，2012年前5个月就达1147件，增长幅度明显。2017年，全市审前调查量为3729件。司法行政部门在审前社会调查中，根据犯罪原因、犯罪类型、犯罪事实，综合考虑村居（社区）、家属邻居和被害人的意见，向法院、监狱等部门提供综合评价意见，作为缓刑、假释、暂予监外执行的重要依据。审前社会调查，作为一种新形式发挥了社区矫正在落实"宽严相济"刑事政策中的作用。

第三，社区矫正人员的日常管理分类不断细化，体现了"宽严相济"刑事政策在管理上的到位。《温州市社区矫正人员分类管理办法（试行）》规定了严管、普管和宽管对象的标准和条件，根据不同级别采取宽严不同的管理手段，对严管的更严，对宽管的更宽，同时实行动态监管，宽中有严，严中有宽，宽严有度，宽严适时。2017年，温州市三类（严管、普管和宽管）对象6153人，其中宽管对象3647人，占59.2%。宽严的科学分类，有效地发挥了社区矫正在监管工作中落实"宽严相济"刑事政策的作用。

第四，社区矫正人员的奖惩考核日趋合理，在执行中兑现了"宽严相济"刑事政策。温州市严格按照社区矫正相关制度规定，对符合减刑条件的，积极予以呈报；对违反规定不服从管理的，积极予以打击。2010年4月，对重大立功社区矫正人员林某（缓刑，瑞安人，取得国家发明专利1项、实用新型专利7项，重大科技项目1项，研发省级新产品2项），呈报温州市中级人民法院减刑3个月15天，为温州市首例获减刑的社区矫正人员。奖惩措施的到位，树立了社区矫正工作的权威，推动了"宽严相济"刑事政策的落实。

（三）温州社区矫正特色工作创新创效

第一，建成和完善社区矫正工作管理系统平台。2008年11月，永嘉县最早建成社区矫正信息化管理系统。2009年11月，温州市11个县（市、区）全面开通社区矫正信息化管理平台。该系统平台运用手机GPS定位技术，建立起电子围墙，通过定位监控、档案管理、考核管理、统计查询、信息交互、警示告知、权限管理和日志管理等"八大功能"，实现即时定位查询、自动跟踪、随机位置查询、历史轨迹查询和回放、自动区域报警等，对超出系统设定安全活动范围的社区矫正人员，自动发送信息通知社区矫正工作者和社区矫正人员，为工作人员日常工作提供高效管理平台，实现了社区矫正监管工作从"人防"向"技防"的转变，有效地防止了社区矫正人员脱管、漏管情况的发生。为解决"人户分离"现象，2012年，该系统平台还增加了声纹识别系统。至2017年，温州市已为6054名社区矫正人员配备定位手机，定位手机配备率约为98.3%，严管对象配备定位手机率达100%，实行严防严控。

第二，力推特殊社区矫正人员的人性化监管。温州市在对精神病患者等特殊社区矫正人员的监管过程中，积极探索，走出一条人性化监管新路子。如永嘉县的精神病患者社区矫正人员 "一条龙"服务管理模式，实现了监管与人性的统一。该服务管理模式实行"三步走、一保障"。首先，由精神病院会同残联对矫正人员进行伤残鉴定，由残联出具残疾等级鉴定书；其次，由民政部门对符合低保情况的矫正人员办理低保证明，由卫生部门为其办理农村合作医疗保险；最后，由残联开具介绍信，由指定的精神病院接矫正人员入院治疗。生活方面的困难，由其所在地政府部门和司法行政部门酌情予以解决。该服务管理模式，既解决了对矫正人员的监管和治疗，又解决了矫正人员的治疗费用和生活费用，实现了"医院—残联—民政—卫生—医院"部门协作的社会监管服务，开辟了一条医疗救助的"绿色"通道，全面提高了对该类对象的监管成效。

第三，探索社区矫正人员心理矫治工作。社区矫正人员的心理健康状况存在问题的情况是普遍的。"究其原因，心理健康状况异常可能是导致违法犯罪的原因，也可能是违法犯罪的过程及后果对其心态的影响所造成的结果。"[1]因此，对社区矫正人员开展心理矫治工作势在必行。为此，温州市积极引导社区矫正工作人员参加心理咨询学习，通过组织培训等工作，温州市已有20余名社区矫正工作人员具备心理咨询师的资格，在对社区矫正人员开展"一对一"的帮教攻坚活动中，取得初步成效。如洞头县北岙司法所工作人员在与社区矫正人员秦某的交流过程中，发觉该对象情绪很不稳定，多次提及要轻生，社区矫正工作人员结合平时管理中了解到该对象有因赌博欠下债务、夫妻感情不和的情况，经过综合分析，认为该对象有轻生的可能性。洞头县社区矫正办立即组织司法所工作人员及心理咨询师，对该对象实施心理干预、开展心理疏导，通过3次心理辅导后，其终于认识到轻生行为的严重后果，放弃了轻生的念头。

第四，开展人性化帮扶活动，推进公益劳动新模式。教育和劳动相结合是我国刑罚执行中一贯坚持的矫正方针，也是矫正在社区服刑人员的犯罪心理和行为恶习的重要措施。鼓励社区矫正人员参加劳动，特别是开展公益劳动，有助于养成其对承担社会义务的习惯，达到刑事处罚的改造目的。"要关心社区矫正对象的生活""让他们充分感受到党和政府的温暖，感受到社会各界的关心，增强对社会的认同感和归属感，自觉地与当地居民和谐相处。"[2]平阳县万全镇的公益劳

---

①沙东想、吕成荣、狄小华：《犯罪心理卫生状况研究》，《健康心理学》1996年第4期。
②黄明：《加强领导精心组织推动社区矫正工作全面深入发展》，《中国司法》2009年第11期。

动，把劳动与扶困结合起来，形成了社区矫正人员参与劳动的新模式。万全司法所工作人员在走访社区服刑人员姜某的过程中，得知其因患肺癌在上海医治，家中七亩稻田中早已成熟的水稻由于人手不足和经济困难，一直未能收割，全家人十分发愁。了解此情况后，万全司法所经过研究，决定组织辖区内社区服刑人员为其抢收水稻，以解姜某的实际困难，让其安心治病、安心改造。2011年7月26日上午，14名社区服刑人员从万全司法所集中出发，到姜某稻田一起捆稻子、装稻谷、抗稻包。经过两个小时的劳动，七亩水稻全部抢收完毕，整齐装车，运往姜某家中。万全镇这一首创的公益劳动新模式，通过公益劳动解决了被帮助的社区矫正人员之后顾之忧，同时教育和感化了被帮助社区矫正人员和参与劳动的社区矫正人员，取得了事半功倍的效果。

二、温州社区矫正工作未来的展望

（一）理性的思考

美国大法官卡多佐说过："如果不知道路会导向何方，我们就不可能智慧地选择路径。"[①]社区矫正工作对法治文明建设、社会和谐建设的重要性是毋庸置疑的，针对当前存在的问题，必须对今后的应对措施予以科学分析、认真研究，关键是要对发展的方向做出明确的规划。

1.关于工作主体的愿景。社区矫正的工作主体是指对社区服刑人员实施监督管理、教育矫正的机构和人员。鉴于《社区矫正实施办法》第2条已明确指出，监督管理、教育矫正的机构——"司法行政机关负责指导管理、组织实施社区矫正工作"，这里不再赘述，只对工作人员进行理论思考。应当建立以专业矫正人员为主、社会力量为辅的社区矫正工作队伍。"从美国、加拿大、日本、英国等西方国家参与社区矫正工作的人员组成情况看，主要由专业人员和志愿者两部分组成，大多数专业人员属于政府公务员序列。"[②]"从我国社区矫正工作发展的需要看，社区矫正工作人员应由两部分组成：一是专业矫正人员，即司法所的在编人

---

①[美]卡多佐：《司法过程的性质》，苏力译，商务印书馆1998年版，第63页。
②刘强：《社区矫正制度研究》，法律出版社2007年版，第384—385页。

员。他们是社区矫正的执法人员，其职责是负责社区矫正的组织实施和执法环节的工作，在社区矫正工作中居主导地位。二是社会力量。由热心社区矫正工作的各种社会组织、社会志愿者以及司法行政机关聘用的社区矫正社会工作者组成，他们的职责是协助专业矫正人员对社区服刑人员进行管理和教育，同时为社区服刑人员提供各类帮扶服务，他们在社区矫正工作中居辅助地位。"①因此，可以这么说，要使社区矫正工作真正落实下去，必须有一支专业化的队伍。从远期看，可借鉴西方国家建立的矫正官制度；从中期看，应该从懂法的公务员和司法所工作人员中确定；从短期看，应该增加司法所工作人员、增加社区矫正协理员。

2. 关于监管措施的落实。当前对社区矫正人员监管中漏洞比较大的是，社区矫正执行机构和执行人员在紧急情况下，对社区矫正人员采取强制措施的缺位。西方发达国家多有紧急措施采取之规定，一般都是矫正官可以直接做出决定。如世界上第一部社区矫正法——美国明尼苏达州《社区矫正法》规定了县社区矫正代理机构的首席执行官或被指派者，在社区矫正人员脱逃的情况下，有权发布书面命令指导县里的每一位治安官员或地区的缓刑官可以在没有逮捕令的情况下，拘禁任何一名应当受到处罚的罪犯。澳大利亚《刑法》规定，当社区矫正官有充分理由相信受制于家中监禁保证书的缓刑犯正在触犯或已触犯时，可以不需要逮捕证而逮捕该缓刑犯。法国《刑事诉讼法典》规定，在紧急情况下，可以对被假释人实行临时拘留。在我国当下实行上述制度应该有点困难，更遑论在温州这样一个没有立法权的地级市。中国香港地区的做法，为我们提供了一个很好的模本。"在我国香港地区，社区矫正对象有不良倾向（多次不按时到达社会服务点、工作不努力、吸毒等），如果不严重，则可由督导感化官提出严肃批评或警告，并记录在案，若连续两次有不良记录，则可由法庭重新审判，处以1000元以下罚金或延长工作时间。"②从理论上，因为劳动时间没有明确规定，因此延长社区矫正有关期限，司法所工作人员完全可以灵活掌握，这样在社区矫正和取消社区矫正（收监）之间多了一种选择，能够在惩罚性司法和恢复性司法之间求得最

---

① 王友江、马捷、林仲书：《社区矫正体系建设研究》，《中国司法》2009年第4期。
② 张庆方：《恢复性司法——一种全新的刑事法治模式》，载陈兴良：《刑事法律评论》第12卷，中国政法大学出版社2003年版，第448页。

大的平衡，取得最大的合理性。

3. 关于恢复性司法在社区矫正中的运用。恢复性司法是指以恢复原有社会秩序为目的，以对被害人、社会所受伤害的补偿为重点，兼顾对犯罪行为人改造的一种对犯罪行为做出的系统性反应。它的中心不是惩罚犯罪人，而是修复被破坏的社会秩序。恢复性司法的主要运作模式之一是责令罪犯进行社区服务，既减少狱内交叉感染，又有利于维护罪犯婚姻家庭的稳定和完整，从而提高罪犯教育的改造质量。但是这样的一种司法，就必须在社区矫正中使用三种手段。一要做好心理矫正工作。"国外就有研究者提出犯罪与心理疾病之间有重叠关系，犯罪行为是一种异常行为，犯罪行为是精神—情绪障碍的一种表现等观点，最终得出心理治疗方法既能够有效矫正犯罪的人，又符合人道主义精神的诊断。"[①]二要安排好公益劳动。国外特别是英美法系国家，都对社区矫正的公益劳动时间作出了规定，我国没做规定，这就给执行机构以很大的空间。如果社区矫正工作人员在对矫正人员做出劳动规定时，能考虑对那些工作不好找、生活没着落、身体有疾病、居住条件差的社区矫正人员进行帮助性关照，这种公益性劳动就会愈发有意义。中国香港规定："缓刑官须尽可能取得社会工作者及教会工作人员的合作及协作。"[②]英国的《英格兰和威尔士地区罪犯管理标准》规定，罪犯管理项目负责人有责任帮助罪犯掌握生活所需技能，并将这种技能应用到与罪犯相关的家庭、社区和工作中去。三要加强信息化监管。信息化监管可降低社区矫正成本，还能够保护公众的安全。保护公众的安全是社区矫正的目的之一，不能忽视信息化的高效率带给公众安全的作用，应加快电子手铐这一先进监管手段使用的可行性研究。

（二）现实的操作

在上述安排和规划做出后，我们只能朝着这一方向，按照温州实际一步一步扎实工作、不断接近。

1. 加强组织领导，努力提高社区矫正队伍素质。一要健全完善市、县、镇、村四级网络体系，加强对社区矫正工作的领导，建立社区矫正委员会季度例会制

①沈海英：《农村社区服刑人员心理健康状况的调查研究》，《中国司法》2011年第6期。
②刘强：《各国（地区）社区矫正法规选编及评析》，中国人民公安大学出版社2004年版，第594页。

度，加强和落实公、检、法、司以及其他相关部门的职责和任务，及时研究解决社区矫正工作中遇到的困难和问题，促进社区矫正工作健康稳定发展。二要增加司法所行政编制。着力解决"一人所"问题，解决在刑事执法工作中的执法合法性问题；开展专项督查，解决基层司法所工作人员被抽调挪用等问题，实行专编专用，提升司法所工作力量。三要加强协理员队伍建设。在当前行政人员难以大规模扩编的情况下，按照1：20的比例要求配备社区矫正协理员，确保社区矫正工作有人管、管得住。四要健全完善村居（社区）监管帮教网络，依托村居（社区）委员会、人民调解组织，以聘请专职社工和政府购买服务的方式，在3名以上社区矫正人员的村居（社区）建立社区矫正工作站，协助司法所做好对社区矫正人员的日常监管，努力将社区矫正人员监督管理、教育矫正、帮困扶助等工作延伸到基层一线，发挥基层组织、社会力量及家庭成员在社区矫正工作中的作用，提升矫治成效。

2. 加强工作衔接，努力推进各成员单位之间的协调配合。强化日常衔接工作，严格落实成员单位定期例会制度，健全与法院、检察院、公安等部门的情况通报、核查核对等制度，不断加强工作协作，努力实现和成员单位、监狱等部门的无缝衔接。积极向当地党委政府汇报，探索建立来料加工基地，提高刚出狱社区矫正人员、生活困难社区矫正人员的就业率和帮扶率，最大限度减少社区矫正人员因生活困难导致重新违法犯罪现象的发生。继续加强与社保、民政等部门的衔接工作，帮助符合条件的社区矫正人员落实低保、医保、劳保等"三保"政策，帮助农村籍社区矫正人员落实责任田，实现就地安置，努力提升矫治成效。加强与跨县（市、区）司法行政部门的衔接，积极组织落实好迁居管理工作，确保管控措施的及时落实。组织开展"监地互动"，积极加强与监狱部门的工作联系和沟通，努力构建监地协作长效机制。

3. 加强安全监管，努力营造和谐稳定的社会环境。以社会和谐为核心，经常化组织开展大排查大点验工作。在排查点验的基础上，深入组织开展打击整治工作，依法加大对违法、违规、违纪社区矫正人员的处罚力度，保持对违反监督管理规定、"小错不断大错不犯"、消极对抗的社区矫正人员的高压打击态势，实行严防严控，最大程度地将社区矫正人员违规、违法、犯罪苗头消除在萌芽状态，最大限度地减少社区矫正人员脱管、漏管和再犯罪现象的发生，努力为经济社会发展营造和谐稳定的社会环境。按照《温州市社区矫正人员分类管理办法（试行）》落实好日常管理工作，切实加强日常报到、走访、教育学习、公益劳动、监督考察、动态分析报告、外出请假审批管理等工作，重点抓好严管、普管对象的管控工作，提高管理的科学性；加大对社区矫正人员的动态安全监控，探索建立基层社区矫正人员信息收集员队伍，延伸信息收集触角；继续每周组织开展社区矫正风险评估，预防社区矫正风险。

4. 加强信息化建设，以信息化促进社区矫正工作的规范化。加强社区矫正管理平台的升级更新工作，推进社区矫正信息化工作，实行动态监管。一是全面建设、使用声纹识别系统，改进和完善社区矫正人员人机分离、手机关机情况下的应对处置，在严管对象、禁止令对象全部配备定位手机的基础上，提高普管对象定位手机配备率，切实发挥定位手机的动态管理功能。二是探索建立日常报到指纹考勤（面部识别考勤）系统、日常执法GPS定位系统，实行日常报到、走访、审前社会调查、违规违纪调查等工作的信息化，增强逐级监督能力，促进社区矫正日常各项工作的规范落实。三是探索建立社区矫正人员风险评估系统。牢牢把握审前调查评估、入矫评估、矫正过程评估和解矫评估四个环节，探索建立开发社区矫正人员风险评估系统，着重做好社区矫正人员对社会安全危害程度的评估，提高教育矫治的针对性和有效性。

结语
转型期温州区域法治的困境与突破

一、转型期温州区域法治文明建设的困境

改革开放之后，温州区域法治文明的演化发展，是在国家层面相关法律和政策相对缺失的情况下，通过区域内法律制度的不断改革创新，逐步在政治、经济和法律等领域取得显著的成就，进而极大地推动了区域经济社会的发展，创造了令人瞩目的温州模式。但是，今天的温州，既是过去温州模式发展的受益者，也可能因此背上一些历史的包袱，面临诸多挑战和困惑，甚至还有可能会产生一种"没有什么真正重要的事情值得再去做"的无所作为的感觉。他们也许觉得最宝贵的机会已经为温州的前人所把握，并转化成了成功的契机。因此，后来者总像是处于困境之中，或者仅仅是前人留下的遗产的看管人；或者虽希望独立，但由于对成功缺乏信心，只能将抱负大大压缩，并开始以技术上的熟练性在狭小的领域内进行耕耘。[1]因此，像我国其他地区一样，处在经济社会转型期的温州区域法治文明建设也有自身的种种问题。具体来看，温州区域法治文明的困境主要表现在以下几方面。

（一）温州政府面临的管制困境：如何"有所作为"？

传统上，温州政府在引导温州区域经济发展方面以"无为而治"而著称（如前述，这种认识是片面的，甚至可以说是错误的）。这种"无为而治"有其两面性：一方面，改革开放以来，温州作为我国经济先发地区，主要采取的是诱致型、渐进型的法治道路。在这一法治过程中，温州政府只是推动法治发展的辅助

---

[1][美]昂格尔：《现代社会中的法律》，吴玉章译，译林出版社2006年版，第1页。

力量。当然，温州政府并不是"无所作为"，而是采取法治化、程序化、制度化、民主化的管制方式，选择"市场机制为主、政府调节为辅"的资源配置机制模式，推动温州区域经济社会的发展、特别是民营经济的快速发展；另一方面，经过温州区域民营化经济的改革与发展，温州经济和温州模式发展最缺的已经不是"私人产品"的生产而是"公共产品"的供给，最需要的不是微观领域的改革，而是宏观经济管理体制的创新。在新的社会发展转型期，对温州发展十分重要的公共产品供给和宏观经济管理体制改革，已经无法主要依靠自发的民间力量来解决，政府积极主动地推动更为重要。①因此，温州政府需要转变为服务型政府，而建设服务型政府客观上要求温州地方政府必须要"有所作为"。尽管温州通过放手发展民营经济，"从市场中获得相对'好'的结果，并不严格地需要政府所提供的法律制度"②。但是，温州政府未来如何采用全新的经济治理形式，如何采用"有形之手"回应公共利益新诉求，重新释放现有体制下被羁绊的创新活力，必将成为温州政府未来发展所要面临的抉择。

当前，温州政府按照群众和企业到政府办事"最多跑一次"的理念和目标，从与群众和企业生产生活关系最紧密的领域和事项做起，充分运用"互联网＋政务服务"和大数据，全面推进政府自身改革，深化"五张清单一张网"③的运用，倒逼各级各部门减权、放权、治权，促进体制机制创新，使群众和企业的获得感明显提升、政府办事效率明显提高、发展服务环境进一步改善，不断激发市场活力，增强经济社会发展动力。温州市委市政府将2018年确定为"营商环境提升年"，以服务企业和民生需求为导向，以"最多跑一次"改革为突破口，以深化"效能革命"为切入点，开展"深化改革优环境""执纪监督治息政"专项活动

①张仁寿：《温州模式：盛名之下，其实难副？》，《浙江社会科学》2004年第3期。
②[美]阿维纳什·迪克西特：《法律缺失与经济学：可供选择的经济治理方式》，郑江淮等译，中国人民大学出版社2007年版，第5页。
③"五张清单一张网"是指公布政府部门的"权力清单""责任清单"、工业投资项目"负面清单""财政专项资金管理清单"和"政府职能向社会组织转移清单"；实行审批服务"一张网"全覆盖，审批事项统一申报、统一受理、网上审批、统一反馈，采取"内网审批"和"外网公示"同步模式，实现政务服务网便民服务事项镇街和社区的全覆盖，将政府保留的涉批事项全部纳入政务服务网办理和监管，对没有纳入的事项不再进行审批。

和扫黑除恶专项斗争，推进政务服务供给侧结构性改革，整治"为官不为""中梗阻"等作风顽疾，杜绝弹性执法、选择性执法，重点解决执行不力、办事不畅、作风不实等问题，聚力为温州打造国内一流、全省领先的营商环境高地。这些都印证着温州政府为建设服务型政府而努力"有所作为"。

实际上，"有为"和"无为"的关系，不应该作为一个空洞的话题展开论证，这样的论证是毫无意义的。我们应该认真思考的是，在什么情况下应该"有为"，在什么情况下应该"无为"，实现在区域治理中"有为"和"无为"的辩证统一。这种思考，自政府出现以来，就一直是一个常论常新、永无止境的重大课题。在法治的语境下，也许可以这样说：**第一，建设有限政府，要以法治精神明确政府权力的"上限"**。我们的政府是有限政府，不是全能政府，要做好自己该做的，坚决不做自己不该做的。市场培育不成熟的时候，政府要引领和扶持；市场能做的，要尽量交给市场去做；市场的行为不违法，政府要作为旁观者；市场积极发挥作用的时候，政府要做好服务和推动。**第二，建设"有为"政府，要以法治精神坚守政府提供社会公共产品的"底线"**。温州模式发轫之初的温州政府之"有为"，体现为一种具有历史责任感的担当。今天，我们也需要这样敢担当的政府，这样敢担当的政府官员！当然，这种"有为"是以"有限政府"为前提的。时至今日，政府权威不再是一元的，而是多元的、开放的、参与的、协作的，这是政府法律权威的扩散和法律参与权的扩大。如前所述，在新的社会发展转型期，对温州发展十分重要的公共产品供给和宏观经济管理体制改革完全无法主要依靠自发的民间力量来解决，必须依靠政府的积极主动推动来完成。因此，今天的温州必须积极建设"有为政府"。所谓"有为政府"，即政府在行使社会管理职能时，是强势的政府，不强势就没有权威；政府在行使社会服务功能时，是谦卑的政府，不谦卑就做不好服务；政府在提供公共产品时，是勤勉的政府，不勤勉就会辜负纳税人的期待。因此，"有为政府"是刚柔相济的政府，该硬的时候很"刚性"，该柔的时候很"人性"，做服务的时候还要有"仆性"。**第三，建设有效政府，要以法治精神巩固创新惯性和改革成效为"主线"**。有效政府，是一个具有创新惯性和质量持续改进的政府，能有效地解决市场失灵问题，促进社会公平。这要求我们再造温州政府的行政文化，提升行政效能，确保政府廉政，优化温州的投资环境和市场活力；这要求我们重塑温州政府的政府功能，约束政府的随意干预和腐败行为，增强温州政府对公众要求的回应性；这要求我们重构政府的机构能力，提高公职人员素质，向庸政、惰政、乱政说"不"，将不必要的职能交给市场和社会，摆脱不需要的权力，充分实现政府权力的下放。

（二）民营经济面临的发展困境：如何"转型与发展"？

改革开放以来，温州人本着敢为天下先的精神率先进行了前所未有的制度创新，确立了区域性的改革先发优势，利用民营化和市场化，推动了工业化和城市化，区域经济得以迅速发展。[①]但是，温州经济发展到今天，特别是近十年来，温州区域经济与浙江省其他地区相比，工业的产业化结构演变缓慢，基本局限于低加工度和低附加值的劳动密集型产业，例如传统的电气、鞋业、服装、汽摩配、泵阀行业等。改革开放之初，温州的劳动密集型产业专业化分工程度之高、营销网络之密、市场竞争力之强，无人能够匹敌。然而，到了今天，温州这种先发优势已经逐渐丧失，特别是在转型发展时期，温州民营企业传统的经营模式已经逐渐不适应市场经济的发展要求。那么，温州民营企业应如何适应社会主义市场经济发展的需要？如何适应法治资本市场经济的基本要求？温州民营企业如何从"家族企业"转变为"现代企业"，进行现代公司治理结构的改革？温州民营企业如何从"中小企业"转型为"上市企业"，遵循现代企业的法治运行模式？这些方面，都是值得深思和亟待解决的。

2014年，温州出台了《关于实施"五一〇产业培育提升工程"的指导意见》，着力培育提升五一〇产业，即做强做大电气、鞋业、服装、汽摩配、泵阀五大支柱产业，培育发展网络经济、旅游休闲、现代物流、激光与光电、临港石化、轨道交通、通用航空、新材料、文化创意、生命健康十大新兴产业。当前，传统支柱产业如何做强做大，新兴产业如何培育发展，这些问题的解决还在路上，并在激烈的区域经济社会发展竞争态势下，显得更为艰难而紧迫。

（三）温州模式与区域法治文明的困境：如何保持经济与法治的可持续发展？

作为我国市场化改革的先行者和民营经济率先发达的区域典型，温州的主要优势集中在温州人和经济体制创新这样两个相辅相成的方面。温州人优势主要表现为价值观念和资源组织能力方面的优势，体制优势主要表现为依靠率先推进的

[①] 史晋川：《温州模式的历史制度分析——从人格化交易和非人格化交易视角的考察》，《浙江社会科学》2004年第2期。

市场化、民营化改革赢得的"先发优势"。①但是，随着大量的温州人到全国各地经商办企业，温州人优势的一部分已经不再是温州当地经济发展的优势了。特别是20世纪90年代中期以来温州在制度创新上没有大的突破，体制优势也在弱化或已经逐步丧失。那么，传统的区域经济发展模式，制度创新模式已经不适用转型期的发展需要，如何在新的转型期彰显温州模式的活力和可持续发展，创造更具特色的温州区域发展模式和温州区域法治模式？在社会转型发展时期，温州区域发展模式的特征如何彰显和弘扬？

当然，回答上述问题，如果把温州区域经济的繁荣或是经济发展后劲的不足一概归因于区域法律机制，那么，这个观点显然是再肤浅不过的了。原因不在于这套区域法治文明是否优良，而在于推动整个区域法治的精神是否具有强大的生命力。某些组织体的不完善无关宏旨，只要温州区域法治文明生命力是强大有力的即可。区域法治文明建设不是工具的完善，而是需要温州区域经济社会整体的体制机制的改革创新，以使区域法治文明能够推动温州区域经济社会的发展。

我们还必须清醒地意识到，倘若没有以法治政府建设为核心内容的区域法治文明的进一步发展，就没有温州模式的后续发展活力。由此可预见温州模式未来可持续发展的方向：首先要摆脱温州传统家族式熟人社会的政务、经济事务、社会事务的治理模式对温州经济社会发展的严重制约，保证社会各项工作都依法进行，逐步实现社会管理基于民主前提的制度化和法律化。同时，温州区域法治文明的发展模式要真正成为一种"扩展秩序"模式，就不能仅仅把温州区域法治文明的发展模式看作是其自身的演变过程。温州区域法治文明的发展模式应该被看作是这样一个过程：从一个统制一切的经济发展观念转变为一种法治文明的发展观念。在这种法治文明指引下的温州区域经济社会的发展观念，是寻求法治和社会经济全面和谐发展的新型科学的发展观念，符合科学发展观的基本精神。只有朝着法治文明的方向前进，才能摆脱温州模式发展中所面临的困境和危机，创造一个举世瞩目的新的温州发展模式。

毋庸置疑，将温州经济发展模式推进到温州区域法治文明模式的建设上来，还需要努力完成很多工作。最重要的是，在新的社会转型期，温州区域法治文明如何构建适应于国家法律体系的制度演化和社会主义市场经济转型的动态机制。温州区

---

①张仁寿：《温州模式：盛名之下，其实难副？》，《浙江社会科学》2004年第3期。

域经济社会和法治文明建设还同样要受到区域内社会网络信息交流条件的制约，并且随着区域经济的增长和法治的变迁而演进。因此，我们必须要不断扩大国家正式法律制度在温州区域法治文明建设过程中的作用范围。建立在现有社会制度之上的区域法治文明最好不要和温州区域社会制度相冲突。要设计这样一个成功的转型，我们需要对制度变化的动态机制有更好的理论上的理解。

二、展望：温州模式和温州的未来发展

有学者指出："中国应当感谢温州！"因为，温州模式不仅仅是温州人的经济发展模式，它也是全国区域经济社会发展的模式之一。温州是中国民营经济发展得最早、也是最发达的地区之一，温州模式给全国中小企业最丰富的创业和成长经验，它是中国民营经济发展的缩影，为全国其他地方的发展变迁提供了宝贵的可借鉴的做法，是我国市场经济的实践例证、样板和成功经验。诚如中国股权投资基金协会秘书长王巍2011年10月13日在全国第十二届担保年会上指出的："之所以有温州模式，恰恰是因为过去几十年来，温州始终是彻底市场化的区域，成为一个参照系。特别是过去十年来，国有经济高歌猛进，把民营经济排挤到墙角了，温州模式更有市场的意义了。温州模式是成功的，在一无所有的环境中创造出这么大的企业家群体和产业，温州模式值得骄傲。"

温州模式自诞生以来，因其对于我们分析中国经济社会发展变迁具有重要的标本意义，研究温州模式的论著不断产生。然而，对温州模式的研究几乎由经济学者所主导，其研究成果已成为区域经济理论和制度经济理论中的重要内容。随着研究的不断深入，其研究视阈也一直囿于经济学为主，渐次拓展到社会学、历史学、文化学等领域，唯独缺失了法学的研究视角和法学家们的研究旨趣，令人深感遗憾。这种遗憾，是因法学家的疏忽、不屑所致，抑或是因法学家的研究旨趣所致，已是不得而知。理论研究中学科的单纯纵向分化，是否也割裂了科学研究客体和科学自身整体性的内在联系，局限了研究者的视野和思维空间？从法学的发展历程看，其进步有赖于法哲学理论研究的支撑，有赖于相应的社会政治、经济制度的支撑，也有赖于特定社会文化的支持。既然"法治发展与法学研究为区域法治的实践提供了丰富的规范和理论基础，以实践为问题来源和指向的研究方法就是其保持内在逻辑的必然要求"。因此，在区域法治视阈下对温州模式进行审视，是必要的。

在温州模式属于"内生性需求诱致的局部制度变革"的基本判断下，笔者重点探究了温州模式是应对现实情势依法变革，还是冒天下之大不韪违法转型的问题。在贺卫方教授的观点"一个良好的社会制度实际上是由许许多多细微的甚至是琐碎的'小制度'合力构成的，仿佛滚滚长江本是由无数支江细流汇聚而成。离开了具体的法治，那种宏大而高扬的法治只不过是引起空气振动的口号而已"的鼓励下，笔者从法治的视角对温州地区的制度创新做了较为全面却还远谈不上深刻、系统的梳理，试图将温州地区的制度创新归纳为一种独立的区域法治类型，并努力以其为标本为中国区域法治道路和模式的探寻总结一些有益的实践经验。

以M.韦伯"形式合法性和实质合法性"的理论模型，昂格尔"习惯的或相互作用的法、官僚的或管理的法、法秩序或法体系"等类型论的概念框架，诺内特和塞尔兹尼克"压制型法、自治型法和回应型法"的法治类型理论，图依布纳"实质合理性法、形式合理性法和反思合理性法"的类型理论等为理论指引，并试图以温州作为标本，将法治理论运用于改革实践，进行细致的分析，或用经验检验理论，以之研究我国区域法治道路和模式，应该是极有意义的。

温州传统文化、传统哲学中的那些整体性、模糊性、个体性的思维方式为温州区域现代法治的发展提供了丰富的思想资源。温州模式演化进程中，经济发展、政府管制、基层民主、司法维权、民间组织等都有丰富而有效的制度创新，其中也蕴涵了丰富的区域法治建设实践。温州区域需求诱致型制度变革创新就是一个打破旧制度、创建新制度的过程。正是在这一推动制度变革创新的过程中，在市民社会的培育过程中，举世瞩目的温州模式诞生了，它为我国区域经济社会贡献了一个良好的发展标本。

温州经济社会发展面临困境，从不同视角审视温州模式发轫的本源性因素，并探求温州经济社会新发展的制度动力，对于深化温州学研究和推进温州在新时期转型发展是极为重要的。温州模式后续发展动力在于以法治政府建设为核心内容的区域法治文明的进一步发展。展望温州模式的未来发展，不仅要摆脱温州传统家族式熟人社会的政务、经济事务、社会事务的治理模式对温州经济社会发展的严重制约，而且不能仅仅把温州模式看作是其自身演变的过程。要从一个统制一切的经济发展观念转变为一种法治文明的发展观念。这种法治文明下的温州模式是寻求法治和社会经济全面和谐发展的新型科学发展观念，符合科学发展观的基本精神。只有朝着法治文明的方向前进，才能摆脱当前温州模式发展中所面临的困境和危机。

参考文献

[1]史晋川，朱康对，2002.温州模式研究：回顾与展望 [J]．浙江社会科学（3）：10-22.

[2]方立明，奚从清，2005.温州模式：内涵、特征与价值 [J]．浙江大学学报（人文社会科学版）（3）：174-178.

[3]费孝通，1986.温州行 [J]．瞭望（21）：20-22.

[4]张仁寿，李红，1990.温州模式研究 [M]．北京：中国社会科学出版社.

[5]史晋川，2004.制度变迁与经济发展：温州模式研究 [M]．杭州：浙江大学出版社.

[6]张文显，2007.法理学[M]．北京：3版.法律出版社.

[7]李友根，2005.法治的创新与创新的法治 [J]．江海学刊（5）：124-130.

[8]黄文艺，2012.认真对待地方法治 [J]．法学研究（6）：19-23.

[9]周尚君，2014.地方法治试验的动力机制与制度前景 [J]．中国法学（2）：50-64.

[10]付子堂，张善根，2014.地方法治建设及其评估机制探析 [J]．中国社会科学（11）：123-143.

[11]公丕祥，2015.法治中国进程中的区域法治发展 [J]．法学（1）：3-11.

[12]付子堂，张善根，2016.地方法治实践的动力机制及其反思 [J]．浙江大学学报（人文社会科学版）（1）：107-117.

[13]R.科斯，A.阿尔钦，D.诺斯，等，1991.财产权利与制度变迁——产权学派与新制度经济学派译文集 [M]．北京：生活·读书·新知三联书店.

[14]方益权，2010.从温州模式到温州法治模式：温州模式与区域法治文明论纲[J].探索与争鸣（12）：48-51.

[15]阿奎那，1963.阿奎那政治著作选[M].马清槐，译.北京：商务印书馆.

[16]E.博登海默，1987.法理学——法哲学及其方法[M].邓正来，姬敬武，译.北京：华夏出版社.

[17]施向峰，2003.理性·人权·民意——西方限制立法的自然法哲学之维[J].学海（5）：29-34.

[18]孙笑侠，2009.先行法治化："法治浙江"三十年回顾与未来展望[M].杭州：浙江大学出版社.

[19]孙笑侠，2010."先发"地区的先行法治化——以浙江省法治发展实践为例[J].学习与探索（1）：80-84.

[20]李燕霞，2006.地方法治评价体系论纲——以"法治浙江"建设为例[J].浙江社会科学（2）：84-89.

[21]王诚，2009.改革中的先行先试权研究[M].北京：法律出版社.

[22]肖明，2009."先行先试"应符合法治原则——从某些行政区域的"促进改革条例"说起[J].法学（10）：10-21.

[23]骆天纬，2017.区域法治发展的理论逻辑——以地方政府竞争为中心的分析[M].北京：法律出版社.

[24]公丕祥，2014.变革时代的区域法治发展[M].北京：法律出版社.

[25]孙笑侠.转型期"先行法治化"现象解读[C]//"转型期法治"全国研讨会论文集.杭州：浙江大学法学院，2009（12）.

[26]张玉霞，2007.自由的法哲学透视[J].学习与探索（4）：107-109.

[27]方益权，2004.法治国家建设与公民人格现代化[J].社会科学战线（6）：154-159.

[28]齐朝阳，2007.构建社会主义和谐社会中的东北地区法治环境建设问题——法治环境建设与区域经济发展问题的研究[J].法学与实践（5）：38-39.

[29]张玉霞，2006.人的全面发展与科学发展观[J].理论探讨（6）：64-66.

[30]贺卫方，2002.具体法治[M].北京：法律出版社.

[31]马长山，2017.探索"共建共享型"的中国法治道路[J].江海学刊（2）：

132-138.

[32]蒋立山，1998.中国法治道路问题讨论（上、下）[J].中外法学（3-4）：
21-33.

[33]苏力，1995.变法、法治建设及其本土资源[J].中外法学（5）：1-9.

[34]季卫东，1997.法律秩序的建构[M].北京：中国政法大学出版社.

[35]张文显，2009.论中国特色社会主义法治道路[J].中国法学（6）：5-14.

[36]李林，2016.中国的法治道路[M].北京：中国社会科学出版社.

[37]冯玉军，2017.中国法治的道路与特色[M].北京：中国社会科学出版社.

[38][美]EVAN W M，1996.法律社会学[M].郑哲民，译.中国台北：巨流图书
公司.

[39]万里，等，2008.在新华社"国内动态清样"《温州模式力量讨论会建议
成立"温州实验区"》一文上的批示.温州民营经济发展30年：文献资料卷[M].杭
州：浙江人民出版社.

[40]沙默.中央一号文件"取经"温州经验[N].温州日报，2017-01-08（1）.

[41]蔡定剑，1999.历史与变革[M].北京：中国政法大学出版社.

[42]易继明，2001.知识社会中法律的回应性特征[J].法商研究18（4）：
129-135.

[43]张建伟，2003."变法"模式与政治稳定性——中国经验及其法律经济学
含义[J].中国社会科学（1）：137-150.

[44]苏力，1998.二十世纪中国的现代化和法治[J].法学研究（1）：1-13.

[45]朱未央，公木.乐清实事求是纠正"目录大王"错案[N].浙南日报，
1984-04-08.

[46]钟瑞庆，2006.渐进式改革与私权的发展——中国式道路的法律角度的考
察[J].中外法学（6）：641-655.

[47]周汉华，2000.中国法制改革论纲：从西方现实主义法律运动谈起[D].北
京：中国社科院法学所.

[48]弗里德利希·冯·哈耶克，1997.自由秩序原理（上）[M].邓正来，译.
北京：生活·读书·新知三联书店.

[49]P.诺内特，P.塞尔兹尼克，2004.转变中的法律与社会——迈向回应型法

[M]．张志铭，译．北京：中国政法大学出版社．

[50]侯瑞雪．2006.整合进路中的发展策略：伯克利学派的理论纲领——兼评《转变中的法律与社会：迈向回应型法》[J]．河北法学（10）：7-11.

[51]伯尔曼，1993.法律与革命——西方法律传统的形成[M]．贺卫方，等，译．北京：中国大百科全书出版社．

[52]陈卫东，2002.我国检察权的反思与重构——以公诉权为核心的分析[J]．法学研究（2）：3-19.

[53]王利明，1992.侵权行为法归责原则研究（导论）[M]．北京：中国政法大学出版社．

[54]张文显，2003.马克思主义法理学——理论、方法和前沿[M]．北京：高等教育出版社．

[55]马克思，恩格斯，1995.马克思恩格斯选集：第3卷[M].北京：人民出版社．

[56]马克思，恩格斯，1956.马克思恩格斯全集：第1卷[M].北京：人民出版社．

[57]昂格尔，1994.现代社会的法律[M]．吴玉章，周叶谦，译．北京：中国政法大学出版社．

[58]图依布纳，1999.现代法中的实质要素和反思要素.[M]//北大法律评论（第二卷·第二辑）.矫波，译.北京：法律出版社．

[59]潘佳铭，2005.法治概念的性质探析[J]．西南师范大学学报（哲学社会科学版）（1）：44-48.

[60]姚建宗，2003.法治的生态环境[M].济南：山东人民出版社．

[61]孟德斯鸠，2009.论法的精神[M]．严复，译.上海：三联书店．

[62]富勒，2005.法律的道德性[M]．郑戈，译.北京：商务印书馆．

[63]易元芝，徐剑锋，2008.地域文化：温州模式的支撑与革新[J]．浙江经济（13）：37-38.

[64]凯尔森，1996.法与国家的一般理论[M]．沈宗灵，译.北京：中国大百科全书出版社．

[65]哈特，1995.法律的概念[M]．许家馨，李冠宜，译.北京：中国大百科全书出版社．

[66]小奥利弗·温德尔·霍姆斯，2006.普通法[M]．冉昊，姚中秋，译.北

京：中国政法大学出版社.

[67]程汉大，2008.法治的英国经验 [J].中国政法大学学报（1）：44-48.

[68]王利明，2017.法律解释学导论：以民法为视角[M].2版.北京：法律出版社.

[69]程春明，2000.让·加尔博利埃和他的法律社会学思想.（法哲学与法社会学论丛第三辑）[M].北京：中国政法大学出版社.

[70]梁剑兵，张新华，2012.软法的一般原理 [M].北京：法律出版社.

[71]罗豪才，宋功德，2009.软法亦法：公共治理呼唤软法之治 [M].北京：法律出版社.

[72]罗伯特·C.埃里克森，2003.无需法律的秩序——邻人如何解决纠纷 [M].苏力，译.北京：中国政法大学出版社.

[73]罗豪才，2006.通过软法的治理 [J].法学家（1）：1-11.

[74]马克斯·韦伯，2004.经济与社会（上）[M].阎克文，译.北京：商务印书馆.

[75]西摩·马丁·李普塞特，1997.政治人：政治的社会基础 [M].张绍宗，译.上海：上海人民出版社.

[76]刘芳雄，薛剑，2009.论中小企业的社会责任——温州模式的启示 [J].江汉论坛（11）：32-36.

[77]刘芳雄，梁三利，2009.关于企业社会责任与竞争力的思考 [J].探索与争鸣（7）：51-55.

[78]周佑勇，2005.行政法中的法律优先原则研究 [J].中国法学（3）：49-55.

[79]童之伟，2007.重提"违宪改革合理说"宜审慎——以过去数年之乡镇直选"试点"为事证 [J].法学家（4）：3-102.

[80]李爱平，冯煊，2008.我国区域法治的价值及其理论架构 [J].云南农业大学学报（4）：39-42.

[81]吴之欧，2011.企业参与犯罪治理的实践经验和理论思考——以温州鹿城法院推行的企业帮教活动为视角 [J].社会科学家（4）：79-83.

[82]曹全来，2002.论美国法治的形成 [J].淮北煤炭师范学院学报（哲学社会科学版）（6）：9-15.

[83]丹尼尔·布尔斯廷，1993.美国人建国历程 [M].中国对外翻译出版公司，译.上海：三联书店.

[84]伯纳德·施瓦茨，1990. 美国法律史 [M]. 王军，等，译. 北京：中国政法大学出版社.

[85]汉密尔顿，杰伊，麦迪逊，1982. 联邦党人文集 [M]. 程逢台，译. 北京：商务印书馆.

[86]齐延安，2006. 宪政立国之路：美国的法治经验及其启示 [M]. 济南：山东大学出版社.

[87] 威廉·韦德，1997. 行政法 [M]. 徐炳，等，译. 北京：中国大百科全书出版社.

[88]郑永流，2002. 法治四章——英德渊源、国际标准和中国问题 [M]. 北京：中国政法大学出版社.

[89]科佩尔·S.平森，1987. 德国近现代史：它的历史和文化（上）[M]. 范德一，等，译. 北京：商务印书馆.

[90]蒋恒熠，2007. 博里村的温州经济学 [J]. 中国经济和信息化（8）：54–55.

[91]吴之欧，言国新，2011. 犯罪治理中的企业参与论析 [J]. 江汉论坛（6）：135–139.

[92]孙笑侠，2001. 法的现象与观念 [M]. 济南：山东人民出版社.

[93]马长山，2006. 法治进程中的"民间治理"——民间社会组织与法治秩序关系的研究 [M]. 北京：法律出版社.

[94]马克斯·韦伯，1998. 论经济与社会中的法律 [M]. 张乃根，译. 北京：中国大百科全书出版社.

[95]费孝通，1998. 乡土中国·生育制度 [M]. 北京：北京大学出版社.

[96]蒋立山，2009. 中国法治发展的目标冲突与前景分析 [J]. 法制与社会发展（1）：67–75.

[97]杨昂，2000. 对一个"坐而论道"者的质疑 [J]. 法学评论（2）：82–89.

[98]刘大生，2001. 从"本土资源"到"本土法治" [J]. 山东大学学报（3）：97–109.

[99]马克思，恩格斯，1963. 马克思恩格斯全集：第19卷[M]. 北京：人民出版社.

[100]罗涵先，1986. 温州农村乡镇经济的面面观——浙南农村小城镇调查 [J]. 社会学研究（6）：26–35.

[101]周晓虹，1998.传统与变迁——江浙农民的生活心理及近代以来的嬗变[M].上海：三联书店.

[102]蔡克骄，1999.温州人文精神剖析[J].浙江师范大学学报（社会科学版）（2）：28-31.

[103]郁建兴，2007.民间商会的绩效与发展：基于浙江省温州市的研究[J].公共管理学报（4）：112-120.

[104]周俊，郁建兴，2008.中国公民社会发展的温州模式[J].浙江社会科学（6）：40-47.

[105]王利明.法学是一门科学[N].人民法院报，2013-02-08（7）.

[106]沈善洪，1985.黄宗羲全集：第5册[M].杭州：浙江古籍出版社.

[107]陈傅良，1986.止斋集.文渊阁影印四库全书[M].中国台北：台北商务印书馆.

[108]永嘉先生，1997.永嘉先生八面锋[M].吉林：吉林人民出版社.

[109]唐纳德·J.布莱克，2004.法律的运作行为[M].唐越，苏力，译.北京：中国政法大学出版社.

[110]陈亮，1987.陈亮集[M].北京：中华书局.

[111]萧公权，1998.中国政治思想史[M].沈阳：辽宁教育出版社.

[112]叶适，1961.水心别集[M].北京：中华书局.

[113]叶适，1961.水心别集：卷5[M].北京：中华书局.

[114]叶适，1961.水心别集：卷2[M].北京：中华书局.

[115]叶适，1961.水心别集：卷12[M].北京：中华书局.

[116]叶适，1961.水心别集：卷29[M].北京：中华书局.

[117]叶适，1977.习学记言序目[M].北京：中华书局.

[118]郭东旭，2001.宋朝法律史论[M].石家庄：河北大学出版社.

[119]脱脱，等，1961.宋史[M].北京：中华书局.

[120]胡珠生，1992.陈虬集[M].杭州：浙江人民出版社.

[121]高其才，1996.论中国少数民族习惯法文化[J].中国法学（1）：71-80.

[122]卢梭，1980.社会契约论[M].何兆武，译.北京：商务印书馆.

[123]拉德布鲁赫，1997.法学导论[M].米健，等，译.北京：中国大百科全书

出版社.

[124]苏力，1997. 法治及其本土资源 [M] . 北京：中国政法大学出版社.

[125]张玉霞，2012. 温州经济发展中的法律因素——温州自然法与民间信仰的关系 [J] . 社会科学战线（7）：271-272.

[126]勒内·达维，1984. 当代主要法律体系 [M] . 漆竹生，译. 上海：上海译文出版社.

[127]金浩，王春光，2008. 2008年温州经济社会形势分析与预测 [M] . 北京：社会科学文献出版社.

[128]王泽鉴，1998. 民法学说与判例研究：第1册[M] . 北京：中国政法大学出版社.

[129]谢晖，陈金钊，2006. 民间法：第5卷[M] . 济南：山东人民出版社.

[130]马克思，恩格斯，1972. 马克思恩格斯选集：第2卷[M].北京：人民出版社.

[131]梅因，1959. 古代法 [M] . 沈景一，译. 北京：商务印书馆.

[132]E.博登海默，2004. 法理学法律哲学与法律方法 [M] . 邓正来，译. 北京：中国政法大学出版社.

[133]马克斯·韦伯，1999. 社会科学方法论 [M] . 杨富斌，译. 北京：华夏出版社.

[134]刘德全，1996. 西方法律思想史 [M] . 北京：中国政法大学出版社.

[135]田成有， 2001. 乡土社会中的国家法与民间法 [J] . 开放时代（9）：84-89.

[136]梁漱溟，1987. 中国文化要义 [M] . 上海：上海学林出版社.

[137]哈罗德·J.伯尔曼，1991. 法律与宗教 [M] . 梁治平，译. 上海：三联书店.

[138]舒扬，1997. 法律与信仰机制——西方法文化的一种考察 [J] . 法律科学（5）：18-23.

[139]马克斯·韦伯，2007. 新教伦理与资本主义精神 [M] . 阎克文，译. 北京：华夏出版社.

[140]马克思，恩格斯，1972. 马克思恩格斯选集：第1卷[M].北京：人民出版社.

[141]西蒙·库兹涅茨，1998. 现代经济增长 [M] . 戴睿，易诚，译. 北京：北京经济学院出版社.

[142]史晋川，1999. 温州模式研究开题报告（国家教育部重大科研项目"温州

模式研究"开题报告资料汇编）[J].温州师范学院学报（4）.

[143]道格拉斯·诺斯，1999.西方世界的兴起 [M].厉以平，蔡磊，译.北京：华夏出版社.

[144]迈克尔·波特，2007.国家的竞争优势 [M].李明轩，邱如美，译.北京：中信出版社.

[145]科斯，1994.论生产的制度结构 [M].盛洪，陈郁，译.上海：三联书店上海分店.

[146]徐王婴，2007."浙北模式"与"温州模式"的路径分演 [J].浙商（1）.

[147]林幼平，张义周，胡绍华，1997.可持续发展研究综述 [J].经济评论（6）：87-91.

[148]王信川，2004.浙江经济模式的穷途末路 [J].经济（6）：36-37.

[149]巴莱·弗雷德曼，1995.里根—布什时代的管制 [M].美国宾夕法尼亚州：匹兹堡大学出版社.

[150]丹尼尔·F.史普博，1999.管制与市场 [M].余晖，等，译.上海：上海人民出版社.

[151]王俊豪，2001.政府管制经济学导论 [M].北京：商务印书馆.

[152]植草益，1992.微观规制经济学 [M].朱绍文，胡欣欣，等，译.北京：中国发展出版社.

[153]张丽娜，2006.我国政府规制理论研究综述 [J].中国行政管理（12）：87-90.

[154]洛克，2009.政府论 [M].丰俊功，译.北京：商务印书馆.

[155]卡罗尔·哈林，理查德·罗林斯，2004.法律与行政 [M].杨伟东，等，译.北京：商务印书馆.

[156]勒内·达维，2002.英国法与法国法：一种实质性比较 [M].潘华仿，高鸿钧，贺卫方，译.北京：清华大学出版社.

[157]瓯江平.突破顽固的模式——温州体制机制创新改革创新系列评论之一 [N].温州日报，2010-12-06（1）.

[158]袁华明，2006.温州模式被误读？[J].观察与思考（11）：32-33.

[159]杨建顺，2007.行政规制与权利保障 [M].北京：中国人民大学出版社.

[160]沈善洪，1985.黄宗羲全集：第5册[M].杭州：浙江古籍出版社.

[161]吴敬琏，2006.中国增长模式抉择[M].上海：上海远东出版社.

[162]瓯江平.激发群众创新活力——温州体制机制创新改革创新系列评论之十[N].温州日报，2011-02-26（1）.

[163]K·帕立斯，1993.地方积极与国家改革：经济发展的温州模式[J].中国季刊（134）.

[164]叶凝碧.改革攻坚突破年，看温州如何突破[N].温州日报，2018-02-24.

[165]吕进科.温州"最多跑一次"改革经验全省分享[N].温州都市报，2017-10-17.

[166]柯哲人.温州"最多跑一次"改革再深化[N].温州日报，2018-02-26.

[167]周佑勇.构建服务型政府的法治路径[N].法制日报，2008-04-06.

[168]托克维尔，1997.论美国的民主：上卷[M].董果良，译.北京：商务印书馆.

[169]苏力，2011.送法下乡——中国基层司法制度研究[M].北京：北京大学出版社.

[170]瞿同祖，2003.中国法律与中国社会[M].北京：中华书局.

[171]张文显，2001.法哲学范畴研究（修订版）[M].北京：中国政法大学出版社.

[172]张和平，周效政，1999.全国首例"村官"罢免案纪实[J].民主与法制（16）：22-24.

[173]陈东升，董碧水.浙江瑞安一被罢免村主任入党引争议[N].中国青年报，2006-07-10.

[174]林江山，1973.行政法新编[M].中国台北：五南图书出版公司.

[175]莫于川，2015.行政指导与建设服务型政府：中国的行政指导理论发展与实践探索[M].北京：中国人民大学出版社.

[176]张玫.浙江温州全面深化农村产权制度改革，让农民分享更多改革红利[N].经济日报，2016-11-05.

[177]沙默.农村改革试验"三权到人（户）"：厘清农村家底 盘活沉睡资产[N].温州日报，2017-10-20.

[178]刘松山，2007.民主为什么不能从基层开始[J].法学（3）：40-54.

[179]张茜，2016.永嘉包产到户回溯——访戴洁天对话辑录 [J].中共党史研究（12）：82-88.

[180]王尚银，2003.村民"罢官"与村级民主建设 [J].社会主义研究（1）：86-89.

[181]赵树凯，2007.基层民主与法治 [J].中国发展观察（7）：47-49.

[182]川岛武宣，1994.现代与法 [M].王志安，等，译.北京：中国政法大学出版社.

[183]庞德，1984.通过法律的社会控制 [M].沈宗灵，译.北京：商务印书馆.

[184]米尔顿·弗里德曼，1986.资本主义与自由 [M].张瑞玉，译.北京：商务印书馆.

[185]劳伦斯·M.弗里德曼，2002.法律制度——从社会科学角度观察 [M].李琼英，林欣，译.北京：中国政法大学出版社.

[186]赫伯特·斯宾塞，1996.社会静力学 [M].张雄武，译.北京：商务印书馆.

[187]史蒂文·瓦戈，2011.法律与社会 [M].梁坤，邢朝国，译.北京：中国人民大学出版社.

[188]肖磊，2011.公民社会参与区域治理：一种双向进程——兼与汪伟全先生商榷 [J].探索与争鸣（7）：38-40.

[189]陈剩勇，马斌，2004.温州民间商会：自主治理的制度分析——温州服装商会的典型研究 [J].管理世界（12）：31-49.

[190]杰瑞·斯托克，2007.地方治理研究：范式、理论与启示 [J].浙江大学学报（人文社会科学版）（2）：5-15.

[191]詹姆斯·N.罗西瑙，2001.没有政府的治理 [M].张胜军，等，译.南昌：江西人民出版社.

[192]俞可平，2000.治理与善治 [M].北京：社会科学文献出版社.

[193]陈剩勇，马斌，2007.民间商会与地方治理：功能及其限度——温州异地商会的个案研究 [J].社会科学（4）：59-72.

[194]江华，周莹，2009.异地商会发展中的制度滞后与政策推进——基于温州异地商会的研究 [J].中国行政管理（4）：65-68.

[195]柯哲人.温州眼镜，扬帆出海创天下 [N].温州日报，2018-04-10.

[196]肖磊，2009.自治到合作：公共行政组织自治性问题研究——以温州民间商会为考察视角 [J].政治与法律（10）：64-71.

[197] 凯斯·R.桑斯坦，2006.权利革命之后：重塑规制国 [M].李洪雷，钟瑞华，译.北京：中国人民大学出版社.

[198]肖磊，2011.论行业协会法律规制的困境与路径选择：以温州为实证研究对象 [J].首都法学论坛（10）.

[199]聂伟霞.温州转移252项政府职能：让社会组织参与更多公共服务领域 [N].浙江日报，2016-05-12.

[200]缪蒂生，2009.司法行政机关要在化解矛盾纠纷中发挥主力军作用 [J].中国司法（1）：75-78.

[201]陈东升.大数据＋人民调解"温州样本"[N].法制日报，2018-05-07.

[202]刘趁华，2009.关于扩大法律援助覆盖面的几点思考 [J].中国司法（10）：90-92.

[203]潘秀慧.温州市出台"实施方案"：试点刑事案件律师辩护全覆盖 [N].温州日报，2017-10-20.

[204]杨秀环，杨秀君，2011.建立和完善法律援助质量监督体系对策研究 [J].中国司法（7）：99-100.

[205]余建华.温州启动刑事案件律师辩护全覆盖试点，并就扩大刑事法律援助范围等做出明确规定[N].人民法院报，2017-11-08.

[206]李扬，宋园园.温州建"一小时法律援助服务圈"[N].浙江日报，2009-12-07.

[207]程潇潇."五跑"联动跑出公共法律服务"加速度"[N].温州日报，2018-02-23.

[208]夏慧，2011.第九届国际法律援助组织会议综述 [J].中国司法（9）：77-82.

[209]王春.温州：实现社区矫正管理无缝对接 [N].法制日报，2017-12-12.

[210]黄明，2009.加强领导精心组织推动社区矫正工作全面深入发展 [J].中国司法（11）：13-14.

[211]卡多佐，1998.司法过程的性质 [M].苏力，译.北京：商务印书馆.

[212]刘强，2007. 社区矫正制度研究 [M] . 北京：法律出版社.

[213]王友江，马捷，林仲书，2009. 社区矫正体系建设研究 [J] . 中国司法（4）：75-78.

[214]陈兴良，2003. 刑事法律评论：第12卷[J] . 北京：中国政法大学出版社.

[215]沈海英，2011. 农村社区服刑人员心理健康状况的调查研究 [J]. 中国司法（6）：82-85.

[216]刘强，2004. 各国（地区）社区矫正法规选编及评析 [M]. 北京：中国人民公安大学出版社.

[217]张仁寿，2004. 温州模式：盛名之下，其实难副？[J]. 浙江社会科学（2）：20-26.

[218]阿维纳什·迪克西特，2007. 法律缺失与经济学：可供选择的经济治理方式 [M] . 郑江淮，等，译. 北京：中国人民大学出版社.

[219]史晋川，2004. 温州模式的历史制度分析——从人格化交易和非人格化交易视角的考察 [J] . 浙江社会科学（5）：16-20.

[220]WEB M，1978. Economy and Society，Vol. 1[M]. California：University of California Press，80.

[221]DAM K W，2006. " China As a Test Case: Is the Rule of Law Essential for Economic Growth?" [D]. John M. Olin Law & Economics Working Paper， 45，275.

[222]VISCUSI W K，VEMON J M，HARRINGTON J J E，1995. Economic of Ragulation and Antitrust[M]. Massachusetts：The MIT Press，295.

[223] LIU Y L，1992. "Reform from Below：The Private Economy and Local Politics in the Rural Industrialization of Wenzhou" [J]. The China Quarterly，No. 130，314 -316.

[224]FRIEDMANN W，1972. Law in a Changing Society. 2nd [M] . New York：Columbia University Press，513.

[225]TAMANAHA B Z，2004. On the Rule of Law[M]. Cambridge：Cambridge University Press.

后　记

　　回顾该课题的研究，应该从2007年某日谈起。在沙龙式的研讨过程中，一批志同道合的研究者一致认为：作为制度变迁模式的温州模式，从其内涵、特征和丰富的实践中都可以挖掘出深刻的法治论题；从区域法治运行模式的视阈研究温州模式，不失为一项快乐而有趣的研究。此后，这些研究者组成了一个紧密的团队，经常就该问题展开激论。该研究的思路也获得了时任温州市社科联副主席洪振宁先生和时任浙江省社科院院长万斌先生的认可和鼓励——他们都认为这是一个很有意思的新视角，值得开拓。由于相关前期研究成果的缺失，该项研究显得艰难而漫长。

　　所幸的是，团队成员一直坚持学习、讨论、思考、丰富，不抛弃不放弃，在困惑和解惑的摸索中进行着课题的研究工作。这或许也秉承了著名经济学家董辅礽先生在《温州模式的继承与提高》一文中给予的告诫："温州模式作为一种成功的发展模式，其基本精神如创业精神、永不满足精神等仍需要继承。"在这项课题研究中，研究团队都体现出强烈的创业精神和永不满足精神。方益权负责课题研究方案的总体设计，方益权、肖磊负责课题成果的统稿工作，方益权、肖磊、项一丛、张玉霞、吴之欧、吴林勇、张豪参与课题成果的具体写作。

　　2018年正值改革开放四十周年，温州各界对于如何评价改革开放以来温州在经济社会发展方面的创新探索极为关注，这种关注实际上也可以扩展为对包括温州模式在内的我国各广大区域在改革开放以来所做的创新探索的法治评价。这种对历史的评价进而也会影响包括温州在内的我国各广大区域继续通过创新探索实现经济社会发展的动力。

　　本书在2013年由法律出版社出版后，在学界引起一定反响。今年，中共温州市委宣传部、温州市社科联和温州大学决定共建浙江省哲学社会科学重点研究基地温州人经济研究中心，同时决定共同举办纪念改革开放四十周年的学术研讨会。值此之际，修订出版本书具有特殊的意义。本书的修订工作，由方益权和肖磊完成。

　　"法治主义遵循的法律究竟是什么，这已不仅是理论的问题，而且是现实的问题。"在法治视阈下研究温州模式这个理论与现实紧密结合的问题，有它特别的意义，也有它特别的困难。何况，研究者的视野和水平也有局限，进一步增加了该研究的难度。为此，哪怕是修订版，该书仍是温州模式与温州区域法治文明研究方向上抛出的"砖"，仍存在很多缺失。诚请各界闳达能以极大之包容对待研究之缺失，并能不吝指正，以匡不逮，更期待有更多更有才华的学者研究温州模式与温州区域法治文明，以其大作之"玉"丰富该方面的研究成果，为新时代中国特色社会主义的区域经济社会发展和区域法治文明进步之路点亮明灯。

方益权　肖磊

2018年5月16日